Bild: Ulrich Metz

Jürg Häusermann, geb. 1951 in Winterthur, schloss sein Studium der Germanistik und Russistik mit einer sprachwissenschaftlichen Dissertation ab. Nach dem Studium war er Mitarbeiter im Ressort Ausbildung beim Schweizer Radio und Fernsehen DRS, ab 1980 Dozent in der journalistischen Aus- und Fortbildung und freier Mitarbeiter bei Radio DRS. Seit 1993 ist Jürg Häusermann Professor für Medienanalyse und Medienproduktion an der Universität Tübingen.

Jürg Häusermann

Journalistisches Texten

Sprachliche Grundlagen für professionelles Informieren

UVK

Praktischer Journalismus

Band 43

Die Deutsche Bibliothek – CIP-Einheitsaufnahme

Häusermann, Jürg:
Journalistisches Texten : sprachliche Grundlagen für professionelles Informieren / Jürg Häusermann. - Konstanz : UVK Verlagsges., 2001
(praktischer Journalismus ; Bd. 43)
ISBN 3-89669-296-8

ISSN 1617-3570
ISBN 3-89669-296-8

Satz: Katja Santelmann, Tübingen
Druck: Legoprint, Lavis

UVK Verlagsgesellschaft mbH
Schützenstr. 24 · D-78462 Konstanz
Tel.: 07531-9053-0 · Fax: 07531-9053-98
www.uvk.de

Inhalt

Einleitung

Dieses Buch zeigt, wie Journalistinnen und Journalisten zu einer Sprache finden können, die ihre Arbeit unterstützt. Der Schwerpunkt liegt auf einem Hauptaspekt journalistischer Arbeit: auf der Spannung zwischen der journalistischen Sprache und der Sprache derer, über und für die berichtet wird. Journalistische Texte werden sprachlich und inhaltlich beeinflusst von den Quellen, Informanten und Akteuren, über die berichtet wird. Gleichzeitig müssen sie ausgerichtet werden auf die Rezipienten: die Leserinnen, Zuschauer, Hörerinnen, Internet-Nutzer, an die sie sich wenden. Es ist das Ziel dieses Buchs zu zeigen, wie wichtig es dabei ist, eine eigene Sprache zu finden, und dass dafür eine klare Position des Journalisten bzw. der Journalistin nötig ist.

Journalistische Texte bedürfen einer klaren Position

Die Menschen, Gruppen und Organisationen, über die journalistisch berichtet wird, haben ihre eigenen Interessen. Oft stammen die wichtigsten Informationen von ihnen selbst. Kein Wunder, dass deren Sichtweise in ihre Aussagen und Texte einfließt. Eine der wichtigsten journalistischen Fähigkeiten besteht darin, dies zu erkennen und die eigene Sprache von der fremden Sprache abzugrenzen.

Journalistisch zu texten bedeutet deshalb, Positionen zu erkennen und selbst Position zu beziehen. Ein Beispiel soll dies illustrieren:

> Am 3. Oktober ist in ganz Deutschland Feiertag. Das hat sich seit 1990 bei vielen Leuten herumgesprochen, die den Tag gerne zu Ausflügen nutzen. Nur die Deutsche Bahn merkte nichts und plante am 3. Oktober 2000 wie jeden gewöhnlichen Dienstag. Der ICE von Berlin nach München wurde mit halb so vielen Wagen wie an einem Feiertag üblich geführt. In dem Hochleistungszug mit 382 Sitzplätzen saßen, standen und kauerten ab Leipzig 730 Reisende. Das waren nach Rechnung der DB 150 Personen zuviel. Sie wurde der

Lage nicht mehr Herr. Was dann geschah, las sich am Tag darauf in einer Tageszeitung so:

[...] Sie wurden in Saalfeld (Thüringen) aus dem Zug geworfen. Von BGS-Beamten. Der Grund: Der Hightech-Renner (230 km/h Spitze) war überfüllt, der Lokführer weigerte sich weiterzufahren [...] (EXPRESS, 5. 10. 2000)

Die Zeitung ließ durch ihre Wortwahl *(aus dem Zug geworfen)* ganz deutlich erkennen, dass sie für die Passagiere Partei nahm. Sie hatte sich also für eine klare Position entschieden. Sie ging auf Distanz zum ungeliebten Großunternehmen und sprach wohl auch der Mehrzahl der Leserinnen und Leser aus dem Herzen. Das ist nicht selbstverständlich, wie andere Texte vom selben Tag zeigen.

Die meisten übrigen Zeitungen nahmen eine ganz andere Position ein, gleichgültig, ob sie die Agenturmeldungen übernommen oder selbst nachrecherchiert hatten. Dies zeigt der folgende Ausschnitt:

Empörte Reisende weigerten sich auszusteigen, so dass der Bundesgrenzschutz zu Hilfe kommen musste. Nur mit Unterstützung durch zwei BGS-Beamte konnten sie überredet werden, den Zug zu verlassen. (REUTLINGER GENERALANZEIGER / DPA, 5. 10. 2000)

Hier wurde die Optik der Deutschen Bahn übernommen, was ganz deutlich die verwendeten Ausdrücke zeigen: Im Gegensatz zu Ausdrücken wie *aus dem Zug werfen* verraten die hier verwendeten Formulierungen die Perspektive der Bahn: Nur wer sich mit ihrer Position identifiziert, wird schreiben, die BGS-Beamten hätten *zu Hilfe kommen müssen,* bzw. die Reisenden hätten *überredet werden können.*

In den beiden Texten wird ein Vorfall mit ganz unterschiedlichen sprachlichen Mitteln beschrieben. Zwar ist der eine in einer Boulevardzeitung und der andere in einer herkömmlichen Tageszeitung erschienen; einige stilistische Unterschiede sind diesem Umstand zuzuschreiben. Aber es bleibt, dass die Sprache einmal größere Nähe zu den Passagieren, einmal zur Deutschen Bahn erkennen lässt. Und zu vermuten ist, dass im zweiten Fall die stilistische Nähe unbeabsichtigt entstanden ist, dass nämlich Formulierungen der Pressesprecherin der DB übernommen wurden.

Mit jedem Text positioniert sich also der journalistische Kommunikator innerhalb der verschiedenen Gruppen, die an der öffentlichen Kommunikation beteiligt sind. Durch seine Sprache zeigt er seine Beziehung zu den verschiedenen Akteuren der Ereignisse und ebenso zu den Rezipienten, sei-

nem Zielpublikum. Die Wahl der sprachlichen Mittel (zum Beispiel die Wortwahl, die Perspektive, aber auch der Textaufbau) entscheiden mit über die Interpretation, die das Ereignis erfährt.
Das vergleichsweise harmlose Beispiel von der ICE-Panne zeigt, dass sich Interpretation nicht vermeiden lässt. Sie ist immer dabei, ob man über Bundespolitik oder über Rockmusik, über Burgenländer Weißwein oder über einen Autounfall im Stadtzentrum schreibt. Oft ist die Art der Interpretation von der Redaktion vorgegeben. Eine Boulevardzeitung wird beim selben Thema mehr Nähe zu Akteurinnen und Lesern suchen als eine abonnierte Lokalzeitung. Aber die Aufgabe ist für beide die gleiche: eigene und fremde Position sprachlich darzustellen.

Journalistische Texte entstehen aus Texten

Wer einen Text für ein journalistisches Medium schreibt, formuliert nicht von Grund auf neu, sondern benutzt als Basis bereits existierende Texte. Die eigene Beobachtung, so wichtig sie in vielen Fällen ist, hat insgesamt weniger Bedeutung als die Texte, die bei der Recherche anfallen: frühere Presseartikel, Interviewmaterial, Dokumente aller Art. Das Texten besteht deshalb vor allem im Verarbeiten, im kritischen Zitieren, im Umformen, im Zusammenfassen: Journalistische Texte entstehen textbasiert. Die Sprache von Journalistinnen und Journalisten muss sich in einer solchen Arbeitsweise bewähren. Obwohl ihnen fast alles schon von Quellen und Akteuren vorformuliert worden ist, müssen sie ihren eigenen Stil bewahren.

Wie viele Texte in einem Artikel zusammenwirken, zeigt ein Agentur-Text wie der folgende über die Doping-Geschichte des deutschen Langstreckenläufers Dieter Baumann.

> Zum Zeitpunkt, als diese Meldung gedruckt wurde, hatten die Zeitungen im In- und Ausland schon mehrfach über den Fall berichtet. In Baumanns Urin war bei einer Dopingkontrolle die Substanz Nandrolon gefunden worden. Baumann, der selbst als engagierter Kämpfer gegen das Doping galt, beteuerte, keine unerlaubten Mittel genommen zu haben. Einige Wochen nach dem ersten Verdacht wird eine abenteuerlich anmutende These in die Welt gesetzt:
>
> *Der deutsche Leichtathletik-Olympiasieger Dieter Baumann ist nach Einschätzung seines Anwalts durch einen Anschlag unter Dopingverdacht geraten. Der Heidelberger Rechtsanwalt Michael Lehner sagte gestern, Chemiker hätten in der Zahncrème Baumanns das verbotene*

Anabolikum Nandrolon entdeckt, das in Baumanns Urin festgestellt worden war und zu seinem vorläufigen Ausschluss von Wettkämpfen führte. "Man muss davon ausgehen, dass ein echter Anschlag von dritter Seite vorliegt", sagte Lehner. Er habe für seinen Mandanten Anzeige gegen Unbekannt erstattet. Auch ein Sprecher des Deutschen Leichtathletik-Verbands bestätigte, dass die Substanz von einem Kölner Labor in Baumanns Zahncrème entdeckt worden sei. In Baumanns Urin war vor rund zwei Wochen bei zwei Proben das Anabolikum Nandrolon entdeckt worden.
(TAGES-ANZEIGER / REUTERS, 4. 12. 1999)

Hauptanlass dieser Meldung ist ein Text, nämlich die Presse-Erklärung von Baumanns Anwalt. Dieser ist auf der Basis weiterer Texte zustande gekommen. In erster Linie sind da die Untersuchungen der Chemiker. Der Anwalt verweist aber noch auf weitere Texte, zum Beispiel die Anzeige, die er erstattet hat.

Ein anderer Haupttext stammt vom Deutschen Leichtathletik-Verband, der die Zahnpasta-Version bestätigt. Die Meldung beruht aber auf einer ganzen Anzahl weiterer Texte, die nicht ausdrücklich genannt sind, auf die aber der Satz verweist: *In Baumanns Urin war vor rund zwei Wochen bei zwei Proben das Anabolikum Nandrolon entdeckt worden.* Hier wird die ganze Vorgeschichte aufgerollt. Dazu liegen zu diesem Zeitpunkt bereits Tausende von Medientexten vor.

Alle Ausgangspunkte, die zu dieser Meldung führten, waren sprachlicher Natur. Für den Autor waren Fähigkeiten, die man gewöhnlich mit sprachlicher Kreativität in Verbindung bringt, weniger wichtig: Er musste nicht eigene Beobachtungen in treffende Worte fassen und er brauchte keine besonders originellen Wörter zu suchen. Aber er musste dafür in der Lage sein, die Behauptungen der beteiligten Parteien korrekt zusammenzufassen und in lesbarer Form zu zitieren. Er musste entscheiden, ob er den Begriff *Nandrolon* in diesem Stadium der Berichterstattung nochmals erklären sollte. Aus den bisherigen Meldungen waren diejenigen Informationen auszuwählen, die uninformierte LeserInnen[1] brauchten, um das Ereignis dennoch zu verstehen.

Für all dies musste er eine Form finden, die er in seinem Text akzeptieren konnte, ohne sich die Sprache und die Aussagen der beteiligten Parteien zu eigen zu machen.

Sprachliche Kreativität im Journalismus ist in erster Linie eine Kreativität in der Auseinandersetzung mit der Sprache anderer. Die mag trocken

---

[1] Zum Sprachgebrauch dieses Buchs gibt es einen Hinweis auf Seite 31.

und langweilig wirken. Und natürlich erschöpft sich das journalistische Texten nicht in einem reinen Reagieren auf Vorgaben. Viele gute Texte leben davon, dass sich die Autorin oder der Autor von der Textbasiertheit zu lösen versucht und Gehörtes, Gesehenes, Geschmecktes, Gerochenes oder Gefühltes in eigene Worte kleidet. Dennoch überwiegt das andere: die Verarbeitung von Vorformuliertem. Dem entsprechend müssen in einem Buch über journalistische Sprache die Schwerpunkte gesetzt sein.

Das bringt dieses Buch

Dieses Buch wendet sich an Journalistinnen und Journalisten, die sich mit der Sprache auseinandersetzen wollen. Es zeigt anhand vieler Beispiele was es bringt, über den Sprachgebrauch zu reflektieren. Seine Schwerpunkte liegen im Spannungsfeld zwischen eigenen und fremden Texten, eigenen und fremden Positionen.

Das erste Kapitel zeigt, wie man in der textbasierten Arbeitsweise zu einer eigenen Sprache findet. Auf dieser Grundlage behandelt das zweite Kapitel den Umgang mit fremder Rede und das dritte die Vermittlung von fachspezifischen Informationen. Das vierte Kapitel zeigt, wie mit Überschriften, Leads und anderen motivierenden Elementen die Texte dem Leser präsentiert werden können. Ein Schlusskapitel ist den verschiedenen Formen der Textkritik gewidmet, vom Gegenlesen bis zur Blattkritik.

Obwohl »Journalistisches Texten« von klaren Vorstellungen ausgeht, wie journalistische Sprache sein soll, wird auf goldene Regeln und schwarze Listen verzichtet. Es gibt kaum Ausdrücke oder stilistische Mittel, die grundsätzlich gut oder schlecht sind. Es gibt aber Möglichkeiten, den Umgang mit der Sprache zu entwickeln, und dazu soll dieses Buch anleiten.

1. Einfache Form, klare Interpretation: Der Weg zum journalistischen Stil

Wer die Sprache kreativ nutzt, ist in der Lage, Dinge zu sagen, die so bisher noch nie gesagt wurden oder für selbst Erlebtes die passende Sprache zu finden. Das ist die gängige Vorstellung sprachlicher Kreativität. Aber die journalistische Arbeit mit Sprache ist meistens weniger romantisch. Weil journalistische Texte vor allem aus bereits existierenden Texten entstehen, müssen vor allem Formulierungen anderer geprüft und umgeschrieben werden, so lange, bis sie eine Gestalt haben, die man als eigene Sprache akzeptieren kann.

Auch diese Art, mit der Sprache zu arbeiten, ist kreativ. Und auch da ist es möglich, einen eigenen, individuellen Stil zu entwickeln. Aber weil er in ständiger Auseinandersetzung mit fremden Stilen entsteht, stehen andere sprachliche Techniken im Vordergrund.

1.1 Mit diesen Techniken finden Sie Ihre Sprache

Die meisten Menschen, die für die Öffentlichkeit schreiben, verhalten sich beim spontanen Formulieren seltsam: Statt dass sie einfache, überschaubare Sätze machen, wählen sie ganz automatisch komplizierte, unübersichtliche Strukturen. Menschen ohne jahrelange journalistische Erfahrung formulieren dagegen oft viel einfacher.

Sie schreiben zum Beispiel so:

Am nächsten Wochenende findet in der Schweiz eine Volksabstimmung statt. Es geht um die Frage, ob die Zahl der Ausländer auf 18

> *Prozent begrenzt werden soll. Die Stimmung ist schwer einzuschätzen, weil sich wieder mehr rechtsextreme Gruppen in der Öffentlichkeit betätigen.*

Journalistinnen und Journalisten dagegen sind es gewohnt, solche Informationen zusammenzuziehen. Sie machen aus all den eben zitierten Sätzen einen. Das liest sich dann so:

> *Vor dem Hintergrund zunehmender Aktivitäten rechtsextremer Gruppen stimmt die Schweizer Bevölkerung am Sonntag über die Begrenzung des Ausländeranteils auf 18 Prozent ab.* (DER TAGESSPIEGEL, 21. 9. 2000)

Es entstehen Prestige-Formulierungen, Satzkonstruktionen, wie sie im öffentlichen Bereich üblich sind. Man hört ihnen an, dass sie für eine wichtige Veröffentlichung gedacht sind.

Vor dem Hintergrund zunehmender Aktivitäten...: Das ist so eine Wendung, die beeindruckt, auch wenn sie sehr wenig aussagt (sie bezieht sich auf so konkrete Ereignisse wie die Aufdeckung eines Bombenlagers, Schlägereien mit Skinheads und die Gründung einer »Nationalen Aufbauorganisation« aller Rechtsextremen).

Die Sätze, die so entstehen, sind oft auch komplizierter als nötig. Sie machen das Lesen schwerer, weil die LeserInnen in diesen Fällen mehr Informationen pro Satz verarbeiten müssen. Und für die Journalistin oder den Journalisten gibt es einen weiteren Grund, solchen Sätzen zu misstrauen: Sie entsprechen meistens einem Stil, der in seiner Abstraktheit und Unverbindlichkeit näher beim Stil der professionellen Informationsquellen ist als beim Stil des Zielpublikums.

Achtung: Hier wird nicht vor langen Sätzen gewarnt. Ein langer Satz an sich ist nicht schädlich. Problematisch ist, dass lange und komplexe sprachliche Gebilde die meisten Texte prägen, aus denen die Journalistinnen und Journalisten ihren Stoff beziehen. Und oft haben sie sich selbst im Verlauf eines Studiums angewöhnt, kompliziert zu formulieren.

Wenn dem so ist, besteht die Gefahr, dass man den Sprachstil der Quellen unkritisch übernimmt und eigene wie fremde Texte zu wenig hinterfragt. Dagegen lässt sich etwas tun: Man zergliedert grundsätzlich alle umständlichen Sätze in mehrere Teile. Dieses Portionieren macht sie besser überblickbar. Das ist ein nützliches Hilfsmittel für einen wichtigen Arbeitsgang ganz am Anfang des Textens – und auch am Schluss, beim Durchlesen und Überarbeiten des eigenen Textes.

Portionieren als Hilfsmittel beim Texten

Kleinere Portionen sind mundgerechter. Das Portionieren hilft gerade beim textbasierten Schreiben, die Sprache fremder Texte zu überprüfen. Bevor man umfangreiche Sprachbrocken übernimmt, probiert man aus, wie der gleiche Inhalt portioniert schmeckt. Und plötzlich erweist sich vieles als überflüssig, anderes als unverständlich oder verschleiernd formuliert.

> Die Lokalzeitung berichtet über den örtlichen Friedhof. Er sieht anders aus als noch vor zehn Jahren. Die Zahl der Gräber, die von Privatleuten betreut werden, geht zurück. Es gibt mehr offene Grünflächen als früher. Der Einstiegssatz des Artikels lautet so:
>
> *Veränderte Bestattungsgewohnheiten und der permanente Rückgang der Görlitzer Bevölkerung haben auf dem Friedhof der Neißestadt zur Umgestaltung geführt.* (SÄCHSISCHE ZEITUNG, 26. 9. 2000)
>
> Dieser Satz mag in seiner ganzen amtssprachlichen Pracht überzeugend klingen. Wenn man ihn aber in einzelne kleinere Portionen aufteilt, wird rasch deutlich, dass er nicht nur umständlich sondern auch falsch ist:
>
> *Die Bestattungsgewohnheiten haben sich verändert.*
> *Die Görlitzer Bevölkerung geht permanent zurück.*
> *Das hat dazu geführt, dass ...*
>
> Wozu nun? Dass der Friedhof umgestaltet wurde? – Nein. Zwar sieht der Görlitzer Friedhof heute anders aus als vor Jahren, parkähnlicher, wie aus dem Text zu erfahren ist. Er hat sich aber doch allmählich verändert. Das ist nicht dasselbe wie eine Umgestaltung des Friedhofs. Korrekt wäre also etwa:
>
> *Das hat dazu geführt, dass sich das Bild des Friedhofs allmählich verändert hat.*
>
> Wenn die Autorin ihren Gedankengang auf diese Weise portioniert, bekommt sie selbst einen besseren Überblick über ihre Informationen. Und sie vermeidet allzu grobe sprachliche Schnitzer. Selbstverständlich braucht sie es im endgültigen Text nicht bei diesem Kurzsatz-Stil bewenden zu lassen. Aber als Rohfassung hilft er die ersten Schritte zu bewältigen.

Das Portionieren kann überall dort Anwendung finden, wo man ein Unbehagen spürt und nicht weiß, worauf es zurückzuführen ist. In einfache Sätze umgeformt, wird der Inhalt klarer, und die Gründe für die Verständnisschwierigkeiten treten zutage.

Portionieren bringt Wiederholung. Wer eine Folge von mehreren einfachen Sätzen produziert, macht automatisch auch einige Angaben mehrmals. Der Text wird redundanter. (»Redundanz«: ein Begriff für den Gehalt an scheinbar Überflüssigem im Text; ein redundanter Text ist weniger dicht, die Informationen sind besser auf mehr Sätze verteilt.) Diese Wiederholungen vereinfachen den Text; sie erleichtern das Verstehen. Portionieren kann auch einen erzählerischen Stil fördern – wenn der Text dann mehr Sätze und damit mehr Verben enthält.

Guter Stil: mehr als kurze Sätze

Portionieren ist ein Weg, nicht ein Stil-Ideal. Wenn der Endtext nur aus kurzen Hauptsätzen besteht, kann er langweilig sein. Oft ist er vor allem weniger differenziert als ein Text, in dem verschiedenste Satzbautypen vorkommen.

> Dies zeigt das folgende mündliche Beispiel aus einer Fernsehshow. Die Moderatorinnen und Moderatoren portionieren ihre Texte oft sehr stark. In einer Sendung, die Ereignisse der 1980er Jahre Revue passieren lässt, sagt der Moderator einen Interviewgast an:
>
> *1986 bündelten sich viele Ängste*
> *– wir haben die Bilder eben gesehen –*
> *in einem einzigen Wort,*
> *und das war »Tschernobyl«.*
> *Damals hat es sehr, sehr viele Tote und Schwerverletzte gegeben,*
> *schwer verstrahlte Menschen,*
> *vor allen Dingen Feuerwehrleute,*
> *die als erste am Ort waren.*
> *Und ein Mann – er ist Amerikaner –*
> *ist sofort hingeflogen und hat geholfen.*
> *Er ist der Experte für Knochenmarktransplantationen.*
> *Heute Abend, fast vier Jahre nach Tschernobyl, bei uns:*
> *Professor Robert Gale!*
>
> Eine Auslegeordnung: Die Teilinformationen werden einfach aufgezählt. Wie sie zusammenhängen, wird nur angedeutet. Das heißt, dass wir beim Lesen einen großen Teil der Interpretation selbst leisten müssen: Wie die Begriffe *schwer verstrahlte Menschen, Kno-*

chenmarkttransplantationen, helfen, Experte zusammenhängen, müssen wir aus unserem Vorwissen rekonstruieren. Die Gefahr besteht, dass wir dabei statt auf relevante Interpretationsmodelle auf Klischees zurückgreifen, die wir z.B. aus Arztromanen oder Katastrophenfilmen beziehen.

So sehr sich diese Stakkatosprache für die gesprochene Situation der Fernsehmoderation eignet, so problematisch kann sie werden, wenn es gilt, informative Texte herzustellen.

Die Forderung nach lauter Hauptsätzen kann also keine Stilregel sein. Sie schränkt, stur angewendet, die Aussagefähigkeit ein. Dennoch gibt es bestimmte Textformen (auch außerhalb der Fernsehmoderation), in denen eine Folge aus kurzen Portionen besser ist als komplexere Verknüpfungen. Dies gilt vor allem für Texte, die zur raschen Orientierung geschaffen sind, wie v.a. die Leads in Tageszeitungen.

Besonders nützlich ist es, sich in mündlichen Situationen an das Prinzip des Portionierens zu erinnern. Wer ohne Unterlagen frei formulieren muss, kann die Gedanken leichter ordnen, wenn er sich nicht mit verschachtelten Satzkonstruktionen unnötig unter Druck setzt.

Portionieren bringt aber sehr viel, wenn es als Formulierhaltung eingeübt wird. Deshalb trainiere ich es in allen Stilkursen für Journalisten. Die TeilnehmerInnen lesen einen Text und versuchen, ihn möglichst einfach mündlich wiederzugeben. Die Erfahrung zeigt: Je mehr journalistische Erfahrung die TeilnehmerInnen haben, desto schwerer fällt es ihnen, einen einfachen Stil zu produzieren. Offensichtlich haben sie ganze syntaktische Muster im Kopf, Prestigeformulierungen, die mehr der Selbstdarstellung als der Informationsvermittlung dienen. Es kann deshalb ein persönliches Ziel einer Schreiberin oder eines Schreibers sein, einfach und trotzdem seriös zu formulieren.

Übungsmöglichkeiten für das Portionieren

Portionieren will geübt sein. Als Ausgangsmaterial für Portionierübungen eignen sich komplizierte Texte aller Art, die sich einem nicht auf Anhieb erschließen. Erkenntnisreich ist es für die Übenden natürlich, wenn sie Texte aus ihrem eigenen Blatt und so Themen, die ihnen aus der eigenen Arbeit vertraut sind, als Übungsmaterial nehmen.

Man nehme etwa das folgende Beispiel. Die schweizerischen Asylbehörden haben es oft mit jungen Asylbewerbern zu tun, die keine Ausweise bei sich haben. Die Behördenvertreter meinen, dass viele von ihnen ein zu niedriges Alter angeben, um ihre Chancen, nicht ausgewiesen zu werden, zu verbessern. So hat man zur erstaunlichen Lösung gegriffen, die jungen Leute mit Röntgenstrahlen zu untersuchen, um den Wachstumsstand der Knochen herauszufinden. Der Artikel berichtet jetzt, dass die nächste Instanz dieses Verfahren missbilligt hat (aus rein knochentechnischen Gründen). Der Einstiegssatz lautet so:

> *Die Asylrekurskommission hat die Beschwerde eines Asylsuchenden gutgeheißen, dem seine Angabe, noch unmündig zu sein, auf Grund einer Röntgenaufnahme der Handknochen als Täuschung über die Identität zur Last gelegt worden war.* (NEUE ZÜRCHER ZEITUNG, 28. 9. 2000)
>
> Extrem portioniert und chronologisch angeordnet lauten diese Informationen so:

1. Ein Asylsuchender gab an, er sei noch unmündig.
2. Da röntgte man seine Hand.
3. Auf Grund der Röntgenaufnahme erachtete man seine Angabe als falsch.
4. Man nahm an, er hätte über seine Identität (gemeint: sein Alter) täuschen wollen.
5. Das legte man ihm zur Last.
6. Der Asylsuchende legte Beschwerde ein.
7. Die Asylrekurskommission hieß seine Beschwerde gut.

Beim Portionieren wird schnell klar, warum der Text merkwürdig wirkt. Da ist einmal eine sprachliche Unsauberkeit (Täuschung über die Identität), dann fehlen aber auch Informationen. Bezeichnenderweise betreffen diese die handelnden Personen. Der Eingriff in die persönliche Integrität des Asylsuchenden (der auch im Widerspruch zum Asylgesetz steht) wird damit zu einem abstrakten Vorgang. Der Ausdruck *auf Grund einer Röntgenaufnahme* sagt nicht aus, wer den Mann röntgen ließ.

Bei einer derartigen Analyse von Sätzen wird eine neue Basis geschaffen für völlig neue Formulierungen. Die Übung zeigt allerdings auch, dass ein Neuformulieren oft eine Nachrecherche verlangt. Wenn etwa in einem Passivsatz das Subjekt fehlt, kann es erst eingesetzt werden, wenn man sich sachkundig gemacht hat.

Reihum erzählen als spielerische Übung

Wenn mehrere Leute miteinander Portionieren üben, können sie eine Stufe weitergehen. Sie lesen einen einfachen Text – irgendeine vermischte Meldung – und erzählen ihn dann gemeinsam nach. Ich habe gute Erfahrungen gemacht mit dem folgenden Text aus dem alpinen Alltag:

> ***In vereister Bergwand eine ganze Nacht lang blockiert***
> *Ein riskanter Einsatz der Schweizerischen Rettungsflugwacht (Rega) hat am Wochenende einen jungen Briten und einen jungen Amerikaner am Piz Badile im Bergell unverletzt vor dem Erfrieren bewahrt.*
>
> *Die Bergsteiger waren trotz ungünstiger Wetterprognose in die Nordostwand des rund 3300 Meter hohen Berges an der italienisch-schweizerischen Grenze eingestiegen. Nach dem vorhergesagten Wetterumschlag blieben sie im Schneetreiben in der vereisten Wand stecken, da sich etwa in der Mitte der Wand ein Seil verfangen hatte. Gut 20 Zentimeter Schnee fielen über Nacht, die Temperaturen sanken empfindlich.*
>
> *Nach Angaben der Rega hatten die beiden Glück, dass am folgenden Morgen der Wart der Sciora-Hütte wie üblich mit dem Fernglas die Umgebung absuchte und sie dabei ausmachte. Einer der Bergsteiger sei regungslos im Schnee gelegen, der zweite habe Notzeichen gegeben. Wegen des schlechten Wetters konnten weder Helikopter noch Rettungskolonne eingesetzt werden. Als nach Stunden die Bewölkung aufriss, wagte die Rega den Heli-Einsatz trotz der Gefahr, dass sich Schnee lösen und die Alpinisten verschütten könnte. Die Bergsteiger wurden unverletzt geborgen.*

Die Übung geht reihum. Jede Teilnehmerin, jeder Teilnehmer spricht spontan nur einen Satz (der nicht mehr als acht Wörter enthalten darf). Die Geschichte entwickelt sich auf diese Weise langsam, vor allem weil noch eine Auflage zu erfüllen ist: In jedem Satz muss ein Wort aus dem vorangegangen Satz stammen.

Es muss auf diese Weise keine journalistische Textsorte entstehen. Für Menschen, die gewohnt sind, textbasiert zu arbeiten, ist die Aufgabe auch so noch schwierig genug. Sie dürfen also die Fakten in einer beliebigen Reihenfolge präsentieren, so wie sie ihnen in den Sinn kommen.

Diese Übung weckt bei den TeilnehmerInnen nur ganz langsam die Lust am Formulieren. Sie müssen sich zuerst von den Zwängen des nachrichtenmäßigen Textaufbaus lösen. Auch danach verlieren sie erst allmählich die Tendenz, komplexe (und für die Übung zu lange) Sätze anzusteuern, also Sätze, die so anfangen:

Trotz ungünstiger Wetterprognose...
Nach dem in der Nacht erfolgten Wetterumschlag...
Der Hüttenwart, der am folgenden Morgen...

Mit der Zeit merken sie, dass sie es sich und auch den anderen Gruppenmitgliedern leichter machen, wenn sie möglichst kurze Sätze formulieren. Am einfachsten geht es schließlich, wenn sie sich nur auf das zu wiederholende Wort konzentrieren und weniger auf den Inhalt. Sie formulieren etwa so:

Der Piz Badile ist ein Berg im Kanton Graubünden.
Diesen Berg bestiegen am Wochenende zwei Bergsteiger.
Die Bergsteiger gerieten in einen Schneesturm.
Der Schneesturm hielt lange an...

Es entsteht dann ein sehr redundanter Text, und was zuerst Pflicht war – die Wiederholung eines Wortes, – wird jetzt zur Erleichterung: Während man das Wort (etwas bereits Bekanntes) wiederholt, lässt sich bereits der Rest des Satzes planen. Man kann diesen Umstand im Alltag nutzen: Wer unter Druck spontan formulieren muss, schafft sich so Zeit, ohne ins Stocken zu geraten.

Wiederbeleben: Aus Komprimierungen werden Sätze

Ein Satz ist nicht nur schwierig, wenn er viele Wörter enthält. Er kann kurz sein und dennoch dicht. Denn er kann ein einzelnes Wort enthalten, in dem sich ein ganzer weiterer Satz versteckt. Man merkt es ihm nur nicht ohne weiteres an. Solche Konstruktionen nenne ich im folgenden *Komprimierungen.*

Die Techniken, die die deutsche Sprache entwickelt hat, um ganze Sätze zu Satzgliedern zu komprimieren, sind eigentlich ganz praktisch. Man bringt so auf wenig Raum mehr Information unter. Der Text wird dadurch aber auch unanschaulich und oft schwer verständlich. Deshalb müssen für einen attraktiven journalistischen Stil solche Komprimierungen erkannt und rückgängig gemacht werden.

Zuerst soll an einem Beispiel gezeigt werden, wie das Komprimieren funktioniert:

Im schönen Thüringen, im Kreis Weimarer Land, liegt die Stadt Buttelstedt. Sie schloss eine Partnerschaft mit der hessischen Stadt Volkmarsen. In einem einfachen deutschen Satz:

Die Städtepartnerschaft zwischen Buttelstedt im Kreis Weimarer Land und dem hessischen Volkmarsen wurde besiegelt.

Für die Buttelstedter ist das ein wichtiges Datum. Und weil es gerade zehn Jahre her ist, würden sie in ihrer Regionalzeitung gerne einen Satz sehen, in dem diese beiden Tatsachen, Partnerschaft und Jahrestag, verknüpft sind.

Dies geht leicht, wenn man den obigen Satz komprimiert: Man nimmt das Verb *(wurde besiegelt)* und verwandelt es in eine andere Wortart:

Die Besiegelung der Städtepartnerschaft zwischen Buttelstedt im Kreis Weimarer Land und dem hessischen Volkmarsen jährt sich in diesen Tagen zum zehnten Mal.

Nun kommt aber noch eine weitere Information hinzu. Die Buttelstedter haben dieses Jubiläum nämlich durch eine kleine Veränderung im Ortsbild gefeiert; sie haben einen Platz *Volksmarsener Platz* getauft. Der soeben konstruierte Satz sollte noch um eine weitere Aussage ergänzt werden. Damit das geht, muss wieder das Verb *(jährt sich)* herhalten. Wenn man auch dieses in eine andere Wortart verwandelt *(sich jährend),* wird wieder der ganze Satz zu einem Satzglied:

Die in diesen Tagen sich zum zehnten Mal jährende Besiegelung der Städtepartnerschaft...

Das ist zwar nicht mehr sehr übersichtlich, aber es ist ein Sprachbaustein, der sich in einen nächsten Satz einbauen lässt, der da lautet:

Dies drückt sich nun auch im Ortsbild der Stadt aus.

Also heißt der ganze Satz so:

Die in diesen Tagen sich zum zehnten Mal jährende Besiegelung der Städtepartnerschaft drückt sich nun auch im Ortsbild aus.

Damit ist aus drei Sätzen ein einzelner geworden. Er ist allerdings etwas lang und unübersichtlich. Aber er weist die beiden wichtigsten Formen der Komprimierung auf: die Substantivierung und die Partizipkonstruktion. (Im Original wurde er noch etwas weiter ausgeschmückt. Er lautete so:

Die in diesen Tagen sich zum zehnten Mal jährende Besiegelung der Städtepartnerschaft zwischen Buttelstedt im Kreis Weimarer Land und dem hessischen Volkmarsen drückt sich nun auch im Ortsbild der Stadt im Nordkreis äußerlich aus. THÜRINGER LANDESZEITUNG, 26. 9. 2000)

Der wichtigste Komprimierungstyp ist die Substantivierung:

die Besiegelung der Städtepartnerschaft...
das Budgetieren ärztlicher Leistungen...
die Entlassung der zwanzig Arbeiter...

Solche Ausdrücke enthalten immer ganze Sätze. Auf der Suche nach einem einfachen, konkreten Stil lohnt es sich zu überprüfen, ob sie sich wiederbeleben lassen. Sie werden dann auf das zugrundeliegende Verb zurückgeführt:

Die Städte haben ihre Partnerschaft besiegelt.
Die Bundesregierung budgetiert ärztliche Leistungen.
Die Firma Salzer entlässt zwanzig Arbeiter.

Weil damit immer aus einem Satz zwei werden, ist das Wiederbeleben eine gute Hilfe beim Portionieren.

Bei diesen Beispielen wurde etwas Weiteres deutlich: In einem eigenständigen kommt etwas hinzu, das beim Komprimieren weggefallen ist: das Subjekt. Die Täter *(die Städte, die Bundesregierung, die Firma)* können nicht mehr verschwiegen werden. Wer Komprimierungen erkennt und wiederbelebt, nennt auch die beteiligten Akteure und schafft so mehr Klarheit.

Ein weiterer wichtiger Typ ist die Partizipkonstruktion:

die sich jährende Städtepartnerschaft...
der in die roten Zahlen gebrachte Verein...
die durch den Kakao gezogene Präsidentin...

Auch diese Ausdrücke können in eigenständige Sätze verwandelt werden:

Die Städtepartnerschaft jährt sich.
Der Sponsor hat den Verein in die roten Zahlen gebracht.
Der Redakteur hat die Präsidentin durch den Kakao gezogen.

Natürlich kann nicht immer gesagt werden, wer für eine Handlung verantwortlich ist. Dann ist eine Komprimierung sehr praktisch. Aber oft wird auf diese Weise auch die Ursache einer Handlung verharmlost, die Benennung eines möglichen Täters gar nicht in Betracht gezogen.

Wenn zum Beispiel drei Zentner Stichlinge, Elritzen, Döbel und Bachforellen tot im Alfbach von Mehren nach Gillenfeld treiben, lässt sich nicht auf Anhieb sagen, wer dafür verantwortlich ist, auch wenn die Ermittlungen zeigen, dass jemand illegal Gift in den Bach geleitet hat. Das lässt sich natürlich nicht präziser ausdrücken als so:

Ersten Vermutungen zufolge haben Unbekannte giftige Flüssigkeiten in den Altbach geleitet.

Aber das ist immerhin ein aktiver Satz. Es ist eine Sprache, die mit der Möglichkeit rechnet, dass jemand etwas getan hat und dafür auch zur Verantwortung gezogen werden soll. Das ist ein gewisser Unterschied zur Routineformulierung, wie sie in Polizeiberichten und in der Lokalpresse üblich ist:

Ersten Vermutungen zufolge handelte es sich bei dem rätselhaften Fischsterben um eine illegale Einleitung von giftigen Flüssigkeiten. (EIFELZEITUNG, 37 / 1999)

Aus dem aktiven Satz

Jemand hat illegal giftige Flüssigkeiten in den Alfbach geleitet

wurde hier der komprimierte, unpersönliche Ausdruck:

eine illegale Einleitung von giftigen Flüssigkeiten.

Und wie häufig in solchen Fällen ist auch eine inhaltlich unsaubere Behauptung entstanden:

Beim Fischsterben handelt es sich um eine illegale Einleitung.

Je komprimierter, amtssprachlicher der Stil, desto weniger fallen einem beim Schreiben und Redigieren derartige Merkwürdigkeiten auf.

Auch der Schluss-Satz aus dem zitierten Text ist, genau genommen, unsinnig:

Nach Rücksprache mit den Bachpächtern ist der Alfbach zwischen Mehren und Gillenfeld für die nächsten drei bis vier Jahre biologisch tot.

Da hat jemand (der Bach selbst?) mit den Pächtern am Bach Rücksprache genommen und danach war der Bach tot. Hier handelt es sich um eine falsche zeitliche Verwendung der Präposition *nach.* Gemeint ist eigentlich die vergleichende Verwendung in der Bedeutung »entsprechend« wie in den Ausdrücken *nach Angabe* oder *nach Auskunft.*

Ereignisse, die Menschen und ihre Umwelt betreffen, werden oft mit Hilfe von Komprimierungen zu bürokratischen Vorgängen reduziert.

Solche Sätze entstehen in Nachrichtentexten besonders dann, wenn eine Information »fortgeschrieben« werden muss. In der ersten Meldung heißt es in solchen Fällen noch:

Rechtsextreme verübten einen Anschlag auf ein Asylbewerberheim.

In späteren Meldungen wird komprimiert und die Täter fallen aus dem Satz heraus:

Der am Samstag verübte Anschlag auf ein Asylbewerberheim.

Mit Komprimierungen kann man zwar sehr schnell eine Vorgeschichte zusammenfassen, aber es geht auf Kosten der Anschaulichkeit und oft auch der Solidarität mit den Betroffenen.

Komprimierte Ausdrücke sind typisch für administrative Texte, für die Sprache der Verwaltungen und Bürokratien. Wer es aber zu seiner journalistischen Aufgabe macht, die Menschen in die Texte zurückzuholen, wird auch versuchen, den Stil wieder menschlich zu gestalten.

1.2 Wie journalistische Sprache interpretiert

Journalistische Medien können Ereignisse nicht völlig neutral melden. Sie müssen sich immer für eine Interpretation entscheiden. Diese entsteht durch eine Kombination von Faktoren. Dazu gehören die Nachrichtenauswahl, die Formulierung der einzelnen Informationen und natürlich die Kombination von Nachrichten- und Kommentartexten.

> Anfang Oktober 2000 lief in Izmir ein Schiff aus, das mehrere hundert Flüchtlinge aus Kurdistan, Pakistan und Palästina an Bord hatte. Weil es stürmte, dauerte die Fahrt länger als geplant. Nach tagelanger Fahrt versagten die Motoren des Schiffs. Die Besatzung machte sich davon. Die Flüchtlinge trieben etwa zwölf Stunden auf offener See, bis das Schiff von der italienischen Marine aufgegriffen und in den Hafen von Otranto gelotst wurde.
>
> Die Nachricht, von unterschiedlichen Agenturen und KorrespondentInnen aufbereitet, kam mit einer Vielfalt von Überschriften in die Zeitungen:

> *461 »Illegale« an Bord* (NEUE LUZERNER ZEITUNG, 12. 10. 2000)
>
> *Flüchtlinge ausgesetzt* (DER LANDBOTE)
>
> *600 Menschen auf stürmischer See ihrem Schicksal überlassen* (AARGAUER ZEITUNG)
>
> *Flüchtlingsschiff in Italien gelandet* (LIECHTENSTEINER VOLKSBLATT)
>
> *400 Kurden nach Italien gebracht* (KÖLNISCHE RUNDSCHAU)
>
> *Italienische Marine rettet Flüchtlinge* (BERLINER ZEITUNG)
>
> *Odyssee zu Ende* (DIE SÜDOSTSCHWEIZ)
>
> Jede dieser Überschriften ist wahr (wenn man einmal von der erstaunlichen Divergenz in den Zahlenangaben absieht). Aber die Frage, worin die Nachricht besteht, wird in jeder einzelnen anders beantwortet. Ein einzelner Fakt aus der Ereigniskette wird herausgegriffen. Damit ist (wenigstens auf der Ebene der Überschrift) ein Spektrum von Interpretationsmodellen abgedeckt, das von *Missbrauch von Menschen in Not* bis zu *geglückte Rettungsaktion* reicht. Damit werden jeweils die einen Akteure ins Zentrum gerückt (z. B. die Marine) und die andern verschwiegen (zum Beispiel die Schlepper). – Es sei vermerkt, dass einzelne Lösungen völlig am Ereignis vorbeigehen. Die Information beispielsweise, dass ein Flüchtlingsschiff in Italien gelandet ist, kann nur jemand in den Titel setzen, der die Vorgeschichte nicht zur Kenntnis genommen hat. Es war bereits das 18. Flüchtlingsschiff, das nach offizieller Zählung in jenem Jahr bis nach Italien durchgekommen war. Damit war nur schon die Regel, dass die Nachricht das Neue nennt, verletzt.

Dieses Beispiel zeigt, wie wichtig für die journalistische Interpretationsleistung die Auswahl und Gewichtung von Fakten ist. In den folgenden Abschnitten wird der Schwerpunkt auf weiteren Aspekten liegen, die direkt mit der Wahl der sprachlichen Mittel zusammenhängen. Dennoch sollte in Erinnerung bleiben, dass die Grenze zu anderen interpretierenden Mitteln offen bleibt.

Eine Interpretation ist immer dabei

Jeder Text enthält auch eine Interpretation. Das heißt, er nennt nicht nur den Sachverhalt, sondern er sagt, wie der Autor oder die Autorin dazu steht.

Allein in Hamburg leiden und sterben rund 40.000 Tiere pro Jahr.

Das schreiben zwei Schülerinnen in ihrem Artikel über Tierversuche (HAMBURGER ABENDBLATT, *Schüler machen Zeitung,* 21. 1. 2000) Die gleiche Information liest sich in einer anderen Tageszeitung so:

Der Tierschutzbericht für 1998, der jetzt vorgelegt wurde, weist insgesamt 39 344 »verwendete Versuchstiere« aus. (DIE WELT, 22. 1. 2000)

Im ersten Satz lassen die Autorinnen nur durch die konkrete Wortwahl (nicht etwa durch Wertung) ihr Mitgefühl für die Versuchstiere spüren. Der Verfasser des zweiten Satzes dagegen bemüht sich um größtmögliche Distanz; die Versuchstiere kommen nur als Objekt des Tierschutzberichts vor.

Jede Interpretation positioniert den journalistischen Kommunikator. Sie zeigt, wem er nahe steht, mit wem er sich identifiziert.

Im Spätsommer 2000, als die Treibstoffpreise in Deutschland zum wichtigsten Politikum geworden waren, demonstrieren zum Beispiel Texte der Bild-Zeitung Nähe zu den Leserinnen und Lesern (die als Treibstoffkonsumenten angesprochen wurden):

Der Wucher an den Zapfsäulen – endlich drehen die Scheichs den Ölhahn auf! (BILD, 11. 9. 2000)

Andere Zeitungen zeigten in ihren Titeln eher eine gewisse Identifizierung mit der Gegenseite, der deutschen Regierung:

Kein »Benzinkrieg«, aber der Benzinpreis vermiest Kanzler Schröder das Regieren (OBERÖSTERREICHER NACHRICHTEN, 20. 9. 2000)

Die aktuelle Politik wurde in diesem Text einer österreichischen Korrespondentin in erster Linie in der Form von Absichten der Regierungskoalition wiedergegeben.

Eine deutsche Regionalzeitung stieg dagegen am gleichen Tag folgendermaßen in einen Bericht ein:

Bei Landwirten, Spediteuren und Taxifahrern wächst der Unmut über die hohen Treibstoffpreise (FULDAER ZEITUNG, 20. 9. 2000)

Der Text bestand mehrheitlich aus Umfrageantworten betroffener Konsumenten und Interessenverbände.

Alle diese Beispiele zeigen unterschiedliche Zugänge zu ein und dem selben Thema. Nicht alle kommentieren. Aber alle demonstrieren durch die Perspektive, die sie wählen, eine eigene Interpretation der Sachlage.

Weil jeder Text interpretiert, muss man sich mit den verschiedenen Mitteln des Interpretierens vertraut machen. Im folgenden werden die wichtigsten von ihnen vorgestellt.

Interpretation durch die Wortwahl

Bei jedem Ereignis müssen zentrale Dinge einen Namen bekommen. Manchmal zeigt die Wahl, die man damit trifft, bereits eine Nähe oder Distanz zum betreffenden Akteur an.

Die Konten, die die CDU in der Schweiz und im Fürstentum Liechtenstein illegalerweise führte, wurden in der Presse gelegentlich *Sonderkonten* genannt. Das war die neutrale Bezeichnung, die etwa Helmut Kohl in seiner ersten Erklärung zum Spendenskandal benutzte. Journalistinnen und Journalisten wählten zunächst den Begriff *verdeckte Konten* und dann in erster Linie: *schwarze Konten.* Mit der Wahl dieses Begriffs verändert sich die Distanz zwischen Kommunikator und Akteur.

> DIE WELT vom 1. 12. 1999 verwendete in ihrer Berichterstattung über Kohls Presse-Erklärung, die vor allem in indirekter Rede gehalten war, nur den Begriff *Sonderkonten* und weitere neutrale Ausdrücke (zusätzliche Konten). Die TAZ, in einem stärker kommentierenden Bericht, sprach dagegen sofort von *schwarzen Konten* oder *Schwarzkonten.* Und die BERLINER ZEITUNG überschrieb am selben Tag einen Bericht wertend mit: *Dubiose Konten.*

Zu vermeiden ist, dass nur aus dem Bedürfnis nach stilistischem Effekt eine unbeabsichtigte Interpretation in den Text gerät. Das kann gerade dann geschehen, wenn man versucht, ein unspektakuläres Ereignis sprachlich attraktiv zu beschreiben und sich dabei vom Sachverhalt entfernt:

> *Eine überwältigende Mehrheit von 81 Prozent der Deutschen fordert die Bundesregierung angesichts der dramatisch gestiegenen Treibstoffkosten auf, die nächste Stufe der Ökosteuer erst mal zu verschieben.* (DIE WELT, 14. 9. 2000)

Das klingt nach einem aktiven Protest. In Wirklichkeit ist es aber die Aufplusterung eines Umfrageresultats. Die 81 Prozent der Befragten hatten niemanden zu etwas aufgefordert. Sie hatten nur die Frage *Sind sie dafür, die nächste Stufe der Ökosteuer auszusetzen?* mit ja beantwortet.

Wortwahl ist Politik

Das türkische Innenministerium ließ 1999 wichtigen Presseorganen Listen von Wörtern zukommen, deren Gebrauch es als bedenklich einstuft. Dies geschah nicht zum ersten Mal, und wie man es auch aus anderen Ländern und anderen Zeiten kennt, waren damit direkte Empfehlungen verbunden, zum Beispiel nicht mehr vom *kurdischen Aufstand,* sondern von *terroristischen Aktionen* zu sprechen (DIE PRESSE, 22. 5. 1999; SONNTAGSZEITUNG, 30. 5. 1999).

Dieses drastische Beispiel soll dafür stehen, dass mit den Worten, die man wählt, eine politische Stellungnahme verbunden sein kann. Im Fall von Kurdistan sollte die sorgfältige Überprüfung der Wortwahl mittlerweile selbstverständlich geworden sein, zumal oft Kritik an der Übernahme dieser Sprachregelung – etwa durch die deutsche Bundesregierung – laut wird. (Außenminister Fischer umschrieb die Lage der Kurden und den damit verbundenen Staatsterror 1999 bei seinem Besuch in Ankara als *das Problem in der Südosttürkei.*)

Beim Redigieren kommt es oft zu Wortschöpfungen. Wenn der Platz sehr knapp ist, muss die Hauptinformation in möglichst kompakter Form wiedergegeben werden. Da behilft man sich oft mit Wortschöpfungen, besonders mit zusammengesetzten Substantiven. Diese sind aber oft schwer verständlich oder drücken wie im folgenden Fall gar etwas völlig anderes aus, als gemeint ist:

> Zwei junge Männer warfen bei der KZ-Gedenkstätte Buchenwald Pflastersteine und beschmierten Tafeln mit Hakenkreuzen. Sie wurden noch im selben Monat verurteilt. Das Urteil wurde von den meisten Zeitungen in kurzen Meldungen verkündet, unter anderem mit der folgenden Überschrift:
>
> *Bewährung für KZ-Schänder* (SÜDWESTPRESSE, 19. 10. 2000)
>
> Die beiden hatten aber nicht ein KZ geschändet. Das könnte allenfalls ein Nazi-Gericht verurteilen. Ihr Anschlag hatte einer Gedenkstätte gegolten, die auf dem Gelände des KZ zur Mahnung errichtet worden ist. Das ist direkt das Gegenteil einer *KZ-Schändung* (wie es die EPD nannte).
>
> Mit der Überschrift: *Rechtsextremisten verurteilt* (STUTTGARTER NACHRICHTEN) haben andere Zeitungen gezeigt, dass es auch bei knappen Platzverhältnissen anders geht.

Aber auch in harmloseren Fällen wird ungewollt mit der Wortwahl Politik gemacht. Besonders sensibel ist die Darstellung von Rede-Ereignissen. Hier gerät man sehr leicht in die Situation eines Rezensenten und lobt oder kritisiert, ohne es zu wollen.

> *Bundeskanzler Gerhard Schröder hat in seiner Expo-Eröffnungsrede am Mittwochabend ein Signal für Weltoffenheit und Toleranz gesetzt,*

behauptete die DPA am 31. Mai 2000. Die Agentur schrieb das bemerkenswerterweise in einer Vorabmeldung. Kein Mensch hatte bis dahin wohl die Rede gehört. Sicher war es im Sinne des Bundeskanzlers und seiner Redenschreiber, dass seine Rede mit diesen positiven Worten verbreitet wurde. Aber ob sie Signalcharakter hatte, war überhaupt nicht vorauszusehen und deshalb gehörte dies auch nicht in die Nachricht.

Der Ausdruck *ein Signal für Weltoffenheit und Toleranz setzen* kam übrigens in der Rede nicht vor. Es handelt sich also nicht um eine unbedachte Übernahme einer Propagandafloskel. Vielmehr ist zu vermuten, dass der Autor oder die Autorin Probleme hatte, die Rede knapp zusammenzufassen. In solchen Fällen geschieht es leicht, dass statt nur zu verdichten auch gewertet wird.

Die Frage ist nicht: Soll mein Text interpretieren oder nicht? Sie kann nur lauten: Welche Interpretation gebe ich dem Ereignis? Und in kritischen Fällen lohnt es sich, den Text nochmals auf diese Frage hin zu lesen. Die Antwort wird die Form haben: Das Ereignis wird hier *als* ... dargestellt (z.B.: als Erfolg der Regierung; als Katastrophe, als menschliche Tragödie usw.). Wenn man mit dem Ausdruck nach dem Wörtchen *als* einverstanden sein kann, die Interpretation gelungen.

Die Wortwahl kann diskriminieren

Eine oft diskutiertes Problem der Wortwahl ist die diskriminierende Bezeichnung von Einzelpersonen und Gruppen. Zwar beschränkt sich verbale Diskriminierung nicht auf die Wortwahl; dennoch sei hier daran erinnert, dass es Formulierungen gibt, die gleichzeitig mit der Bezeichnung des »Anderen« eine Abwertung enthalten.

Senegalese bei Einbruch ertappt: Wer eine Nachricht so titelt, macht sich damit nicht strafbar; aber er oder sie missachtet eine journalistische Arbeitsregel, die mittlerweile allgemein akzeptiert ist und die Eingang in die ethischen Normen vieler Berufsorganisationen gefunden hat.

> »In der Berichterstattung über Straftaten wird die Zugehörigkeit der Verdächtigen oder Täter zu religiösen, ethnischen oder anderen Minderheiten nur dann erwähnt, wenn für das Verständnis des berichteten Vorgangs ein begründbarer Sachbezug besteht. «

So formuliert es z.B. der Deutsche Presserat in seinen besonders ausführlichen »Publizistischen Grundsätzen«. Letztlich ist der Kern sprachlicher Diskriminierung immer die – ganz alltägliche und aus unserem Denken nicht wegzudiskutierende – Unterscheidung der Kategorien »das Eigene« und »das Fremde«.

Dass diese Unterscheidung mit einer Herabminderung des »Fremden« verknüpft ist und zur Diskriminierung wird, ist nicht in jedem Fall sofort deutlich. Oft funktioniert sie nur über die überflüssige Betonung eines Details. Das geschieht leicht, wenn man das Bedürfnis verspürt, im Text ein Wort zu variieren, um unschöne Wiederholungen zu vermeiden. Man schreibt das eine Mal *der Täter* und das zweitemal eben *der Senegalese*, das drittemal »der Afrikaner«. Damit weist man auf die Herkunft des Täters hin, ohne dass ein Zusammenhang mit der Tat bestehen muss, und über den ganzen Text hinweg werden die Bezeichnungen austauschbar: *der Täter = der Senegalese = der Afrikaner.*

Viele Rassismusforscherinnen und -forscher sind der Meinung, dass oft schon die Themenwahl (etwa bei einem Bericht zur Frage *Sind Ausländer krimineller als Deutsche?*) als rassistisch einzustufen ist – gleichgültig, was dabei herauskommt. Sie sagen, dass mit dieser Fragestellung die Kategorienbildung einmal mehr bestätigt wird.

Da stehen sich ethische Überlegungen, die aus einer wirkungsorientierten Medienforschung kommen, und professionelle Grundsätze der journalistischen Nachrichtenauswahl gegenüber. Es bringt kaum etwas, diese beiden Haltungen gegeneinander auszuspielen. Als einigermaßen akzeptable Lösung – zwar nicht optimal, aber wenigstens differenziert – würde ich vorschlagen, für positive Inhalte vertiefende Texttypen einzusetzen und Nationalitätsbezeichnungen in kurzen Texttypen zu vermeiden, in denen nur schlagwortartig informiert werden kann.

> Eine kurze Pressemeldung zur Kriminalstatistik eignet sich nicht, um endlich mal zu sagen, dass das Vorurteil von den kriminellen Ausländern falsch sei. In einem 30-Zeilen-Text mit der Überschrift *Ausländer sind nicht krimineller als Schweizer* (AP, 6. 12. 1997) fehlt der Platz, um die Aussage (die alles andere als neu ist) sinnvoll einzuordnen.
>
> Es ist anzunehmen, dass weniger die positiv gemeinte Aussage im Gedächtnis bleibt als die Kombination »Ausländer« + »kriminell«.

Ein vertiefender Bericht könnte die Sache dagegen in Zusatzinformationen einbetten, so dass mehr Zusammenhänge deutlich würden und zum Beispiel auch erklärt würde, warum eine offenbar irrelevante Kategorie dennoch in die Statistik aufgenommen wird.

Wenn es nun so schwer ist, auch mit differenzierter Berichterstattung Klischees umzustoßen, bleibt eigentlich nur noch die Möglichkeit, die Kategorisierung »das Eigene / das Fremde« zu vermeiden, wo es geht. In vielen Fällen kann ein Thema auch dargestellt werden, indem Kategorien verwendet werden, die quer zu dieser Abgrenzung liegen.

Die zitierte Statistikmeldung enthielt auch andere Zahlen zur Kriminalität der Bevölkerung. Eine Zeitung überschrieb sie deshalb mit:

Kriminell werden vorab Männer (DER BUND, 7. 12. 1997.)

Auch von scheinbar positiven Berichten, etwa dem Porträt des ersten »türkischen« Feuerwehrsmanns in einer Landgemeinde, ist wohl wenig Aufklärung zu erwarten. Sinnvoller wäre es, wenn er in einem Text über die Feuerwehr ganz selbstverständlich auftauchte, nur mit seinem Namen und nicht mir seiner Herkunft bezeichnet, so wie das auch bei seinen anderen Kollegen getan wird.

Männlich und Weiblich in der Wortwahl

In diesem Zusammenhang muss auch ein Aspekt der Wortwahl dieses Buchs erwähnt werden.

Es ist hier oft von Journalistinnen und Journalisten die Rede, manchmal nur von Journalisten, manchmal gar von JournalistInnen. Auch in der Bemühung um einen nicht sexistischen Sprachstil sind noch keine endgültigen Lösungen gefunden worden. In einer solchen Übergangszeit halte ich es für richtig, mit verschiedenen Formen zu experimentieren, um die Leserinnen und Leser zwar nicht unnötig zu irritieren, sie aber gelegentlich an das Problem zu erinnern.

Ich verwende gelegentlich die von vielen als hässlich empfundene (und in fast allen Redaktionen verbotene) Schreibweise mit dem langen Binnen-I: JournalistInnen, RedakteurInnen. Für sie spricht, dass damit kurz und knapp beide Geschlechter einbezogen sind. Dagegen spricht, dass es wirklich nur eine Schreibweise ist und die Differenzierung beim Sprechen schon nicht mehr auf diese Weise möglich ist. Zudem funktioniert auch dies nur im Plural.

In Tageszeitungen hat sich bisher von den phantasievolleren Lösungen nur die Variation bei Aufzählungen durchgesetzt. (Vgl. hierzu in der Einleitung dieses Buchs: *Leserinnen, Zuschauer, Hörerinnen, Internet-Nutzer.*)

Zu empfehlen wäre aber vielmehr, nicht die Wortwahl, sondern die Perspektive zu ändern und etwa da, wo man automatisch einen Mann als Beispiel nähme, von einer Frau zu berichten.

Bezeichnungen konsequent gebrauchen

Variation im Wortschatz gehört zu den vermeintlich unumstößlichen Prinzipien guten Stils. Man sagt im ersten Satz: *der Wal,* im zweiten: *der Meeressäuger,* im dritten: *der schwarze Koloss* usw.:

> *Nicht erst seit Moby Dick ist das Verhältnis des Menschen zum Wal ein ganz spezielles. Die Ureinwohner Neuseelands verehren den Meeressäuger als ein heiliges Tier. Touristen in der ganzen Welt geben alljährlich mehrere Millionen Mark für die organisierte Beobachtung der schwarzen Kolosse, das Whale-watching, aus.*
> (SPIEGEL TV, SAT 1, 8. 6. 1997)

Und in einem sonst sehr nüchternen Bericht über das Blutspenden ist plötzlich von *»rotem Saft«* (mit Anführungszeichen) die Rede (BERLINER ZEITUNG, 13. 6. 2000). Oder in einem Polizeibericht wird ein alkoholisierter Autofahrer zunächst als *Brite* bezeichnet. Er hat in Niederbayern ein geparktes Auto beschädigt, und weil darüber mehrere Zeilen zu schreiben sind, taucht er im Text wieder auf als *der 49-Jährige,* dann als *der 49-jährige Engländer* und schließlich gar als *der Mann von der Insel.* (MITTELBAYERISCHE ZEITUNG, 30. 5. 2000) – In diesem und in den meisten ähnlichen Fällen macht eine Wortwiederholung oder ein einfaches Pronomen *(er)* den Text eleganter und verständlicher.

In vermischten Meldungen werden Straftäter oder Unfallopfer häufig mit ihren Berufsbezeichnungen genannt, auch wenn sie für das Ereignis irrelevant sind:

> *Ein 20-jähriger Angestellter kollidierte am vergangenen Donnerstag, 14. September, bei der Kreuzung der Umfahrungsstraße mit der Haidhofstraße mit einem Klein-Lkw.* (BADENER ZEITUNG, 20. 9. 2000)

Dieses Beispiel zeigt, dass oft Angaben aus Polizeiberichten ohne viel Überlegung in die Zeitung übertragen werden. *Angestellter* ist ja nicht einmal eine Berufsbezeichnung und gibt der Schilderung des Unfallhergangs auch keine besondere Farbe.

> Dies im Gegensatz zum folgenden Fall:
>
> *Bei einer Explosion hat sich ein Angestellter einer Lastwagen-Waschanlage [...] schwere Verletzungen zugezogen.*
> (BIELER TAGBLATT, 4. 9. 2000)
>
> Hier wird durch die Angabe des Berufs angedeutet, dass sich die Explosion bei der Waschanlage ereignet hat und sich der Mann bei der Ausübung seines Berufs verletzt hat.

Mit derartiger Wortwahl kommt es leicht zur Stigmatisierung von Menschen auf Grund eines einzelnen Merkmals. Das zeigt zum Beispiel die Meldung: *Rollifahrer* (gemeint ist: Rollstuhlfahrer) *soll Frau attackiert haben:*

> *Ein 36-jähriger Rollstuhlfahrer soll am Sonntag versucht haben, seine 54-jährige Freundin vom Balkon im fünften Stock in der Böcklerstraße in Kreuzberg zu stoßen.* (BERLINER ZEITUNG, 13. 6. 2000)

Was die Tatsache, dass der angebliche Täter im Rollstuhl sitzt, mit der Tat zu tun hat, wird nicht klar. Möglich, dass es der Redakteur kurios fand, dass ein Mann im Rollstuhl zu einer Gewalttätigkeit dieser Art fähig ist. Das macht die Tat aber noch nicht erstaunlich. Die Überschrift gerät in die Nähe von ähnlichen Fällen *(Schwarzer sticht Taxifahrer nieder),* die leichter als diskriminierend erkannt werden.

> Anders verhält es sich mit der Meldung: *Polizei erschießt Behinderten:*
>
> *Eine Polizeistreife hat gestern in einem Wald bei Ulm einen Mann erschossen, der sie bedroht hatte. Anschließend stellte sich heraus, dass es sich um den vermissten 28-jährigen Bewohner eines nahen Behindertenheims handelte. Seine vermeintliche Schusswaffe war die Nachbildung eines Sturmgewehrs.* (SÜDWESTPRESSE, 20. 9. 2000)
>
> Hier wird schon im Titel auf einen Skandal hingewiesen: Dass das Opfer der Polizisten ein geistig behinderter junger Mann war, ist Teil der Geschichte und muss deshalb in der Überschrift erwähnt werden.

Zu Missverständnissen führt es schließlich, wenn Wörter als vermeintliche Synonyme verwendet werden, die gar keine sind:

> *Von den laut archivierten Wehrmachtsberichten 120.000 angelegten Friedhöfen existieren mittlerweile nur noch rund 70.000 Grabstätten.* (SCHWÄBISCHES TAGBLATT, 3. 11. 1993)

Hier wird nicht klar, ob gemeint ist: *Es gab einmal 120.000 Friedhöfe. Davon sind nur noch 70.000 übrig.* – oder: *Es gab einmal 120.000 Friedhöfe (also insgesamt Millionen von Grabstätten). Von ihren Gräbern sind nur noch 70.000 erhalten.* Ein neues Wort ist nur dann notwendig, wenn wirklich auch von einer neuen Sache die Rede ist.

Variation kann verwirren

Konsequenz in der Bezeichnung ist ein wichtiges Hilfsmittel, um den Leser durch den Text zu führen. Für die gleichen Begriffe sollten deshalb nicht ohne Grund unterschiedliche Wörter verwendet werden. Auch die Gewohnheit, auf diese Weise Zusatzinformationen einzubauen oder in Erinnerung zu rufen, kann verwirren.

> In der Sprache der Sportberichterstattung ist das gang und gäbe:
>
> *Stephan Vuckovic liebäugelt mit einem Wechsel zur Leichtathletik. Der Silbermedaillen-Gewinner im olympischen Triathlon von Sydney will sich speziell auf die Strecke über 10.000 m vorbereiten.*
>
> Das Subjekt, das im ersten Satz noch *Stephan Vuckovic* hieß, wird im zweiten Satz *der Silbermedaillen-Gewinner im olympischen Triathlon von Sydney.* Eine solche Variation ist nicht sehr problematisch, wenn dem Zielpublikum etwas ohnehin Bekanntes in Erinnerung gerufen wird. Aber auch die folgende Version ist durchaus vertretbar:
>
> *Stephan Vuckovic, Silbermedaillen-Gewinner im olympischen Triathlon von Sydney, liebäugelt mit einem Wechsel zur Leichtathletik.*
>
> Und so stand es auch in der SID-Meldung. (SÜDWESTPRESSE, 21. 9. 2000)

In weniger tagesaktuellen Berichten und Reportagen wird oft versucht, den Text mit Wortvariation unterhaltender zu machen. In SPIEGEL-Geschichten wird dies regelmäßig demonstriert:

> In einem einzigen kurzen Artikel über die Vogelart Kiwi wurde zwischen neun verschiedenen Bezeichnungen abgewechselt:

das neuseeländische Nationaltier
das Wappentier Neuseelands
der braune Kiwi (Apteryx australis)
die urtümlichen Laufvögel
die bis zu 80 Zentimeter großen Vögel aus der Familie der Schnepfenstrauße
die schwachsichtigen Tiere
diese urtümlichen Sonderlinge
die komischen Vögel mit dem hottenden Schritt.

Hier wurde wohl nicht nur deshalb variiert, um Wiederholungen zu vermeiden, sondern auch, um im Vorbeigehen zoologisches Wissen loszuwerden.

Dennoch sollte man zumindest versuchen, auch mit anderen Mitteln stilistische Attraktivität zu erzielen. Im zitierten Kiwi-Artikel etwa gelang das durch eine effektvolle Parallele bei der Information, dass der Kiwi nachtaktiv ist und auch Experten relativ wenig über ihn wissen: *Tagsüber, wenn der Forscher aktiv ist, ruht der Kiwi in seiner tiefen Erdhöhle.*

Wortwahl ist in jedem Fall Interpretation. So wie hier ausreichend Gründe vorliegen, die Bezeichnungen spielerisch zu variieren, lohnt es sich in anderen Texten, auf konsequente Wortwahl zu achten.

Interpretation durch die Perspektive

Es gibt verschiedene Möglichkeiten, sich sprachlich einer Sache oder einer Person zu nähern. Der Erzähler kann mit seiner Sprache die Kamera hoch über dem Ereignis schweben lassen, er kann sie aber auch auf Augenhöhe oder zum Boden absenken. »Perspektive« ist dafür ein Hilfsbegriff. Er zeigt, welchen Zugang zur Geschichte der Kommunikator wählt. Im Beispiel mit den Treibstoffpreisen ganz am Anfang dieses Abschnitts kamen solche unterschiedlichen Perspektiven zum selben Gegenstand vor.

Aus journalistischer Perspektive sind es zunächst nicht sprachliche, sondern inhaltliche Gründe, die die Perspektivenwahl bestimmen. Ob der Erdölpreis als Sache der Konsumenten oder als Problem der Regierung dargestellt wird, ist eine Frage, die zu unterschiedlichen Recherchen führt und die nicht aufgrund von stilistischen Vorlieben beantwortet werden kann. Aber auch wenn die wichtigsten inhaltlichen Entscheidungen gefallen sind, gibt es Möglichkeiten, die Perspektive zu verändern und damit attraktiver oder auch verständlicher zu formulieren.

In Akko, im heutigen Israel, wird bei Ausgrabungen eine seltene Goldmünze gefunden. Sie stammt von Kreuzfahrern aus dem 13. Jahrhundert. Ein spektakulärer Fund – offenbar nicht nur weil diese Münze selten ist, sondern auch weil die Mitarbeiter der Archäologen ihre Fundstücke unterschlagen. Auf jeden Fall beginnt der Berichttext so:

»Wenn wir da nicht ein Kind beschäftigt hätten, wäre die Goldmünze unauffällig in der Tasche eines der Ausgräber verschwunden«, sagt einer der deutschen Verantwortlichen bei einer archäologischen Grabung in der nordisraelischen Stadt Akko. (KNA / SÜDWEST-PRESSE, 2. 9. 2000)

Der Autor wollte einen attraktiven Einstieg nehmen und wählte ein Zitat. Es spricht ein wichtiger Held der Geschichte, ein Leiter der Ausgrabung. Damit entsteht eine für solche Themen typische Perspektive: diejenige des europäischen Forschers im unbekannten fernen Land.

Dass andere, attraktivere Perspektiven möglich wären, wird hier besonders deutlich, weil der Zitierte noch andere Beteiligte nennt, ein Kind und weitere Ausgräber. Man könnte – da es ja darum geht, vom Fund der Münze zu berichten – zuerst erzählen, dass ein Kind sie gefunden hat. Ein einziger aktiver Satz, der dies ausdrückte, würde den Artikel viel lebendiger anfangen lassen. (Natürlich wäre dann eine Information über die Funktion der mitarbeitenden Kinder – und über ihr Alter und ihre Bezahlung – ebenso am Platz, wie sie im Originaltext gewesen wäre, und wie sie auch der Original-Einstieg *Wenn wir da nicht ein Kind beschäftigt hätten...* direkt fordert.)

Die Bezeichnung »Perspektive« trifft, wie gesagt, den Sachverhalt nicht ganz. Aber auch andere Begriffe aus dem Bereich der optischen Wahrnehmung (»Standpunkt«, »Fokus«, »Blickpunkt«) sind ungenau. Letztlich läuft es immer wieder darauf hinaus, ob man jemanden aktiv auf der Bühne auftreten lässt oder in die Kulissen versetzt, ob man seiner Rolle gerecht wird oder ob man ihn nur mitmeint, ohne ihn mitspielen zu lassen.

Um einen derartigen Perspektivenwechsel ging es schon im vorangegangenen Abschnitt, beim Wiederbeleben komprimierter Sätze. Da wurden ja aus abstrakten Begriffen konkrete, aktive Sätze. Die Menschen, die zunächst nur pauschal behandelt wurden (z.B. in: *die verpasste Chance*), traten jetzt als Handelnde auf (z.B. als: *die Degenfechter haben ihre Chance verpasst*).

Daraus ist auch ersichtlich, dass Perspektive auf allen Ebenen des Textes eine Rolle spielt – ob es nun um den thematischen Zugriff überhaupt geht oder, wie hier, um einzelne Sätze.

Einige typische Perspektiven treten immer wieder auf. Sie sollen hier kurz mit ihren Vorzügen und Nachteilen vorgestellt werden.

Perspektive »Mensch« statt »Organisation«

Im journalistischen Alltag steht man häufig vor der Wahl, entweder die Perspektive einer Organisation (Behörde, Verein, Partei) oder die Perspektive der betroffenen Menschen zu wählen. Dabei ist es wichtig, sich dieser Wahl überhaupt rechtzeitig bewusst zu werden.

Oft hat die Organisation, die über sich und ihren Sachbereich informiert, kein Interesse daran, die Perspektive von Betroffenen zu wählen. Sie verzichtet darauf, weil sie sonst zu schlecht wegkäme oder weil sie einfach überfordert ist.

> Die Deutsche Bahn AG hat natürlich wenig Lust, in ihrer Presseerklärung ohne Umschweife zu sagen:
>
> *Wenn ein Fahrgast seine Karte nicht benutzt hat, konnte er sie bisher problemlos zurückgeben; in Zukunft muss er auch noch beweisen, dass er damit nicht gefahren ist.*
>
> Sie schreibt das lieber so:
>
> *Die Erstattung von Fahrscheinen ab dem 1. Geltungstag wird an internationale Standards angepasst und setzt in Zukunft voraus, dass die Nichtbenutzung oder nur teilweise Nutzung von Fahrscheinen vom Fahrgast nachgewiesen wird.* (Pressemitteilung DB, 26. 7. 2000)
>
> Man beachte auch die beschönigende Wortwahl: ... *wird an internationale Standards angepasst.*

Vertreter von Politik und Behörden bewegen sich geistig so sehr auf der Ebene von Verordnungen und Statistiken, dass sie leicht die Aussagekraft des Menschlichen, Beispielhaften aus dem Blick verlieren. Um so sorgfältiger muss darauf geachtet werden, ob ihre Sprache übernommen werden kann oder ob mit völlig neuer Perspektive formuliert werden soll.

Das Folgende ist ein Ausschnitt aus der Koalitionsvereinbarung, in der die deutsche Bundesregierung 1998 u.a. auch für ihre Gesundheitspolitik warb:

Sucht ist Krankheit. Darum ist zusätzlich die Suchtkrankenhilfe (Behandlung der Abhängigkeiten von illegalen Drogen, Alkohol, Medikamenten usw.) weiterzuentwickeln mit dem Ziel, eine effektive und qualitätsorientierte Suchtbehandlung und gesundheitliche Versorgung sicherzustellen und zu finanzieren.

In diesen Sätzen kommen die Menschen, um die es geht, mit keinem Wort vor. Es sind Sätze aus der allgemeinen Perspektive der Politiker. Zu den Merkmalen dieser Sprache gehören abstrakte Begriffe (substantivierte Verben wie Behandlung, Versorgung), die es erlauben, die betroffenen Menschen auszuklammern. Ein Betroffener selbst, würde das Selbe ganz anders formulieren: umgangssprachlicher und persönlicher. Eine Kombination der individuellen und der allgemeinen Ebene würde einen solchen Text sehr viel wirksamer machen.

Dies demonstriert ein Ausschnitt aus einem Text der Beauftragten der Bundesregierung für Drogenfragen im Bundesministerium für Gesundheit. Er beginnt mit einer abstrakten Aussage aus organisatorischer Perspektive:

Bereits im Drogen- und Suchtbericht 1999 habe ich ausgeführt, dass gesundheitliche und soziale Probleme, die mit dem riskanten Konsum von Alkohol zusammenhängen, nach wie vor eine der größten gesundheitspolitischen Herausforderungen darstellen.

Der nächste Satz aber illustriert – zwar nicht mit einem individuellen Beispel, aber dafür mit konkreten Angaben über die betroffenen Menschen.

Mehr als 100.000 Menschen sterben jährlich in Deutschland an den Folgen des Rauchens. 40.000 Tote sind als Opfer ihrer Alkoholsucht jährlich zu beklagen. [...] (»Erläuterungen zur Sucht- und Drogenpolitik«, 5. 7. 2000)

Beim journalistischen Texten lohnt es sich zu überprüfen, ob die Perspektive der Macht bzw. der Bürokratie beibehalten werden soll, oder ob nicht diejenige der Betroffenen geeigneter ist.

Aus zwei britischen Krankenhäusern sind zahlreiche tiefgefrorene Embryos verschwunden: So beginnen zwei unterschiedliche Agenturmeldungen vom gleichen Tag (wobei die eine noch hinter das

Wort *Embryos* die Worte *von etwa 40 Frauen* einfügte, woraus der mathematisch und sprachlich nicht besonders befriedigende Ausdruck *zahlreiche Embryos von etwa 40 Frauen* entstand). Müttern, die sich für eine künstliche Befruchtung entschieden hatten, wurden möglicherweise die falschen Embryos eingepflanzt.

Im einen Fall wird dies als Problem der Mütter dargestellt:

Einige Mütter befürchten deshalb, dass ihnen bei einer künstlichen Befruchtung ein fremder Embryo eingepflanzt worden sein könnte. (SDA / TAGES-ANZEIGER, 25. 9. 2000)

Im anderen Fall aber stehen nicht die Mütter, sondern so genannte Experten im Vordergrund:

Unmittelbar nach dem Bekanntwerden des Skandals stritten sich Experten darüber, ob möglicherweise Frauen bei einer künstlichen Befruchtung ein fremder Embryo eingepflanzt worden sein könnte. (DPA / BERLINER ZEITUNG, 25. 9. 2000)

Dasselbe Problem ist hier also einmal als Sorge unmittelbar beteiligter Menschen dargestellt und einmal als Streitgegenstand von Wissenschaftlern. Die Kamera rückt weiter weg, die Betroffenen werden zum passiven Objekt einer medizinischen Maßnahme.

Auch wenn man sich für die Organisationsperspektive entschieden hat, sind attraktive Lösungen möglich. Die Geschichte wird konkreter, wenn es gelingt, einen offiziellen Sprecher zum Erzählen und Kommentieren zu bewegen. Der Zugriff bleibt zwar noch derjenige des betreffenden Unternehmens, Amtes oder Vereins; aber er wird konkreter, weil er mit einem Menschen und seinen Erfahrungen verknüpft ist.

In einer Gärtnerei im Kanton Zürich hat die Polizei eine Großrazzia durchgeführt. Der Grund: Dort wurde Hanf mit hohem THC-Gehalt angebaut und verkauft, was sich mit dem schweizerischen Betäubungsmittelgesetz nur schwer vereinbaren lässt, auch wenn man die Produkte als Dekoration für die Inneneinrichtung ausgibt.

Die Pressemitteilung von Polizei und Staatsanwaltschaft war in einer allgemeinen Behördenperspektive gehalten und las sich so:

[...] Die Mitangeschuldigten haben sich demnach im Sinne eines Gewerbes in der Genossenschaft Gärtnerei Enetbrugg auch nach den früheren Polizeiaktionen wieder zusammengefunden bzw. sind zusammengeblieben, um weiter gemeinsam den illegalen Anbau von Hanfpflanzen zu betreiben, sie zu verarbeiten und daraus gezielt sogenannte Trockenblumen und weitere illegale Hanfprodukte herzu-

stellen, die einen derart hohen THC-Gehalt haben, dass sie an diverse Hanfshops verkauft oder in eigenen Verkaufsläden an Konsumenten von Marihuana vertrieben werden können.

Ganz anders der Einstieg in einen Zeitungsbericht. Hier ist die Perspektive nicht verändert; das Schicksal von Pflanzen und Pflanzern wird konsequent aus dem Blickwinkel der Ermittlungsbehörden geschildert. Aber man hört einen Menschen, der diese Position engagiert (und mit einer Portion Ironie) vertritt:

Für die Ermittlungsbehörden ist das Zentrum des Marihuana-Drogenhandels die Genossenschaft Gärtnerei Enetbrugg in Ossingen. Früher wurden »Duftsäcklein« verkauft, heute werden die Produkte »Trockenblumen« genannt. Für den Winterthurer Bezirksanwalt Rolf Jäger handelt es sich aber um nichts anderes als Rauch-Hanf, was ihm auch viele Abnehmer der Ware bestätigt hätten. Es sei schon «sehr, sehr vermessen«, diese «unansehnlichen« Trockenblumen als Zierpflanzen zu bezeichnen, sagte Jäger am Dienstag an einer Pressekonferenz in Andelfingen. Eine Dolde, die ein Gewicht von rund 10 Gramm aufweist, wird zu einem Preis von 40 bis 250 Franken verkauft. Er könne sich schlicht nicht vorstellen, dass man eine solche Dolde für 250 Franken als Zierpflanze in die Stube stelle, meinte der Bezirksanwalt. (NEUE ZÜRCHER ZEITUNG, 27. 9. 2000)

Perspektive »Journalist / Journalistin«

Die Perspektive des berichtenden Journalisten kann man sich oft sparen. Die Leute interessieren sich für das Thema – für den neuen Park und nicht für den Spaziergang des Journalisten auf seinen Kieswegen, für den porträtierten Fabrikanten, nicht für das Herzklopfen, mit dem die Reporterin ihn aufsucht.

Auch in ausführlichen Porträts ist eine Beschreibung der Recherchesituation nur dann informativ, wenn dadurch eine Spannung zwischen Journalist/in und Akteur deutlich wird. Davon hängt es ab, ob Sätze wie im folgenden Beispiel sinnvoll oder überflüssig sind:

Roland Dorn hat sich in der Fachwelt unter anderem als Fälschungsexperte bei van Gogh einen Namen gemacht. Nichts langweile ihn mehr als das Thema Fälschungen, sagt er allerdings gleich zu Anfang unseres Gesprächs in seinem Wohnzimmer in Witikon. (NZZ FOLIO 10/2000).

Die Information, dass sich der Gesprächspartner gleich zu Beginn von seinem Spezialthema distanziert, gehört zu seiner Charakterisierung. Aber die Situierung *(unser Gespräch in seinem Wohnzimmer in Witikon)* bringt nur etwas, wenn man später etwas darüber erfährt, wie er wohnt, und wenn auch die Journalistin weiter eine aktive Rolle im Text spielt.

Oft wird mit einer journalistischen Perspektive nur vermeintlich die Attraktivität erhöht. Im folgenden Sportbericht zum Beispiel enthält das Zitat genügend Emotionen, es muss nicht mit viel Kontext angereichert werden:

»Bis ich diesen Erfolg richtig fassen kann, brauche ich schon noch einige Stunden«, gestand der strahlende Sieger Rolf Zimmermann bei seiner Interviewtour bei den verschiedenen Radiostationen. Auszusetzen gebe es für ihn an diesem Tag natürlich nichts. Alles habe optimal gepasst, diktierte er in die Notizblöcke der Reporter. (NEUE LUZERNER ZEITUNG, 26.7.1999)

Hier tauchen die Reporter kurz auf, um gleich wieder aus dem Text zu verschwinden. Ihre Anwesenheit (und diejenige ihrer Notizblöcke) bringt dem Text keine zusätzliche Information. Viel informativer wäre es, mehr darüber zu erfahren, wie denn der Rennfahrer aussah – außer, dass er als Sieger pflichtgemäß *strahlte.*

Informativ ist aber ein kurzer Hinweis auf die Recherchesituation, wenn damit eine Informationsleistung verbunden ist – zum Beispiel über die mangelnde Pressearbeit eines großen Unternehmens.

An einem Tag, an dem die Deutsche Bahn mit verschiedenen Pannen auf sich aufmerksam machte, versuchte eine Redaktion die Agenturmeldungen mit einer offiziellen Stellungnahme abzurunden. Dass es auf die Schnelle nicht gelang, wäre noch keine Mitteilung an die LeserInnen wert. Aber wenn die Absage noch folgendermaßen begründet wird, lohnt sich das Zitat:

Das Abendblatt bat Hartmut Mehdorn, Vorstandsvorsitzender der Deutschen Bahn AG, um eine Stellungnahme. Seine Sprecherin in Berlin: »Dazu werden Sie kein Statement bekommen. Außerdem ist sein Terminkalender in den nächsten zwei Wochen voll.«
(HAMBURGER ABENDBLATT, 5. 10. 2000)

In diesem Fall war es möglich, in kurzer und verständlicher Form auf Rahmenbedingungen der Öffentlichkeitsarbeit hinzuweisen, an denen sich nicht nur der Journalist, sondern auch der Leser stören wird.

Oft wechselt man in die JournalistInnenperspektive, um Kolleginnen oder Kollegen anzusprechen. Sie sollen etwa erfahren, dass eine Eigenleistung erbracht wurde (z.B. ein Telefongespräch mit einem Akteur: *Direktor A.B. sagte auf Anfrage ...*) Solche Formulierungen sagen aber nichts anderes aus als: Wir haben unsere Arbeit getan. Für die Leserinnen und Leser ist das selbstverständlich.

Manchmal wechselt man in die Journalistenperspektive, wenn nichts Besonderes vorgefallen ist. Ein Wahltag ohne Überraschungen besteht für die Journalistinnen und Journalisten in erster Linie aus dem Warten auf die Ergebnisse. Damit mag eine körperliche Leistung verbunden sein; Außenstehende wird es aber kaum beeindrucken: Deshalb eignet sich der folgende Einstieg auch nicht für einen Stimmungsbericht:

> *Auf 3 Uhr waren erste Zahlen zur Stadtratswahl angekündigt, die Fakten wurden von Minute zu Minute konkreter. Im Foyer der Gewerbeschule beim Luzerner Bahnhof hatten sich die Medien installiert. Radio Pilatus war auf Sendung, TV TeleTell hatte sich an einer Bar eingenistet, Journalisten und Fotografen erschienen, stürzten sich auf Zahlen, Tabellen und Interviewpartner. An der Projektionswand im als »Publikumszone« ausgeschilderten Saal schienen laufend die neuesten Resultate auf, man konnte auch online gehen, sich die neuesten Ergebnisse aus dem Netz holen oder die ausgehängten Listen studieren. Kurz nach drei kam Leben in die Bude. Stapi [Stadtpräsident] Urs W. erschien am Eingang, alle Fotografen und Reporter stürzten sich auf ihn wie die Motten aufs Licht.* (NEUE LUZERNER ZEITUNG, 17. 4. 2000)

Aber auch wenn der Journalist (wie im folgenden Fall) sich selbst als Versuchskaninchen betätigt und damit eine gewisse Spannung zwischen ihm und dem Thema entsteht, ist dies höchstens die zweitbeste Perspektive:

> *»Und jetzt noch hier Ihre Unterschrift bitte«, sagt die Verkäuferin der Firma Protech AG. Soeben hat der Berichterstatter für die Redaktion einen Opel Astra erworben, zum stolzen Preis von rund 38 300 Franken. Das Auto hat alle Extras, inklusive Navigationssystem und Klimaanlage. Und der Clou an der ganzen Sache ist, dass dazu nicht einmal die Einwilligung des Redaktionsleiters notwendig war. Die Kaufsumme überweise ich per Check. Doch trotz des Kaufes wird die Redaktion wohl nie in den Genuss des Fahrzeuges kommen. Der Opel wird nämlich nie ausgeliefert werden. Dafür wird das Bankkonto auch nie um den Kaufbetrag erleichtert. Des Rätsels Lösung: Der Vertrag wurde bei einer Übungsfirma unterzeichnet. 23*

solcher Übungsfirmen führen gestern und heute die Messe «Swissmeet 2000« durch. (NEUE LUZERNER ZEITUNG, 8. 6. 2000)

Überzeugender wäre hier die Darstellung eines real existierenden Messebesuchers.

Wie in vielen ähnlichen Fällen führt sich der Journalist hier in der dritten Person ein. Dies macht aber nur dann einen Sinn, wenn der Text sehr ironisch gehalten ist. In den meisten andern Fällen ist *ich* das passende Wort, wenn *ich* gemeint ist.

Journalistenperspektive im negativen Sinn – das bedeutet: Die Pressekonferenz wird nacherzählt, wo eigentlich deren Thema aufbereitet werden müsste. Oder die Pressereise steht im Vordergrund statt das Land, in das die Presseleute gereist sind. Zwar werden Artikel oft erst dadurch lesenswert, dass sie mit subjektiven Beobachtungen durchsetzt sind. Sie werden aber rasch mühsam, wenn das Thema aus dem Blickpunkt des Journalisten geschildert wird, der seinen Pflichten nachgeht.

Die Journalistenperspektive drängt sich dann auf, wenn die Journalistin (oder der Journalist) aktiv vorkommt und eine Spannung zwischen ihr und dem Gegenstand entsteht.

Sie sollte zumindest angereichert werden, indem man sie mit einer thematischen Aussage verknüpft, die in den Artikel führt:

An der Pressekonferenz wurde die neue Saftpresse vorgestellt. C.D. hatte eine Orange dabei und testete sie.

Auf diese Weise hat die Journalistin eine Funktion. Sie betätigt sich als Konsumentin, in einer Rolle, die sie glaubhaft übernehmen kann und in der sich die LeserInnen mit ihr identifizieren können.

Im übrigen ist es immer dann angezeigt, zur Journalistenperspektive zu wechseln, wenn die Arbeit am Text einen unüblichen Verlauf genommen hat. Im folgenden Fall wird in einem Hintergrundbericht von den Schwierigkeiten beim Recherchieren (über das Milliardengeschäft mit den Lizenzen für einen neuen Mobilfunkstandard) berichtet:

»Das können wir Ihnen nicht sagen. Das ist geheim.« Namen der Mitarbeiter, die um die UMTS-Lizenzen bieten, werden leider nicht genannt. Nein, sie könnten ja bestochen werden. Wo die Entscheidungen über die UMTS-Gebote bei den Konzernen getroffen werden? In einem Büro der Zentrale? In einem Bunker? In der Gaststätte um die Ecke? Keine Auskunft. Es könnten ja Telefonleitungen abgehört werden. Oder Bombendrohungen eingehen, um die Ent-

scheider über die Milliardeninvestition handlungsunfähig zu machen. Wenn es um die milliardenschwere Entscheidung in der Telekommunikationsbranche geht, werden Unternehmenssprecher zu Unternehmensschweigern. (HAMBURGER ABENDBLATT, 29. 7. 2000)

Kapitel 4 wird auf solche Fälle zurückkommen. Dort wird auf Verständlichkeitsprobleme hingewiesen, die Informationen über die journalistische Arbeit oft aufwerfen.

Perspektive »Leser / Leserin«

Wenn sich die Möglichkeit ergibt, den Adressaten direkt anzusprechen, ohne dass es peinlich wirkt, ist eine erhöhte Aufmerksamkeit gesichert: Am leichtesten geht das bei Tipps (Haushalt, Umgang mit Behörden, Gesundheit usw.). Da kann schon mal der Leser in der Überschrift gefragt werden (Thema: Käse- und Wursthändler, die dem Käufer das Gewicht der Verpackung mitberechnen):

Verkauft Ihr Metzger Papier zum Salamipreis?
(NÜRNBERGER ZEITUNG, 5. 9. 2000)

Im Journalismus ist – im Gegensatz etwa zur Werbung – die direkte Ansprache des Lesers aber eher selten. Zwar erhöht sie die Aufmerksamkeit. Aber sie wirkt oft peinlich, besonders wenn sie die direkte Anrede mit *Sie* enthält. Auch das im Boulevardjournalismus gerne gepflegte *Wir* ist meistens überflüssig.

Gegen die LeserInnen-Perspektive ist absolut nichts einzuwenden; aber sie braucht nicht durch die direkte Anrede ausgedrückt zu werden. Und auch dass die meisten Zeitungen und Zeitschriften ein Wir-Gefühl anstreben, kann hier nicht in Frage gestellt werden; aber es entsteht auf ganz andere Weise als durch das Wörtchen *wir.*

Wer Ratschläge weitergibt, muss immer ein Sie mitdenken. Aber es braucht nicht mit diesem Wort ausgedrückt zu werden. Der folgende Text über die alljährliche Grippewelle wendet sich ganz deutlich an den ratsuchenden Leser, der wissen will, ob er sich noch impfen lassen soll. Er tut dies sehr deutlich und enthält dennoch keine direkte Anrede:

Tausende, die im Herbst versäumt haben, sich gegen Grippe impfen zu lassen, stürmen jetzt in die Arztpraxen. Laut Apothekerverband gibt es in Schleswig-Holstein keinen Impfstoff mehr, in Hamburg,

Mecklenburg-Vorpommern und Nordrhein-Westfalen wird er sehr knapp. Professor Windorfer vom Influenza-Zentrum: »Mitte der Woche verteilt ein Hersteller noch seine letzten 200 000 Impfdosen.« Die Direktorin des Landeshygiene-Institutes Rostock, Christel Hülße: »Ich warne vor einer Panikmache. Impfen sollten sich überhaupt nur Menschen, die zu einer der Risikogruppen zählen – über 60-Jährige, chronisch Kranke, Menschen, die häufig Kontakt mit anderen haben, wie Busfahrer, Verkäuferinnen.« (BILD, 12. 1. 2000)

Auch der folgende Agenturtext erfüllt seinen Zweck. Aber die Leserinnen werden praktisch nur auf Umwegen, in den Worten des (schweizerischen) Bundesamtes für Gesundheit, genannt:

[...] Nach Angaben des BAG ist eine Grippeimpfung zum jetzigen Zeitpunkt immer noch sinnvoll. Die Impfempfehlung richtet sich vor allem an Personen, die einem erhöhten Komplikationsrisiko ausgesetzt sind. Dies gilt insbesondere für Menschen über 65 Jahre oder etwa mit Asthmabeschwerden. (SDA / TAGES-ANZEIGER, 21. 12. 1999)

Diese beiden Beispiele zeigen: Nicht die Verwendung von Pronomina schafft Nähe zum Leser, sondern die konkrete Schilderung.

Vergleiche verschiedener Boulevard-Texte zeigen deutlich, dass ein ausdrückliches *Wir* überflüssig ist, wenn der Inhalt ohnehin Mitgefühl weckt. Im folgenden Text über einen Bundeswehrsoldaten, der im Kosovo-Krieg ein Bein verlor, braucht gar nicht gesagt zu werden: »Wir sind auf seiner Seite. Er ließ sein Bein für uns...« Die empathische Schilderung reicht aus:

Eine heimtückische Tretmine im Kosovo riss ihm das linke Bein ab. Im Einsatz für den Frieden, im Dienst für Deutschland. Doch die Bundeswehr ließ Jens Ruths (23) kaltherzig im Stich. Die Bürokraten-Hölle des Stabsunteroffiziers: All seine Anträge auf Hilfe – in sturem Beamtendeutsch abgelehnt. Sein Gehalt – drastisch gekürzt. Höhepunkt des Bürokraten-Terrors: ein Schreiben, in dem ihm seine Entlassung mitgeteilt wurde. (BILD, 27. 9. 2000)

Die Nähe zum Akteur, verstärkt durch Begriffe wie *Dienst für Deutschland* und *Vaterland* reicht aus, um die Nähe zwischen Kommunikator und Akteur auszudrücken:

Sein mutiger Einsatz für Deutschland hat ihn zum Krüppel gemacht: Bundeswehr-Soldat Jens Ruths aus Mühltal (Hessen) wurde von einer Tretmine im Kosovo das linke Bein abgerissen. Der »Dank« des Vaterlandes – beschämend. Der 23-jährige Stabsunteroffizier ver-

> *zweifelt: »Verteidigungsminister Scharping versprach unbürokratische Hilfe, besuchte mich sogar. Aber heute muss ich sagen: Man wird bei der Bundeswehr bestraft, wenn man Kameraden hilft und sich dabei verletzt.«*

> Im übrigen wäre es auch möglich, diesen Text ohne die wertenden Adjektive (mutig, kaltherzig) und auch ohne die patriotischen Beteuerungen zu schreiben; er würde dennoch einen solidarisierenden Effekt erzielen.

Ein Spezialfall der Perspektivensetzung: Wer ist der Täter?

Schon beim Thema Komprimierung wurde es deutlich: Ereignisse können anonym dargestellt werden. Die Menschen, die von ihnen betroffen sind, und die, welche dafür verantwortlich sind, kommen dann nicht vor. Aber es geht auch anders, mit einer Sprache, die wenigstens die Möglichkeit offen lässt, dass Täter und Opfer mitgedacht werden.

Es ist leicht verständlich, dass die folgende Meldung aus der Perspektive der Polizei geschrieben wurde. Sie ist ja auch die Informationsquelle und naturgemäß trifft sie erst im Nachhinein am Tatort ein. Sie berichtet über ihre Leistungen und über ihren Erfolg. Aber das eigentliche Ereignis – hier ein Sprengstoffanschlag auf eine Familie – bleibt auf diese Weise im Hintergrund:

> *Eineinhalb Wochen nach dem Handgranaten-Anschlag an einer S-Bahn-Station in Düsseldorf, bei dem neun Osteuropäer, unter ihnen sechs Juden, zum Teil schwer verletzt worden waren, hat die Polizei in Bamberg (Bayern) einen Bombenanschlag verhindert. Er galt der Familie des vor elf Jahren verstorbenen Vorsitzenden der israelitischen Kultusgemeinde. Eine per Hubschrauber eingeflogene Spezialeinheit des Landeskriminalamtes entschärfte eine am Bungalow der Familie angebrachte Bombe. Wie im Düsseldorfer Fall ergaben sich nach Auskunft der Polizei jedoch keine konkreten Hinweise auf ein antisemitisches Tatmotiv. Ein Polizeisprecher: »Wir ermitteln in alle Richtungen.«* (HAMBURGER ABENDBLATT, 9. 8. 2000)

Die Menschen, auf die es die Täter abgesehen hatten, werden nur im Vorbeigehen genannt *(Er galt der Familie... ; am Bungalow der Familie...)* Man erfährt nicht einmal, wie viele Menschen bedroht waren. Und was die Täter betrifft, ist der Text noch zurückhaltender. Ein Passivsatz: *Ein Bombenan-*

schlag wurde verhindert. Eine Komprimierung: *eine angebrachte Bombe.* Das war's. Auch hier wären aktive Sätze möglich gewesen. Sie hätten deutlich gemacht, dass Kriminelle sich zum Haus geschlichen und da die Bombe angebracht haben.

Typisch für einen solchen Text im täterlosen Stil ist die brav abgedruckte Behauptung, es hätten sich *keine konkreten Hinweise auf ein antisemitisches Tatmotiv* ergeben. Wenn in Deutschland die Familie des *verstorbenen Vorsitzenden der israelitischen Kultusgemeinde* mit einer Bombe bedroht wird, ist eine solche Aussage nur als Verschleierung zu werten. In diesem speziellen Fall waren dieser Region in weniger als einem Jahr fünf antisemitische Vandalenakte und eine behördlich genehmigte Nazidemonstration vorausgegangen.

Immerhin gab es in anderen Texten auch andere Formulierungen für die Ermittlungshypothesen der Polizei:

Ein Ermittler der gestern noch gegründeten Sonderkommission:
»Wir prüfen, ob es sich um einen rechtsradikalen Hintergrund handelt.« (BILD, 8. 8. 2000)
Die Beamten schließen einen rechtsextremen Hintergrund nicht aus. (ZDF.MSNBC, 8. 8. 2000)

Perspektive beibehalten

Perspektiven sollten konsequent gewählt und durchgehalten werden. In einem Text wird zwar nie jede Aussage die gleiche Perspektive aufweisen; aber es lässt sich ein roter Faden bilden, indem man sich an einer hauptsächlichen Perspektive orientiert.

Oft wird die Perspektive ohne Grund gewechselt, der Erzählfaden reißt ab. Da beginnt zum Beispiel ein Porträt einer Familie mit der Nahaufnahme des Jungen, der im Mittelpunkt der Geschichte stehen wird. Aber schon im zweiten Satz gerät er aus dem Blick:

Fünf Kerzen kann der kleine Christoph heute auf seiner Geburtstagstorte auspusten. Der putzmuntere Junge mit dem Lausbubenblick freut sich natürlich besonders auf die Geschenke, den Besuch.

Mit einer der schlimmsten Nachrichten begann am 24. Februar vor fünf Jahren ein Martyrium für die Eltern ...
(THÜRINGER ALLGEMEINE, 14. 3. 2000)

Zu erzählen ist hier vom Schock der Eltern, als sie kurz vor der Geburt erfuhren, dass ihr Kind einen schweren Herzfehler hatte, von der Geburt, der Transplantation. Damit muss natürlich die Eltern-Perspektive eingenommen werden. Auf den kurzen Einstieg über den Sohn muss man dabei entweder verzichten, oder die Eltern schon hier ins Bild mit einbeziehen.

Interpretation durch Wertung

Interpretation ist immer subjektiv. Sie ist ja die Konsequenz aus einer Auswahl von möglichen Erklärungsmodellen. Dies trifft auf jeden journalistischen Text zu; völlig objektive Berichterstattung ist nicht möglich. Aber auch wenn Interpretation immer dabei ist, so lässt sich ein Spezialfall dennoch vermeiden: die Interpretation durch Wertung. Wertung ist eine positive oder negative Stellungnahme zum Ereignis. Und dieser kann man sich ohne weiteres enthalten.

Der Satz *Postbote beißt Hund* enthält noch keine Wertung. Interpretation ist im Satz zwar schon durch die Perspektive: *Hund wird von Postbote gebissen* gäbe der Sache eine andere Optik, und ebenso die Version: *Akuter Fall von Morsus postalis.* Aber gewertet wird damit noch nicht. Sobald aber das Wort *Hund* durch ein expressives Wort ausgewechselt wird, ist es anders:

Postbote beißt Köter enthält eine klare Stellungnahme für den Täter und gegen das Opfer. Die Redaktion, die diese Überschrift wählt, ordnet nicht nur ein, sondern nimmt auch Partei.

Journalistisch zu arbeiten heißt immer, eine Position zu haben und diese auch erkenntlich zu machen. Die Position drückt sich in der Wahl des Interpretationsmodells aus. Aber sie braucht nicht so weit zu gehen, dass sie auch wertet. Und konventioneller Journalismus zieht gerade hier die Grenze. Er interpretiert, aber er wertet nicht. Dennoch ist Wertung in verschiedenen Bereichen an der Tagesordnung: im Boulevardjournalismus, im Lokaljournalismus und fast überall, wo nicht tagesaktuell gearbeitet wird. Dies oft deshalb, weil man den tagesaktuellen Medien durch die reine Information keine Konkurrenz machen kann. Wochenzeitungen und Magazine haben sich deshalb auf kommentierende Texte spezialisiert. Sie bieten Hintergründe, Erklärungen und Meinungen. Hier wird oft wertend informiert. Zeitungen und Zeitschriften mit Schwerpunkt auf der aktuellen Information können auf Wertung innerhalb der Berichterstattung getrost verzichten. Nicht weil sie des Teufels wäre, sondern weil sie meistens keine Zusatzinformation enthält.

> Der folgende Satz aus einem Hinweis auf eine Ausstellung ist ein typisches Beispiel.

> *Sehr verdienstvoll widmet sich die Fachausstellung für Sanitär-Heizung-Klempner-Klima (SHK) unterm Funkturm den Problemen von Älteren und körperlich Behinderten.* (BERLINER ZEITUNG, 19. 10. 1995)
>
> Die Lokalredaktion und wohl auch alle Leserinnen und Leser finden die Sache gut. Aber gerade deshalb muss es gar nicht weiter gesagt werden.

Durch Wertung wird meistens eine Nähe zum Akteur oder zum Rezipienten gesucht, die auf ganz andere Weise ausgedrückt werden könnte. Konkrete Schilderungen, attraktive Nahaufnahmen sind viel aussagekräftiger.

> Am Schluss eines längeren neutralen Berichts über aktuelle lokale Abfallprobleme heißt es:
>
> *Auch im benachbarten Rohda soll eine schnelle Lösung für den Containerstandplatz gefunden werden. Die Entsorgung am jetzigen Platz wird berechtigt von vielen als störend empfunden.* (THÜRINGER ALLGEMEINE, 29. 9. 2000)
>
> Hier meldet sich plötzlich noch die Journalistin, die den BewohnerInnen Recht gibt. – Das bringt nichts. Wenn im vorangegangenen Text genügend über die Missstände gesagt wurde, die zu beseitigen sind, reicht diese Information. Wenn nicht, dann fehlen die Argumente, und auch das Wörtchen *berechtigt* überzeugt nicht.

Natürlich lässt sich Wertung immer einem Phantom-Akteur in die Schuhe schieben.

> *Der rätselhaften »Quelle« in Lintorf will man beim RWW jetzt auf den Grund gehen. Wie berichtet, spritzt seit sechs Jahren ein dicker Wasserstrahl aus der Straße »Am Zechenbach«. Bereits nach der RP-Anfrage wurde sofort eine Wasserprobe genommen, nun soll am Montag für vier Stunden (8 bis 14 Uhr) der Trinkwasserzufluss zum Gut Hülchrath unterbrochen werden: Versiegt die »Quelle«, war`s tatsächlich ein vergessener Rohrbuch, läuft`s noch, muss weiter nach der Ursache geforscht werden. Das wurde gestern von RWW-Sprecher Ulrich Schallwig bestätigt. »Wir haben dort in der Vergangenheit schon drei Mal gegraben, jetzt wollen wir Gewissheit haben.« Die von der Test-Sperrung betroffenen Anwohner wurden vom RWW gestern informiert. Dort fragt man sich nun, ob man die schlaue Aktion mit dem Abdrehen nicht schon früher hätte machen können, um festzustellen, woher das Nass stammt.* (RHEINISCHE POST, 24. 6. 2000)

Der letzte Satz gibt sicher nicht nur die Meinung des Autors, sondern auch die Stimmung am Ort wieder. Dennoch ist sie in dieser Form ein unzulänglicher Ersatz für eine reale Meinungsäußerung. Mit einem Zitat würde der Text attraktiv abgeschlossen und auch dem offiziellen Sprecher würde so ein betroffener Akteur gegenüber gestellt.

Oft wird auch gewertet, bevor die Nachricht überhaupt genannt ist. Dabei ist gerade in diesen Fällen die Nachricht selbst aussagekräftig genug. Wenn das Telefonieren aus dem Flugzeug, das lange verboten war, endlich erlaubt ist, ist das News genug. Die Nachricht braucht nicht als »gut« bezeichnet zu werden, bevor man sie überhaupt wiedergibt:

> *Gute Nachrichten für Geschäftsreisende: Die handyfreie Zeit im Flugzeug wird kürzer.* (DIE WELT, 28. 7. 2000)

Das Werten vor dem Informieren ist ein Element des Boulevard-Stils. Dennoch ist es sogar dort meistens überflüssig:

> *Krankenkassen werden teurer*

ist eine schlagkräftige Schlagzeile. Sie bedarf keiner emotionalen Verstärkung. Im Original hieß sie trotzdem so:

> *Auch das noch! Krankenkassen werden teurer* (BILD, 24. 9. 2000)

Das bringt keine Kommentarleistung. Es verstärkt die Information nicht. Es unterstreicht zwar die Wir-Perspektive; aber gerade bei diesem Thema bedarf man der Solidarisierung mit dem gebeutelten Leser kaum.

1.3 Der Aufbau bringt die eigene Struktur in den Text

Journalistisch arbeiten heißt sich von Textvorgaben lösen. Genauso, wie man sich bei einzelnen Formulierungen die Voraussetzungen für eine eigene Sprache schaffen muss, ist es nötig, die Struktur des ganzen Textes unabhängig zu planen. JournalistInnen bekommen z.B. bei Pressekonferenzen den Stoff oft pfannenfertig geliefert. Ihre Aufgabe besteht nun darin, ihn aufzubrechen, neu anzuordnen, Überflüssiges wegzulassen, Notwendiges hinzuzufügen.

Zwei Gefahren sind für die journalistische Arbeit typisch: Die Gefahr, dass die Textstruktur von der Quelle übernommen wird, und die Gefahr, dass die Textstruktur zufällig entsteht. Es ist deshalb wichtig, zu erkennen, dass zu den sprachlichen Vorgaben der Quelle auch der Textaufbau gehört und dass für die eigenen, journalistischen Ziele ein anderer Aufbau gefunden werden muss. Ein Bewusstsein für gute Aufbaumodelle erleichtert diese Arbeit.

Die Struktur führt durch den Text

Wie wichtig Textstrukturen sein können, zeigt sich an Texten, die aus lauter Hauptsätzen bestehen und dennoch kompliziert sind. Sie entstehen oft dadurch, dass sich Journalistinnen und Journalisten um eine Sprache bemühen, die gut verstanden wird. Sie konzentrieren sich beim Redigieren stark auf die Satzstruktur und vernachlässigen dabei die Textstruktur.

> Der folgende Text scheint ganz einfach strukturiert zu sein. Aber nach der einigermaßen folgerichtigen Erzählung ist plötzlich eine Information eingefügt, deren Funktion nicht deutlich wird:
>
> *Die Augen angstvoll aufgerissen, den Reisepass in der Hand umklammert – wir sehen Marie-José Pérec (32) wie ein gejagtes Wild. Die schönste Olympia-Läuferin ist auf der Flucht. Zusammen mit ihrem Rostocker Trainer Wolfgang Meier, dem Ehemann der früheren Sprinterin Marita Koch.*
>
> *Die Französin Perec verließ Sydney im Morgennebel, lässt das 400-Meter-Megaduell gegen die Australierin Cathy Freeman sausen. Bei einem Zwischenstopp in Singapur wurde ihr US-Freund Anthuan Maybank 9 Stunden von der Polizei festgehalten, weil er einen Kameramann verprügelt und am Kopf verletzt hatte. Die Welt rätselt: Warum floh die dreimalige Goldgewinnerin wirklich?* (BILD, 22. 9. 2000)
>
> Eine Folge von einfachen Hauptsätzen. Und wenn es kompliziert wird, werden schon mal Satzteile graphisch zu Sätzen *(Zusammen mit ihrem Rostocker Trainer...).* Da fällt beim Redigieren gar nicht auf, dass eine Information eingefügt ist, ohne dass ein Zusammenhang zum Rest erkennbar wäre: Wann war der Zwischenfall mit dem Freund der Sportlerin *(Bei einem Zwischenstopp...)*? Hat er sich jetzt, auf dieser Flucht, ereignet oder früher, bei der Anreise? Und welche Bedeutung hat er für die aktuelle Geschichte?

> Der Aufbau des Textes lässt dies nicht ermitteln, und es fehlen weitere Ausdrücke, die eine Verbindung zwischen den Sätzen herstellen würden.

Gerade wer Kürzestsätze bevorzugt, muss sich besonders darum kümmern, wie er sie anordnet und verknüpft. Es gibt Grundprinzipien des Textaufbaus und der Verknüpfung, an denen man sich orientieren kann. Und es gibt für Nachrichten und Berichte bewährte Aufbaumodelle.

Linearer Aufbau: leicht verständlich

Am leichtesten haben es LeserInnen wie auch JournalistInnen, wenn der Text linear aufgebaut ist: Die Geschichte entwickelt sich Schritt für Schritt, die jeweils neue Information baut auf der bisherigen auf.

So linear sind die primitivsten Erzählweisen, bei denen nichts als der Ablauf der Geschichte interessiert. Als Beispiel dazu ein Ausschnitt aus einem Gespräch mit dem Trainer einer Volleyball-Mannschaft, der in seiner Turnhalle eine Wildsau dingfest machen konnte:

> *[...] Die Damen fingen an zu kreischen, kletterten die Sprossenwand hinauf und flüchteten aufs WC. Da wusste ich, jetzt muss ich handeln. Im Geräteraum holte ich mir das Netz von einem Handball-Tor. Dann rief ich ein paar Jugendliche, die draußen herumstanden. So bewaffnet postierten wir uns vor dem Loch in der Glaswand, bis die Sau wieder hinaus wollte und wir sie so überwältigen konnten. [...]* (METROPOL, 28. 8. 2000)

In diesem Text wird mit jedem neuen Satz die Voraussetzung für den nächsten geschaffen, und dieser erfüllt dann auch klar die Erwartungen. Eine sehr einfache Art des Erzählens, die nicht nur das Verstehen, sondern auch das Formulieren leicht macht.

Für linearen Aufbau eignen sich nicht nur Erzähl-, sondern auch Sachtexte. Sie werden dadurch attraktiver, weil es leicht wird, der Entwicklung der Information zu folgen.

Dies gilt zum Beispiel für die folgende Magazingeschichte über schlechten Schnaps. Darin steht, dass vieles, was in den Läden, auch von scheinbar seriösen Firmen, unter klingenden Namen angeboten wird, kein edles gebranntes Wasser, sondern nur verdünnter Brennsprit ist. Im Text wird, um die Geschäftspraxis zu demonstrieren, eine einfache Rechnung vorgeführt. Dass sie Schritt für Schritt, eben linear, präsentiert wird und der Leser leicht mitrechnen kann, macht die Sache nicht nur verständlich, sondern auch besonders konkret und damit attraktiv:

> *Dass zum Beispiel der Inhalt einer Flasche Wodka Wolga – bei Denner erhältlich für 11.95 Franken – kaum so hochwertig sein kann, wie die Etikette sagen will, lässt sich mit einer einfachen Rechnung belegen: Nach Abzug der Mehrwertsteuer (7,5%) ist die Flasche noch rund 11.10 Franken wert. Abzüglich der Alkoholsteuer von 7.60 Franken bleiben noch 3.60 Franken. In diesem Preis sind Flasche, Etikette, Transport und Marge des Produzenten sowie die mit 7 Prozent tief geschätzte Marge von Denner enthalten, was approximativ weitere 3.20 Franken ausmacht. Bleibt ein wohlwollend geschätzter Warenwert von 40 Rappen. Prost.* (FACTS, 11. 5. 2000)
>
> Das Rechenexempel ist eingefasst von einer Einleitung *(Dass zum Beispiel...)* und einem Abschluss *(Prost)*. Damit ist bereits ein knappes argumentatives Textmodell durchgeführt. Es besteht aus: These *(Wodka Wolga kann nicht so hochwertig sein...)* – Beweisführung *(das Rechenexempel)* – und Kommentar *(Prost.)*.

In den einfachsten linearen Texten haben alle Sätze die gleiche Funktion. Sie fügen einen neuen Informationsbaustein an die bisherigen an. Es ist aber natürlich auch etwas raffinierter möglich, indem etwa Zwischensätze den Ablauf unterbrechen, indem sie auf das Kommende hinweisen (z.B.: *Aber dann geschahs:...*) oder das Bisherige zusammenfassen (z.B.: *Ich war also ganz schön geschockt*).

Oft erfordert das Thema oder das Informationsziel einen argumentativen Aufbau: Eine Hauptaussage wird mit Thesen und Begründungen ausgeführt. Dies ist bei Kommentaren die Regel, aber es gibt auch Nachrichten mit argumentativer Struktur.

> Der folgende Text nennt zuerst das Ereignis (autofreier Tag) und arbeitet dann heraus, dass es ein Misserfolg war.
>
> *In mehr als 800 europäischen Kommunen, darunter über 70 Gemeinden in Österreich, wurde am Freitag der »autofreie Tag« begangen.*
>
> *Die Aktion ist vor allem bei Politikern auf große Resonanz gestoßen. Die Pkw-Besitzer zeigten sich hingegen ziemlich unbeeindruckt. Das Verkehrsaufkommen auf den heimischen Straßen etwa unterschied sich kaum von jenem an »normalen« Wochentagen.* (KURIER, 23. 9. 2000)

Ein erster kommentierender Satz (große Resonanz bei Politikern) leitet eine Zwar-aber-Struktur ein. Auf die scheinbar positive Wertung folgt gleich die negative (kein Erfolg bei den Pkw-Besitzern). Und diese wird noch untermauert durch einen Beleg (kein niedrigeres Verkehrsaufkommen).

In argumentativen Texten haben zwar die Sätze unterschiedliche Funktionen, aber sie können dennoch einer an den andern anschließen. Der Vorteil des linearen Ablaufs bleibt: Es gibt keine Informationen, die beim Zuhören oder Lesen lange gespeichert werden müssen, damit die Zusammenhänge verständlich werden. Jede offene Frage wird sofort beantwortet.

Nichtlinearer Aufbau: Problematisch bei neuen Themen

Auch wenn ein linearer Aufbau für die Verständlichkeit ideal ist, muss bei den meisten Texten davon abgewichen werden. Es gibt verschiedene Gründe dafür: Manchmal erfordert es das Thema, manchmal die journalistischen Konventionen, und manchmal wird so der Text auch spannender.

Zu den Konventionen, die Linearität zu durchbrechen, gehören die Nachrichtenschemata. Sie verlangen in der Regel, dass mit der aktuellsten Information begonnen wird. Solche Texte enthalten meistens einen Gedankensprung. Wenn das Wichtigste gesagt ist, muss auf Früheres zurückgegriffen werden, um die Vorgeschichte nachzuholen:

> *(1) Die »Concorde« darf wieder fliegen – aber nur ein einziges Mal und ohne Passagiere an Bord. (2) Nach dem »Concorde«-Absturz am 25. Juli am Pariser Flughafen Charles de Gaulle hatten die französischen Behörden für die Überschallmaschine ein Flugverbot erlassen. (3) Für eine der fünf Air-France-Maschinen wurde jetzt eine Ausnahme gemacht.* (DIE WELT, 21. 9. 2000)

Diese Nachricht beginnt klassisch mit einem Lead-Satz, der voraussetzt, dass der Concorde-Absturz und das Flugverbot noch in Erinnerung sind. Dennoch liefert der zweite Satz diese Vorgeschichte. Der dritte schlägt dann die Brücke von da zur Gegenwart. Der Text muss trotz seiner nichtlinearen Struktur als leicht lesbar eingestuft werden, weil es sich um ein leichtes, aktuelles Thema handelt.

Anders ist es beim folgenden Beispiel. Auch dieses ist nach dem klassischen Nachrichtenmodell aufgebaut; aber das Strukturprinzip ist nicht mehr erkennbar; die Informationen sind nicht wie im obigen

Fall zeitlich geordnet. Auf einen ersten Satz, der das Ereignis meldet, folgen zwei Sätze, die nicht miteinander verbunden sind, sondern beide auf Satz 1 Bezug nehmen:

(1) In einer Höhle in Fumane bei Verona sind Felsmalereien aus dem Paläolithikum gefunden worden, die möglicherweise die ältesten in ganz Europa sind. (2) Es handelt sich bei den Funden aus den Monti Lessini um zwei ockerfarbene Steinfragmente, die vor 35.000 Jahren bemalt wurden. (3) Bisher hatte man angenommen, in Italien seien die Bedingungen für eine Konservierung derartiger Höhlenmalereien nicht gegeben.

Die Platzierung der Sätze 2 und 3 ist beliebig. Beide geben sie Zusatzinformationen zu Satz 1. Aber eine Gewichtung fehlt. Damit verliert der Text seine Struktur. Auch bei den darauf folgenden Sätzen ist die Reihenfolge nicht zwingend:

(4) Nach Angaben des Forschungsleiters Alberto Broglio ist auf dem einen Stein deutlich ein vierbeiniges Tier dargestellt, vielleicht eine Katze. Die Malereien, die für älter gehalten werden als jene aus Altamira (Spanien) und Lescaux (Frankreich), werden am 18. Oktober in Verona erstmals der Öffentlichkeit präsentiert. (APA / DER STANDARD, 22. 9. 2000)

Der Text wird zu einer Aufzählung von Fakten, die alle durch den ersten Satz zusammengehalten werden; der Übergang von einem Satz zum nächsten wird immer wieder unterbrochen.

Texte ohne ein erkennbares Aufbauprinzip sind dann noch tolerierbar, wenn sie kurz sind und nur überflogen werden sollten. Wer aber erzählen, erklären oder kommentieren will, muss den Leser durch den Text führen.

Verknüpfungen machen die Struktur deutlich

Ob linear oder nichtlinear – der Aufbau eines Textes ist dann gelungen, wenn man ihm problemlos folgen kann. Dies ist dann der Fall, wenn die Funktion der einzelnen Textteile sofort klar wird. Sie werden es durch sinnvolle Platzierung (eben in einem guten Aufbau) und durch Formulierungen, die der Verknüpfung dienen.

Jeder Text, der nicht völlig linear aufgebaut ist, braucht sprachliche Hilfsmittel, die die Sätze verknüpfen und ihre Funktion deutlich machen. Dies sind teils ganze Sätze, teils einzelne Wörter (besonders Konjunktionen:

aber, denn, zudem...) und grammatikalische Formen (besonders Zeitformen). Gerade wer stark portioniert, muss sicherstellen, dass diese Hilfsinformationen nicht verloren gehen.

Solche Verknüpfungshilfen enthielt der oben zitierte Primitiv-Text, in dem der Volleyball-Trainer erzählte. Er ordnete die einzelnen Informationen nicht nur linear an, sondern verdeutlichte zudem mit Verknüpfungen, wie sie zusammen gehören. Im Beispiel waren dies die Wörter: *da, dann , so...* Der eben zitierte Text über die Felsmalereien dagegen ließ eben solche Ausdrücke vermissen. Das erschwert die Orientierung beim Lesen zusätzlich.

Grundprinzip: Eigene Struktur

Pressekonferenzen, Sportanlässe, Versammlungen – gerade die häufigsten Quellen für tagesjournalistische Artikel haben alle einen ähnlichen organisatorischen Rahmen und einen festen Ablauf. Dieser enthält viel Unwichtiges und Uninteressantes. Den Organisatoren mögen zwar viele Programmpunkte (der Bericht des Revisors, der Dank an die Tombolaspender) lieb und teuer sein; für die Öffentlichkeit sind sie es nicht mehr. Die Neigung, beim Texten dem Ablauf der Veranstaltung zu folgen, ist verständlich. Wer der Neigung nachgibt, hat damit aber eine Garantie für einen langweiligen Text, in dem die Schwerpunkte nicht nach journalistischen Gesichtspunkten gesetzt sind, sondern nach den Vorstellungen der Veranstalter.

Journalistisch vorgehen heißt: in der Veranstaltung neben ihrem organisatorischen Rahmen immer das Neue, das Besondere suchen. Die Textstruktur muss dieses Besondere hervorheben, zum Beispiel:

- das Thema, dem der Anlass gewidmet ist,
- die Menschen, die den Wettkampf gewonnen haben,
- die Diskussion über das heißeste Thema usw.

Presseerklärungen – vor allem von Organisationen und Firmen ohne professionelle Öffentlichkeitsarbeit – orientieren sich oft an der Struktur der Veranstaltung. Die Öffentlichkeit dagegen interessiert sich für das wichtigste Resultat. Die Aufgabe des Journalismus ist es, dieses herauszuarbeiten.

> Das »Aktionsbündnis gegen Gewalt, Rechtsextremismus und Fremdenfeindlichkeit« will über seine 13. Plenumssitzung informieren. Es schickt der Presse eine Art Protokoll. Dieses ist so gegliedert:

1. Bericht des Vorstandes
2. Bericht der Mobilen Beratungsteams (MBT)
3. Bericht des Landessportbundes Brandenburg
4. Neue Mitglieder

Der Text fängt so an:

Auf der heutigen 13. Plenumssitzung des Aktionsbündnis gegen Gewalt, Rechtsextremismus und Fremdenfeindlichkeit zog der Vorsitzende, Generalsuperintendent Dr. Rolf Wischnath, eine erste Bilanz der Arbeit des neuen Vorstandes: Der neu gewählte Vorstand ist jetzt seit etwa sieben Wochen im Amt....

Der erste Satz bringt zwar eine Zusammenfassung, sagt aber noch nichts Konkretes aus; der zweite Satz enthält ein administratives Detail, das außerhalb des Vereins niemanden interessieren wird.

Journalistisch ist dieser Nachricht nur etwas abzugewinnen, wenn alle organisatorischen und allgemeinen Informationen weggelassen werden. Und der Text braucht eine Aussage, an der die Nachricht aufgehängt werden kann. Das spitzt nicht nur den Inhalt zu und macht ihn lesbar und verständlicher, sondern es verändert die ganze Text-Struktur.

Das brandenburgische Aktionsbündnis gegen Gewalt, Rechtsextremismus und Fremdenfeindlichkeit will künftig Lokalpolitiker stärker für seine Arbeit sensibilisieren.
(BERLINER ZEITUNG BRANDENBURG, 30. 6. 2000)

Erst im Innern des Textes (und nicht als Hauptnachricht) können die organisatorischen Informationen wiedergegeben werden, falls man sie als notwendig erachtet:

Auf der 13. Plenumssitzung zog der seit sieben Wochen amtierende neue Vorstand eine erste Bilanz.

Die Hauptbotschaft wurde also von der organisatorischen Ebene *(13. Plenumssitzung fand statt)* auf die inhaltliche *(Absichtserklärung)* verschoben. Aus einer Aufzählung wurde eine Nachricht.

Dennoch zeigt gerade dieses Beispiel die Grenzen journalistischen Aufpeppens. Wenn nichts Konkreteres zu melden ist als eine Absichtserklärung, dann ist kaum eine attraktivere Nachricht zu erwarten. Anders wäre es, wenn das Aktionsbündnis seine Presseerklärung schon stärker auf das Zeitungspublikum ausgerichtet und die abstrakte Information mit einem konkreten Beispiel verknüpft hätte.

Wer den Stoff aufbricht, vermeidet eine stur chronologische Abfolge zugunsten eines inhaltlichen Prinzips. Administrative Überlegungen mögen viele Organisatoren bei ihrer Textgestaltung leiten; die journalistische Vermittlung aber orientiert sich besser an erzählerischen Überlegungen. Der Ablauf wird damit aufgelockert, der Abstraktionsgrad verringert.

Die Hauptaufgabe besteht darin, sich klar zu werden, dass sich zwei unterschiedliche Interessen gegenüberstehen – das Veranstalterinteresse und das Leserinteresse – und dass sich dieser Konflikt in der Textstruktur ausdrückt. Genauso wie die einzelnen Formulierungen einer Presse-Erklärung, muss auch die vorgegebene Textstruktur überprüft und durch eine journalistische ersetzt werden.

Grundprinzip: Klare Struktur mit Nahaufnahmen

Die Hauptinformationen lassen sich meist so weit verknappen, dass im Textfluss kurze attraktive, konkrete Passagen modelliert werden können: Inseln im Textfluss – oder mit einem andern Bild: Nahaufnahmen.

Nach einfachen inhaltlichen Prinzipien aufgebaute Texte können auf diese Weise abwechslungsreicher und anschaulicher werden. Sachtexte profitieren von diesem Prinzip, weil es für den Aufbau der Grundinformationen aus Verständlichkeitsgründen nicht viele verschiedene Möglichkeiten gibt. Nahaufnahmen mildern da den Eindruck der Einförmigkeit.

Dies macht sich zum Beispiel die Zeitschrift P.M. zunutze, wenn sie wie im folgenden Beispiel von einem neuen Material berichtet, das in der Raumfahrt genutzt wird.

> Da nicht viel Vorwissen vorausgesetzt werden kann, muss der Hauptstrang sehr linear aufgebaut sein. Deshalb folgen die wichtigsten Informationen der Reihe nach:
>
> *1. Was der Mensch künftig ins All schießt, muss nicht wie bisher aus Metall sein.*
> *2. [Das neue Material] ist leicht, flexibel und aufblasbar.*
> *3. Neu entwickelte, dünnschichtige Polymer-Materialien haben die kompakte Falt- und Aufblastechnik möglich gemacht.*
>
> In diesen drei Sätzen ist die Nachricht enthalten: Eine Erfindung ersetzt bisheriges Material. Informationen zur Eigenschaften und zur Herstellung ergänzen diese Hauptaussage. In den folgenden Sätzen wird auf die Bedeutung und die Weiterentwicklung der Erfindung eingegangen:

4. In den ersten Tests waren die neuen Stoffe widerstandsfähiger als die alten.
5. Außerdem senken die neuen leichten Kunststoffe die enormen Startkosten von Raumkörpern erheblich.
6. Deshalb wird fleißig an weiteren Einsatzmöglichkeiten der superleichten Polymer-Teile getüftelt. (P.M., 11 / 2000)

Alle diese Informationen werden mit Nahaufnahmen angereichert. Sie dienen zur Illustration, zum Vergleich oder zur Unterhaltung. Jedes Mal wird damit die Information etwas konkreter.

Schon die erste Hauptinformation wird durch eine illustrative Passage eingeleitet. Sie lautet im Original so:

Ob Satelliten oder Wohnmodule für Raumstationen: Was der Mensch künftig ins All schießt, muss nicht wie bisher aus Metall sein...

Auch die folgende Beschreibung des neuen Materials wird durch einen Vergleich eingeleitet:

... sondern könnte verblüffende Ähnlichkeit mit Luftmatratzen haben – leicht, flexibel und aufblasbar.

Wenn jetzt der Verweis auf den Herstellungsprozess (Satz 3) folgt, ist die Phantasie der Leser bereits angeregt. Auch wer nicht weiß, was ein Polymer ist, wird weiterlesen.

Bevor der Autor nun auf die Widerstandsfähigkeit zu sprechen kommt, schiebt er in einem Zitat den Kommentar eines Ingenieurs ein und bringt das Beispiel einer Anwendung:

Für seine Firma hat er [der Ingenieur] bereits einen »Solar-Konzentrator« mitentwickelt: eine riesige aufblasbare Linse, die zusammengepackt in eine Suppendose passt.

Auch die übrigen Informationen werden mit solchen kürzeren oder längeren Zwischenstücken gepuffert. Es sind durchaus nicht nur Beispiele oder Illustrationen für die Hauptaussage. Manchmal haben sie auch den Charakter einer weiterführenden Erzählung oder einer Begründung. So etwa im folgenden Fall:

Außerdem senken die neuen leichten Kunststoffe die enormen Startkosten von Raumkörpern erheblich. Hier zählt jedes Gramm: Das Gewicht der Wochenendausgabe einer Zeitung etwa schlägt mit circa 30 000 Mark zu Buche!

Dieser Hinweis dient der Erklärung der vorangegangenen Aussage. Das zeigt, dass es ohne weiteres möglich ist, mit einer Nahaufnahme bei einem Nebenaspekt zu verweilen, ohne dass der Text auseinander fällt. Bedingung ist allerdings, dass der Text, wie hier, eine leicht nachvollziehbare Grundstruktur hat.

Einen Text aufbrechen, ihn mit Nahaufnahmen versehen: Das ist ein Grundprinzip, mit dem man Texten einen attraktiven und journalistischen Aufbau verleiht. Je mehr Aufbaumodelle man kennt, desto leichter wird es sein, dieses Prinzip anzuwenden.

Unter 1.4 werden deshalb schematische Aufbaumodelle für Nachrichtenmeldungen und Berichte vorgestellt. Im Zusammenhang mit den Nahaufnahmen muss aber noch eine neuralgische Stelle im Text besprochen werden: der Einstieg.

Der gute Einstieg: Spezifisch, schnell

Wer sich vom Anfang eines Textes angesprochen fühlt, wird weiter lesen. Über einen mühsamen Einstieg quälen sich Leserinnen und Leser nur, wenn sie wegen des Themas oder der Überschrift die Hoffnung bewahrt haben, dass der Text doch noch interessante Informationen birgt.

Der gute Einstieg hat inhaltlich einen zwingenden Bezug zum Text. Er ist typisch für das, was folgt. Er lässt das Thema anklingen und deutet auch bereits die Interpretation an, die es erfahren wird. Der gute Einstieg ist vor allem unverwechselbar:

> *Pistolenkrebse sind die größten Krachmacher in den Flachmeeren.* (SÜDDEUTSCHE ZEITUNG, 22. 9. 2000)

Hier wird gesagt, worum es im Text gehen wird, und es wird attraktiv gesagt, in einem kurzen Satz von acht Worten.

Phrasen gehören woanders hin

Der Einstieg muss spezifisch, unverwechselbar sein, weil das die Hauptaufgabe des Journalismus überhaupt ist: von dem zu berichten, was neu ist. Wenn dies einmal nicht möglich ist, müssen die Informationen zumindest in neuer Form schmackhaft gemacht werden.

Dies spricht gegen den Einstieg über Sprichwörter, geflügelte Worte und andere Ausdrücke, die man schon hundert Mal gehört hat.

Alle Jahre wieder... ist zwar eine Redensart, mit der man kurz und knapp auf den Ritualcharakter eines Ereignisses verweisen kann. Aber als Texteinstieg betont *Alle Jahre wieder...,* dass im Artikel nichts Neues stehen wird.

> Mindestens so schlimm: Ein Text über Pay-TV, der mit dem Satz *Wunder gibt es immer wieder* beginnt (DER SPIEGEL 38 / 2000). Möglicherweise konnte man damit noch im Frühjahr 1970 LeserInnen locken, als Katja Ebstein dieses Lied am Eurovisionscontest sang. Aber heutzutage ist dieser Satz doppelt langweilig: Er klingt zu bekannt und er spielt den Inhalt als alltäglich herunter.

Abzuraten ist auch von all den Phrasen, die zwar auf das Außergewöhnliche an einer Sache hinweisen, dies aber auf eine Art sagen, die man schon tausend Mal gehört hat. Wer dazu abschreckende Beispiele benötigt, gebe in einem guten Internet-Suchprogramm den String »Die Nachricht schlug ein wie eine Bombe« ein. Bei einem einzigen Test lieferte mir GOOGLE dreißig Antworten; ein Dutzend davon waren Zeitungsartikel. Und bei den meisten folgte auf das Versprechen *Die Nachricht schlug ein wie eine Bombe* ein langer, komplizierter Satz, der die Einleitung Lügen strafte.

Die Bemühung um einen attraktiven Anfang führt oft zur Frage: *Wer kennt es nicht...?* Damit wird zwar scheinbar eine Besonderheit des Themas genannt – es ist allen vertraut. Aber es wird nichts Spezifisches darüber ausgesagt. Dies verzögert vor allem den Beginn. Eine Nahaufnahme wäre attraktiver.

> *Wer kennt ihn nicht, den frechen blonden Jungen, der mit Streichen seine Familie und einen ganzen Ort durcheinander bringt?*
>
> Dieses Beispiel demonstriert die ganze Problematik eines solchen Einstiegs: Wer den frechen blonden Jungen kennt, wusste wohl schon vorher, dass ihn auch andere kennen. Und wer ihn nicht kennt, wird von einer solchen Formulierung ausgeschlossen. Er liest dann vielleicht weiter, aber im Bewusstsein, nicht dazu zu gehören.
>
> Es geht übrigens um: *Michel von Lönneberga; die wohl bekannteste Figur neben Pippi Langstrumpf von Astrid Lindgren* (ROTH-HILPOLTSTEINER VOLKSZEITUNG, 25. 10. 2000).
>
> Und damit klar ist, dass dieser stereotype Anfang nicht nur bei einer einzigen Lokalzeitung zu finden ist: Am selben Tag verwendeten diesen Einstieg unter anderem das MAIN-ECHO *(Wer kennt sie nicht, die faszinierenden Märchen aus 1001 Nacht?),* der BERLINER KURIER *(Wer kennt sie nicht – die Brummis)* und das HAMBURGER

ABENDBLATT *(Wer kennt sie nicht, die Knorr-Tütensuppe).* Einer dieser Textanfänge sei herausgegriffen:

Wer kennt sie nicht – die Brummis. Tagaus, tagein versorgen sie uns mit allen lebenswichtigen Dingen. Inzwischen werden schon 81 Prozent aller Gütertransporte per Lkw abgewickelt.

Die ersten beiden Sätze können gestrichen werden. Dann beginnt der Text zwar noch immer nicht mit einem attraktiven Aufhänger, aber wenigstens mit einer Information.

Der gute Einstieg stellt sofort einen Bezug zum Leser her. Genauer gesagt: Er sagt, wie die zwischen Kommunikator, Akteur (bzw. Gegenstand) und Rezipient im Text aussieht. Im negativen Fall hat diese Beziehung nichts Besonderes an sich. Im positiven Fall weckt sie Neugier.

Einstieg über ein Beispiel

Auch wer über ein Beispiel einsteigt, geht das Thema recht direkt an. Während Nahaufnahmen auch ein Detail aus dem weiteren Zusammenhang schildern können, illustriert das Beispiel eine Hauptaussage.

Der folgende Ausschnitt stammt aus einem kurzen Text über Matt Goening, den Trickfilm-Zeichner der Zukunftsserie »Futurama«:

Im New York von übermorgen stehen an jeder Straßenecke Selbstmordzellen. Wer eine 25-Cent-Münze einwirft, darf seine Todesart wählen: »Schnell und schmerzlos oder langsam und grausam?« (DER SPIEGEL 35 /2000)

Dies ist eine Szene aus der Filmserie. Die Satire kommt durch diese wenigen Sätze knapp, aber klar zum Ausdruck. Sie verweisen damit exemplarisch auf ein Hauptthema des Artikels.

Nahaufnahmen können auch aus Nebenthemen stammen. Sie können auf den Ort, die Zeit oder Begleitumstände hinweisen, die im Text wichtig sein werden.

Wie ein Blutausstrich unter dem Mikroskop aussieht, ist für einen Artikel über Leukämie nicht entscheidend. Aber wenn die Autorin ihre Beobachtung gut wiederzugeben weiß und mit Kontrasten arbeitet, stellt sie dennoch eine Beziehung zwischen sich, ihrem Gegenstand und den Lesern her:

> *Ein Bild von rätselhafter Schönheit. Fliederfarben leuchten zwischen den roten Blutkörperchen und den Blutplättchen die Zellleiber der weißen Blutkörperchen mit den dunklen Kernen. Die Granulozyten sind stark vermehrt und erscheinen in den vielfältigen frühen Stadien ihrer Reifung. Ein letzter Blick durchs Mikroskop auf den gefärbten Blutausstrich bestätigt den Befund: chronisch myeolische Leukämie. Durchschnittliche Überlebenszeit: drei Jahre.* (ZEIT-MAGAZIN 26 / 1995)
>
> Hier wird langsam ein Bild aufgebaut. Weil Schönheit versprochen wurde, muss die Sprache es auch einhalten. Man liest weiter, weil es einen anspricht und man mit jedem Wort etwas mehr erfährt. Die Neugier auf den Artikel ist erst beim Schluss des Abschnitts auf ihrem Höhepunkt, da, wo der Kontrast klar ist zwischen dem ästhetischen Gebilde unter dem Mikroskop und der nüchternen, aber grausamen Prognose.

Die Spannung braucht, wie dieses Beispiel gezeigt hat, nicht im ersten Satz auf ihrem Höhepunkt zu sein. Aber wenn sie langsam aufgebaut wird, müssen die Sätze attraktiv sein, müssen Bilder oder andere sinnliche Eindrücke entstehen.

Zitat als Einstieg

Der Einstieg über ein Zitat ist out. In vielen Redaktionen gilt direkte Rede als langweiliges Mittel, in den Text zu führen. Aber so pauschal stimmt das nicht. Und es gibt ebenso viele szenische Einstiege, die den Leser nicht ansprechen.

Zu vermeiden sind grundsätzlich Einstiege (und stilistische Mittel überhaupt), die nur auf sich selbst verweisen: Man merkt ihnen an, dass sie mühsam konstruiert wurden, um den Leser in den Text zu locken. Sie sind nicht aus dem Text heraus begründet, sondern ihm nur aufgesetzt. Dies gilt für alle Arten von Einstiegen, natürlich auch für den Einstieg über ein Zitat.

Die Testfrage an ein Zitat, das in den Text führen soll, lautet: Welche Beziehung zwischen Akteur und Kommunikator wird damit hergestellt? Direkte Rede bedeutet: Der Leser hört jemanden sprechen, und zwar in einer bestimmten Rede-Situation. Diese muss interessieren. Meistens – und das ist das Problem – handelt es sich nur um die übliche Recherche-Situation. Ein Akteur sagt etwas, weil ihm der Journalist eine Frage gestellt hat.

Ein Beispiel:

»Bei uns herrscht eine Weiberwirtschaft,« witzelt Christine Gertschen. Sie ist Generalsekretärin der Oberwalliser CVP, und die ehedem staatstragende Partei wird mit Brigitte Hauser auch von einer Frau präsidiert. (FACTS 13 / 1999)

Die Szene, die hier skizziert wird, ist die Interviewsituation. Die Akteurin gibt dem Reporter eine Auskunft. Für einen Einstieg bringt das zu wenig Farbe. Und das Zitat klingt – auch für den, der die Ironie erkennt – zu bekannt, als dass es neugierig machte.

Zitate eignen sich für Einstiege nur, wenn die zitierte Person dabei präsent wird, wenn sofort deutlich wird, dass sie den Autor fasziniert hat, und diese Faszination auf den Leser überschlägt:

»Wie kann man«, knurrt Peter Ott, das weiße Papier zwischen großen gefurchten Händen, »Herrgott, wie kann man etwas bereuen, wenn man alles richtig macht?« Die Hände zittern. »Hier«, sagt er und klopft seine Tatze auf den Entscheid des Bundesgerichts, »hier schreiben die Vögte aus Lausanne, ich ließe jede Reue vermissen.« (DAS MAGAZIN, 7. 11. 1998)

Dies ist der Anfang eines Porträts. Das Zitat eignet sich mindestens so gut wie eine Beschreibung der Mimik oder der Umgebung, die oft stereotyp gerät. Dieser Einstieg über ein Zitat eignet sich, weil die Aussage verknüpft ist mit sprecherischen und körpersprachlichen Beobachtungen, die einen unverwechselbaren Charakter mit seinen Emotionen zeichnen.

Der Einstieg gibt den ersten Hinweis auf die Beziehung, die Kommunikator, Akteur und Rezipient im Text eingehen. In schlechten Einstiegen drängt sich der journalistische Kommunikator in den Vordergrund, ohne dass man sich für ihn interessiert. Dies gilt bei Zitaten ebenso wie bei Szenen und anderen Beobachtungen. Im schlechten Fall ist sie dem Artikel nur aus Effekthascherei vorangestellt. Im guten Fall ist sie aus der Neugier für die Sache entstanden, die eine Bedingung für jeden guten Text ist.

Erzählerischer Einstieg

Ein guter Einstieg lässt eine Szene entstehen, in die sowohl der Akteur als auch der Rezipient einbezogen sind. Dies gilt nicht nur für Zitat-Einstiege, sondern immer, wenn ein Text konkret anfängt.

In besonderen Fällen ist der Einstieg sogar erzählerisch Der Text wird reportageartig, verstärkt seine subjektiven Gehalt. Er ist dann angebracht, wenn der restliche Text diese intensivere Färbung aufnimmt. Auch wenn erzählerische Elemente einen Text retten können, lässt sich ein erzählerischer Einstieg einem langweiligen Bericht nicht einfach aufpfropfen.

Erzählerische Einstiege gehen meistens mitten ins Ereignis hinein. Sie vermeiden lange Anfahrtswege und schaffen Tempo:

> *Draußen vor der Tür brachen Wut und Zorn sich mächtig Bahn. Knapp 50 KSC-Anhänger hatten sich vor dem startbereiten Vereinsbus zusammengerottet, um mit deutlichen Worten jenen kräftig die Meinung zu geigen, die sie im Degerloch zu Stuttgart wiederum schändlich im Stich gelassen hatten. »Wir sind Karlsruher und ihr nicht«, schmetterten sie den eilig in den Bus flüchtenden Kickern zornig entgegen.* (SÜDDEUTSCHE ZEITUNG, 4./5. 3. 2000)

Dies ist der Anfang zu einem Kommentar auf der Sportseite. Zuerst muss, wie im Kommentar üblich, das Ereignis genannt werden. Der Autor tut dies erzählerisch, und er springt mitten in die Geschichte hinein.

Hier fehlt zwar viel, was bei klassischer Erzählweise zum Anfang gehören würde. Aber mehr braucht es nicht. Für einen Hintergrundbericht über den Karlsruher SC haben die Leserinnen und Leser aus anderen Texten genug Vorinformationen. Sie kennen die Spielweise und die Matchresultate. Sie wissen auch genug über Fußball, um sofort zu erkennen, dass hier die Situation nach einem Spiel (KSC – Stuttgarter Kickers 1:2) gemeint ist.

Der Autor hat hier eine Szene herausgegriffen. Damit ist der Einstieg kurz genug, dass für die Hauptsache, die Analyse, noch Platz bleibt. Wichtig für einen solchen Einstieg ist aber auch, dass die Szene nicht völlig beliebig gewählt ist. Sie wird später nochmals aufgegriffen:

> *[...] Andererseits zeigte der Aufmarsch beim Bus auf drastische Weise, wie sehr es brodelt in der badischen Fußballseele. Zwei Siege in 20 Spielen hat der KSC erst zuwege gebracht in dieser Zweitligasaison. [...]*

> Auf diese Weise bleibt der Einstieg nicht ein zufälliges Effektmittel. Er hilft bei der Entwicklung des Kommentars und ist damit beteiligt an der Struktur des Textes.

Wichtig ist bei erzählerischen Einstiegen, dass die Beziehung zwischen Kommunikator, Akteur und Rezipient, die aufgebaut wird, mehr als nur Routineform hat:

> *Er betritt den festlich gedeckten Saal, als wär's seine Hinrichtungsstätte. Mag seine schweren Lider gar nicht heben. Geht auch gleich zum Fenster und betrachtet Zürichs öde Vorortsgegend so ausgiebig, als läge draußen die spektakuläre New Yorker Skyline. Kein Zweifel – Jean Ziegler fühlt sich hier, als Gastredner im Rotary-Club Dielsdorf, umzingelt von Feinden.* (WELTWOCHE, 13. 2. 1997)

Mit dieser Szene nähert sich die Reporterin ihrer Hauptperson. Jean Ziegler, Marxist und Kritiker der Schweizer Wirtschaft, begibt sich in eine der vielen Höhlen des kapitalistischen Löwen. Zu beachten ist hier, wie viel nicht gesagt wird: Es wird nicht gezeigt, wie der Akteur das Haus betritt, nicht, ob und wie er von seinen Gastgebern begrüßt wird. Hauptsache sind die Beobachtung des Verhaltens des Akteurs während etwa einer Minute und die Vergleiche, die der Autorin dazu einfallen. Dass diese zum Thema passen und mit den späteren Informationen des Textes übereinstimmen, ist allerdings Voraussetzung für einen solchen Einstieg. Es wird hier ja nicht nur eine Spannung zwischen den Akteuren sondern auch zwischen der Autorin und dem Hauptakteur aufgebaut. Diese muss auch in späteren Textteilen eine Bedeutung haben, wenn der Einstieg seine tongebende Funktion bewahren will.

Im Gegensatz zu anderen konkreten Einstiegen rückt in solchen Fällen der Kommunikator als Erzähler stärker in den Vordergrund. Er verzichtet auf viele Quellenangaben, die in Berichten üblich sind. Die Informationen stammen aus Akten, Zeugenaussagen, Protokollen, aber sie sind in eine eigene, bildhafte, detailgetreue Sprache übertragen. Damit ist die Grenze zur persönlichen Reportage überschritten. In Fällen (das zitierte Fußball-Beispiel), wo der Einstieg weniger emotional ausfällt, kann der Rest des Textes Bericht-Elemente mit nüchterneren Stilverfahren enthalten. Sehr dichte und dramatische Einstiege wie der folgende aber gehören zu streng durchkomponierten Reportagen:

> *Am Vormittag des 14. Juli 1998 fährt der Mörder die Polizisten zu den Resten des Kindes im Moor. Er hat zwei Tage mit ihnen die Stelle gesucht, die Männer kriechen durch die Farne, durch das Gestrüpp, sie stürzen über die Senken im alten Laub, jeder Fleck Wald*

erscheint ihnen wie die zuvor gesehenen. »Ja!«, ruft der Mörder manchmal, dann: »Nein.« Sie finden zu einem Stichweg, davor eine Schranke, ein Gatter, am Weg eine Bank. »Das sieht aus wie damals«, sagt der Mann. Vor einer Mulde beginnt er zu zittern.
(DAS MAGAZIN, 13. 2. 2000)

Die Autorin war nicht dabei, als dies alles passierte, sie hat den Täter nicht zittern sehen. Aber sie weiß, dass sie aus den Hunderten von Details, die sie recherchiert hat, dieses nennen muss. Dass sie es sagt, ohne dafür einen Beleg anzugeben, verändert ihre Rolle, macht sie zur überlegenen Erzählerin.

1.4 Modelle für Nachrichtenmeldungen und Berichte

Von allen Textmodellen ist das traditionelle Nachrichten-Modell das geläufigste, in dem die Informationen nach ihrer Wichtigkeit und Aktualität angeordnet sind. Zwei Spielformen sollen hier vorgestellt werden: die einfache Nachrichtenmeldung und die Mehrfachmeldung.

Die einfache Nachrichtenmeldung

Die Grundstruktur zeigt die *Einfachmeldung*. Sie ist kurz, linear und geht im Ablauf streng von der Hauptaussage aus:

1. Hauptaussage (Was ist geschehen?)
2. Unterstützende Informationen (Wie ist es geschehen?)
3. Ergänzende Informationen (Gründe, Folgen)
4. Weitere Zusammenhänge (Nebenthemen, Hintergründe)

Beispiel:

1. *Der Flughafen Frankfurt ist beim missglückten Landeversuch eines indischen Jumbo-Jets nur knapp einer Katastrophe entgangen.*
2. *Bei dichtem Nebel kam die Maschine der Air India beim Anflug am Mittwoch Abend zu tief. Die Boeing 747 stieß mit den Rädern gegen Positionslampen sowie eine Antenne des Instrumentenlandesystems,*

konnte aber nochmals durchstarten und sicher notlanden. Keiner der 318 Passagiere und Besatzungsmitglieder wurde verletzt. Das Landesystem wurde hingegen stark beschädigt.

3. *Die Ursache war zunächst unklar.*
4. *Die eine der beiden Landebahnen musste wegen des dichten Nebels und der fehlenden Beleuchtung bis Donnerstag Mittag gesperrt bleiben. Mehr als 180 Flüge fielen aus, es kam zu erheblichen Verspätungen im innerdeutschen und europäischen Flugverkehr.*
(DPA/ DIE WELT, 22. 1. 1999)

Hauptaussage einer Nachricht ist die Kurzfassung des Ereignisses. Unterstützende Aussagen sind jene, die nötig sind, um die Handlung, von der berichtet wird, überhaupt zu verstehen. Im Gegensatz zu ihnen können die ergänzenden Informationen allenfalls weggelassen werden. Hintergrundinformationen sind freiwillig gegebene Erklärungen, oft auch Darstellungen der Vorgeschichte, die bei Platzmangel wieder geopfert werden können. Im obigen Beispiel ist es eine Streitfrage, ob die Informationen unter 4 nicht zu wichtig sind und auch noch zu 3 gehören.

Typisch für einfache Nachrichtentexte ist der unmittelbare Einstieg mit der Hauptaussage (und nicht mit einem Aufhänger oder mit der Vorgeschichte). Dies führt zu dem bereits erwähnten Sprung zwischen Textteil 1 und 2.

Das klassische Nachrichtenmodell ist ein Feind der attraktiven Erzählung. Wenn man es stur befolgt, ordnet man die Fakten nach abnehmender Wichtigkeit an, erzählt also vom Ende zum Anfang statt umgekehrt. Man findet solche Texte noch gelegentlich in Agenturmeldungen; in den meisten Publikumsmedien aber wird mit dem Modell freier umgegangen, sobald das Ereignis genannt ist.

Die folgende Geschichte von der Jeansjacke in der Pythonschlange ist ein Beispiel für umgekehrtes Erzählen:

Eine Kinder-Jeansjacke hat in Großbritannien zwei Wochen im Magen einer Würgeschlange ohne Flecken oder Löcher überstanden. Nach einmaligem Waschen könne sie nun wieder getragen werden, berichtete die Zeitung »The Mirror« am Freitag. Der drei Meter lange Python Boris musste operiert worden, nachdem der Reißverschluss der Jacke auf einem Röntgenfoto entdeckt worden war.

»Boris muss die Jacke für Nahrung gehalten haben«, sagte sein Besitzer John Bradford (33) aus Portsmouth dem Blatt. Die Kapuzenjacke gehörte seinem vierjährigen Sohn Jake, dem sie aber zu

> *klein geworden war. »Ich habe zwei Schlangen, Boris und Honey, und man muss sie immer getrennt füttern, sonst gehen sie aufeinander los«, erläuterte Bradford. »Die Jacke habe ich deshalb dafür benutzt, immer eine der beiden zuzudecken.«* (DPA, 22. 9. 2000)
>
> Jeder Satz führt hier noch etwas weiter zurück. Die Spannung ist weg, sobald man ahnt, dass nicht nur die Jacke, sondern auch die Python überlebt hat, wie auch das Kind, dem die Jacke einmal gehörte. Viele Zwischenschritte *(Nach einmaligem Waschen...)* lenken eher von der Hauptgeschichte ab.

Nachrichten werden heutzutage zwar kaum mehr durchgehend rückwärts erzählt. Aber sie werden doch nach dem Prinzip der Wichtigkeit ihrer Informationen aufgebaut. Dies erschwert oft ihre Lesbarkeit. Warum tut man es also doch?

Traditionell spricht dafür, dass sich ein Text, der so aufgebaut ist, leichter kürzen lässt. Man schneidet einfach hinten so viel wie nötig ab. Das ist bei den heutigen computerisierten Produktionsweisen aber nicht mehr so entscheidend. Im Redaktionsalltag sollte es auch möglich sein, innerhalb des Artikels Kürzungsmöglichkeiten vorzusehen und sie den KollegInnen zu signalisieren.

Ein zweiter Grund hängt mit der Nutzungsweise von Printmedien zusammen: Ein Text, der nach dem Pyramidenmuster aufgebaut ist, erleichtert die schnelle Orientierung, das Überfliegen der Seite. Allerdings benutzen moderne Zeitungen und Zeitschriften bereits ganz andere Techniken, um die Hauptinformation attraktiv und an prominenter Stelle zu präsentieren: Titel, Dachzeilen, Leads.

Die klassisch aufgebaute Nachrichtenmeldung hat vor allem bei sehr kurzen Texten noch ihre Berechtigung. Wer längere Texte produziert, wird diese Struktur als Orientierungshilfe nutzen, als vorgegebenes Schema, das sich aufbrechen und variieren lässt.

Die Mehrfachmeldung

Eine *Mehrfachmeldung* ist länger als die Einfachmeldung. Sie enthält zwei Hauptinformationen und mehrere weniger wichtige Pflichtinformationen. Mehrfachmeldungen entstehen, wenn unter einem Ereignis ganz verschiedene Themen zusammengefasst werden müssen. Dies ist regelmäßig bei der Berichterstattung aus Parlamenten der Fall. Der Text ist etwa so aufgebaut:

1. Hauptinformation A (ausführlich)
2. Hauptinformation B (ausführlich)
3. Weitere, knapp gehaltene Kompaktinformationen C bis G

Wenn die verschiedenen Informationen wenig miteinander zu tun haben, entstehen selten gute Texte. Dann ist es eher sinnvoll, mehrere kleine Texte zu produzieren, die um einen oder zwei Schwerpunkttexte gruppiert sind.

Sinn machen Mehrfachmeldungen dann, wenn die verschiedenen Informationen inhaltlich verknüpft sind – zum Beispiel, wenn ein politischer Vorstoß Reaktionen auf den verschiedensten Ebenen provoziert hat, von Stellungnahmen von Verbänden bis zu Demonstrationen auf der Straße.

> Die Form von Mehrfachmeldungen haben oft Korrespondentenberichte aus dem Ausland. Sie bringen ein aktuelles Ereignis und knüpfen daran wichtige weitere, weniger aktuelle oder weniger aufsehenerregende Ereignisse, die damit im Zusammenhang stehen, die aber im Heimatland noch nicht Beachtung gefunden haben:
>
> *Die Abgeordneten des österreichischen Nationalrates haben am Mittwoch eine Zwischenbilanz der bisherigen Tätigkeit der blau-schwarzen Regierung gezogen. Anlass dazu bot die Aufhebung der Sanktionen, mit denen die EU-Länder Österreich in die Quarantäne geschickt hatten.* (NEUE ZÜRCHER ZEITUNG, 21. 9. 2000)
>
> So fängt der Hauptteil des Berichts über die Parlamentssitzung in Wien statt. Das Gewicht liegt auf der Diskussion, die im Ausland am meisten interessiert, derjenigen zu den Sanktionen der EU. Erst im letzten Satz wird auf weitere aktuelle soziale Fragen eingegangen. Titel und Untertitel *(Spürbares Gift der Sanktionen in Wien. Unversöhnliche Positionen im Parlament)* versuchen, das zu nennen, was die Debatte zu den verschiedenen Themen verbindet.

Die aufgebrochene Meldung

Während für den Aufbau von Nachrichten wenig Spielraum zur Verfügung steht, gibt die Gattung *Bericht* mehr Freiheit. Berichte können zwar ein aktuelles Thema darstellen, aber sie vertiefen es gleichzeitig oder beleuchten es von mehreren Seiten.

Ein Bericht bekommt seine Struktur nicht wie die Nachrichtenmeldung vorwiegend aus inhaltlichen Gründen. Hier kann man sich viel stärker von Überlegungen der Attraktivität leiten lassen. Und zwar gilt dies in stärkerem

Maß, je weiter sich das Thema von einem aktuellen, nachrichtenartigen Ereignis entfernt.

Die verschiedenen Modelle sind in der Praxis nur selten genau so anzutreffen, wie ich sie im Folgenden vorstelle. Sie sollen aber auch als Anhaltspunkte dienen. Gerade um diesen Beispielcharakter zu unterstreichen, werde ich sie mit einem fiktiven Ereignis illustrieren, inspiriert durch ein altes Volksmärchen.

Der erste Typ, die aufgebrochene Meldung, lehnt sich eng an die aktuelle Nachricht an. Es ist eine traditionelle Meldung zu einem aktuellen Ereignis, aber ergänzt durch attraktiven Einstieg und Schluss und, wenn möglich zusätzliche attraktive Elemente im Hauptteil. – In der Praxis wird oft von der *angefietscherten* Nachrichtenmeldung gesprochen (vom englischen Terminus *Feature*). Ich ziehe das Bild vom Aufbrechen vor. Es weist darauf hin, dass mehr möglich ist als die bloße Ergänzung durch einen attraktiven Einstiegsatz.

1. Einstieg: Nahaufnahme, Zitat o.ä.
2. Nachricht (traditionell aufgebaut, evtl. mit Details erweitert)
3. Schlusspunkt: Nahaufnahme, Zitat o.ä.

Bei längeren Meldungen kann ein Lead vorangestellt werden.

Beispiel:

»Es hat ganz schön geplumpst», sagt die einzige Zeugin.

Wegen eines Nachbarschaftskonflikts mit einer alleinerziehenden Ziegenmutter und ihren Töchtern nahm sich unweit des Finsterwaldes ein Wolf das Leben. Er hatte eine Unmenge an Steinen gefuttert und sich dann in den Ziehbrunnen gestürzt. Die polizeilichen Ermittler schließen aber nicht aus, dass ihn die Ziegenfamilie genötigt hat, eine große Portion Wackersteine zu vertilgen, um ihn darauf über in den Brunnen zu stoßen. Denn er soll seinerseits bereits mehrfach versucht haben, die Ziegenfamilie in ihrem Reihenhaus am Waldrand zu überfallen.

»Wer Steine frisst, sollte sich nicht auf den Brunnenrand setzen«, sagt ungerührt Mutter Ziege, die jede Schuld von sich weist.

Längere Texte können natürlich auch innerhalb von Teil 2 einzelne Nahaufnahmen enthalten und damit weiter aufgebrochen werden.

Trend-piece

Das Modell *Trend-piece* eignet sich da, wo der Gegenstand kein aktuelles Ereignis ist, sondern ein Trend, eine Entwicklung; die Beispiele und Personen haben die Funktion, diesen Trend zu illustrieren:

1. These (bei längeren Texten leadartig)
2. Episode, Schilderung, die die These illustriert
3. Analyse (z.B. in Form von Expertenmeinungen)
4. Schlusspunkt (Nahaufnahme, Zitat; kann Punkt 1 wieder aufnehmen)

Beispiel:
Wer viele Steine im Magen hat, überlebt ein unfreiwilliges Bad nicht. Dies haben Nachwuchswissenschaftlerinnen im Spessart herausgefunden.

Die jungen Forscherinnen fütterten einen Wolf mit 25 Wackersteinen und schmissen ihn in einen Brunnen. Das Tier versank lautlos.

Das Experiment wurde im Wettbewerb »Jugend forscht« mit dem ersten Preis ausgezeichnet. Die Juroren lobten nicht nur die sorgfältige Anlage und Durchführung des Versuchs, sondern auch den unerschrockenen Umgang der jungen Leute mit dem wilden Tier.

Erst als aus Kreisen von Umweltschützern Proteste gegen diese Art der zoologischen Forschung laut wurden, gaben die Forscherinnen an, sie hätten eigentlich aus Notwehr gehandelt. Der Wolf habe unter Vorspiegelung falscher Tatsachen sie selbst verspeisen wollen.

Trend-piece ist ein Schema, das vielen längeren und kürzeren Zeitschriften-Storys zugrunde liegt, die eigentlich keine Storys enthalten, sondern relativ trockene Mitteilungen.

Wall-Street-Journal-Formel

Diese Struktur, die so heißt, weil sie vom *Wall-Street-Journal* gepflegt wird, ist noch stärker auf eine zyklische Darstellung ausgerichtet:

1. Beispielhafte Episode, personalisierende Schilderung, die auf Punkt 2 weist
2. Gegenstand

3. Ausführung des Gegenstandes (Zusatzinformationen, Begründungen, Hintergrund)
4. Schlusspunkt (möglichst Rückkehr zur Person aus Punkt 1)
   Beispiel:

   Heute Nachmittag wird am Rand des Finsterwaldes ein Wolf begraben. Trauergäste aus dem ganzen Land werden erwartet.

   Der Verstorbene ist das tragische Opfer einer Bürgerwehr-Aktion.

   Unter Bürgerwehr versteht man einen Eingriff in das Gewaltmonopol des Staates unter Rückgriff auf »Jedermannsrechte«, die im Bürgerlichen Gesetzbuch (§227-31), im Strafgesetzbuch (§32-35) und in der Strafprozessordnung (§127) genannt werden. Dazu gehören Notwehr, Nothilfe oder vorläufige Festnahme auf frischer Tat. Dass in diesem Fall ein solches Jedermannsrecht vorgelegen habe, wird von den Untersuchungsbehörden bezweifelt. Anwohner hatten den Wolf in der Annahme, es handle sich um ein gemeingefährliches Raubtier, mit Steinen gefüttert und dann in einen Brunnen geworfen, wo er kläglich ersoff. Erst später wurde bekannt, dass das Tier sein Leben lang konsequenter Vegetarier war. Die Gefahr, die von Wölfen ausgeht, wird seit Jahrtausenden überschätzt.

   Die reumütigen Bürger werden ihm persönlich den letzten Wunsch erfüllen, indem sie an seinem Grab vierstimmig das Lied »Grün ist die Hoffnung« singen.

Dieses Modell eignet sich, um die Hintergründe zu einem aktuellen Thema aufzurollen. Der Artikel steigt mit einer aussagekräftigen Nahaufnahme ein, um dann den Gegenstand zu nennen und ausführlich abzuhandeln. Der letzte Abschnitt kommt auf den Fall zurück und schließt damit den Bogen.

Die Konflikt-Story

Die Konflikt-Story nutzt den Umstand, dass bei einer Sache zwei Parteien im Streit stehen. Damit können Texte attraktiver werden, die keine tagesaktuellen Neuigkeiten enthalten:

Beispiel:

Es gibt zu viele Wölfe, und ihnen ist nur mit drastischen Maßnahmen beizukommen, sagt Margrit Schinder, Wildforscherin an der Uni Bochum.

Das Mittel, das sie gegen die grassierende Wolfsplage empfiehlt:»Man füttere die Tiere mit Wackersteinen und schmeiße sie in den nächsten Brunnen.«

Kommunikationswissenschaftler an derselben Universität machen sich dagegen für ein sanfteres Vorgehen stark. Sie wollen die Wölfe in Einzelgesprächen überzeugen, sich freiwillig ins Ausland abzusetzen.

»Dies entspricht unserer humanistischen Tradition«, sagt dazu Professor Max Staudacher. »Zudem halten wir so unsere Brunnen rein.«

In einem öffentlichen Streitgespräch hat ihm seine Kollegin Schinder totale Inkompetenz vorgeworfen. Er verharmlose die Gefahren, die von den Wölfen insbesondere auf die junge Ziegengeneration ausgehe.

Staudacher dagegen ist überzeugt: »Wer bereit ist, Wölfe mit Wackersteinen zu füttern, wird auch eines Tages Lindwürmer erschlagen und Hexen in den Backofen schieben.

Ob ein Thema genug Stoff für eine Konflikt-Story hergibt, muss von Fall zu Fall entschieden werden. Manchmal werden zwar mit dieser Technik völlig undramatische Ereignisse aufgebauscht; aber dieses Schema kann auch eine Hilfe sein, um bei einer Geschichte die andere Seite zu suchen und die Chance zu nutzen, attraktiv zu erzählen.

1.5 Kreative Verfahren für die Schreibpraxis

Schreibwerkstätten haben Hochkonjunktur: Seminare, in denen Anleitungen zu rationellem Schreiben gegeben werden, in denen aber auch gezeigt wird, wie man eine Schreibblockade auflösen kann. Dazu gibt es Bücher, die auf die journalistische Arbeitsweise ausgerichtet sind und nützliche Tipps geben, von der Organisation des Schreibtischs bis zur Suche nach passenden Wörtern.

In vielen Schreibseminaren wird auch mit der Sprache gespielt, geblödelt, experimentiert. Die TeilnehmerInnen tun damit nichts, was im entferntesten ihrer journalistischen Praxis gleicht. Doch machen sie wichtige Schritte, die ihnen in der täglichen Arbeit zugute kommen. Oder wie Paul

R. Portmann auf Grund seiner Untersuchungen zur Schreibdidaktik sagt: »Der Umweg ist der kürzeste Weg.«
Einige Übungsformen seien in den folgenden Abschnitten empfohlen, die die sprachliche Kreativität beflügeln und die helfen können, die Lust am Schreiben wieder zu entdecken.

Neuland erkunden: Übungsmöglichkeiten

In der Arbeit mit InformationsjournalistInnen haben sich Versuche bewährt, sich von eingefahrenen Stilprinzipien loszuschreiben. Die Übungsanordnung ist alt: Man nimmt als Vorlage eine Routinemeldung aus dem eigenen journalistischen Alltag, zum Beispiel die folgende:

> *Mit einem Verkehrschaos begann die Woche in den Niederlanden: Wegen eines Streiks des Eisenbahnpersonals ließ die Direktion der Staatsbahnen heute aus Sicherheitsgründen den Zugverkehr im ganzen Land einstellen. Der gesamte Berufsverkehr wickelte sich deshalb auf den Strassen ab. Nach Angaben der Polizei betrug die Länge der Staus auf dem Autobahnnetz zu Beginn des Berufsverkehrs insgesamt 300 Kilometer.*
>
> Ein solcher Text eignet sich gut, weil er hinter seinen agentursprachlichen Formulierungen viele konkrete Fakten enthält, die sich anschaulich schildern lassen.

Jedes Gruppenmitglied versucht nun aufgrund der inhaltlichen Vorgabe mit bestimmten Stilabsichten eine Geschichte zu schreiben.
Diese Stilmerkmale können auf verschiedene Art gewählt werden:

1. *Adressaten:* Man schreibt für kleine Kinder, für Parteidelegierte, für Teens, für Außerirdische usw. Damit ergibt sich fast automatisch auch eine weitere Wahl:
2. *Textsorte:* Man stellt eine mündliche Erzählung her (z.B. ein Märchen), ein politisches Grundsatzstatement, ein Telegramm, eine Live-Reportage aus dem fahrenden Auto usw. Letztlich schlüpft man damit jedes Mal in eine ungewohnte Rolle:
3. *Rolle:* Man versucht jemanden zu imitieren – schreibt oder spricht also nicht nur wie ein Reporter, sondern wie ein bestimmter Reporter, dessen Stileigenheiten man kennt, man schreibt nicht als x-beliebiger Parteisprecher, sondern versucht den Stil eines bekannten Politikers zu treffen, usw.

Wichtig ist bei solchen Übungen, dass alles erlaubt ist und kein Zwang zur Originalität besteht. Gerade wenn es um Themen aus ihrem Berufsalltag geht, fällt es vielen Journalistinnen und Journalisten schwer, sich zu distanzieren. Sie brauchen viel Zeit, und die Resultate unterscheiden sich oft nur in Nuancen von knochentrockenen journalistischen Texten. Dennoch können solche Übungen ein Anstoß sein, auch im Berufsalltag neue Möglichkeiten des Einstiegs oder der Illustration zu entdecken.

Kreative Techniken

Viele Menschen sind in der Lage, sich hinzusetzen und aufgrund ihrer Recherchen Zeile um Zeile vernünftigen Textes zu produzieren, mit viel Mühe vielleicht, aber in einem durchaus akzeptablen Tempo. Wer ohne irgendwelche stilistische Ambitionen schreibt, kann das Schreiben als simples Aneinanderhängen von Sätzen auffassen und sich dessen entledigen wie jeder beliebigen Routinearbeit. Alles bewegt sich in einer engen stilistischen Bandbreite, alles auf der gleichen Abstraktionsebene, nichts ist da, was einen Leser erfreuen könnte – Trockenfutter.

Schreibschwierigkeiten ergeben sich erst, wenn Ambitionen hinzukommen, wenn Texte mit Variation angestrebt werden, Texte, die am rechten Ort ein Beispiel bringen, Texte, die Abstraktes in einfachen Worten erklären. Wer solche Texte herstellen muss, muss seiner Phantasie die Möglichkeit geben, Assoziationen zu bilden. Erst wenn sich im Kopf Gegenstände verbinden, die auf den ersten Blick nichts miteinander zu tun haben, entsteht die Chance, dass der Text lebendig wird.

Die Textskizze setzt Assoziationen frei

Einen Schritt näher kommt diesem Ideal, wer dem Schreibprozess eine kreative Phase voransetzt. Man setzt sich dabei auf andere Weise mit dem Gegenstand auseinander: nicht am Computer, nicht in der Absicht, Sätze zu schreiben. Man nimmt ein Blatt Papier und füllt es mit den Begriffen, über die man schreiben wird, und assoziativ mit weiteren Wörtern und Zeichnungen, die einem dazu in den Sinn kommen.

Am Schluss dieser Phase steht eine *Textskizze* – ein Blatt, das bunt durcheinander die verschiedensten Ideen zum Text enthält, und zwar auf allen möglichen Abstraktionsebenen – bis zu den konkretesten Beispielen. Denn man hat sich erlaubt, den linearen Vorgang des Niederschreibens zu verlassen, ist assoziativ vorgegangen, hat alles notiert, was einem gerade in den Sinn kam, auch die abstrusesten Assoziationen.

Das Blatt, das jetzt vor einem liegt, bedarf natürlich noch einer Struktur. Unter Umständen malt man noch einige Zeit darin herum, um sich klar zu werden, wie die Ideen dann im linearen Text aufeinander folgen sollen. Aber im Prinzip ist bereits eine Gedächtnisstütze da, die für die Herstellung eines kommunikativen Textes einer akademischen Disposition in manchem überlegen ist, denn sie enthält nicht nur Begriffe und Klassifikationen, sondern vor allem Ideen und Anregungen.

Weit verbreitete Methoden, Textskizzen herzustellen, sind Mind-Mapping (Kapitel 2) und das Clustering-Verfahren, das ich im nächsten Abschnitt vorstelle. Es sind Techniken des Schreibens, die ein kreativeres Vorgehen ermöglichen und die helfen, aus der Routine auszubrechen. Es sind zum Teil Techniken, die einem neue stilistische Möglichkeiten erschließen. Es sind aber auch Techniken, die eingesetzt werden können, wenn der ganze Schreibprozess blockiert scheint.

Außenstehende mag es erstaunen, wenn sie von altgedienten Journalisten hören, dass sie mit Schreibhemmungen zu kämpfen haben. Sie können es aber auch als positiv auslegen, dass da jemand, der mit sämtlichen Wassern gewaschen ist, sich noch Zweifel an seiner Arbeit erlaubt. Dass psychische Nöte damit verbunden sind, die sich so nicht wegreden lassen, versteht sich ebenso wie die Tatsache, dass eine Schreibblockade, wenn sie auftaucht, ein handfestes praktisches Problem ist, das nach einer Lösung verlangt.

Solche Lösungen können die Techniken Clustering und *Free-writing* bringen. Sie sind Prinzipien des Überlistens: Sie ermöglichen es, ein Blatt zu füllen, ohne lange nach einem Anfang suchen zu müssen. Assoziativ wird skizziert, notiert in einer Art und Weise, die losgelöst ist vom »ernsthaften«, zielgerichteten Schreiben. Dennoch produzieren diese Techniken eine brauchbare Ausgangsbasis. Sie machen es leichter, den Übergang vom Brüten zum Federführen zu finden.

Clustering

Das Clustering-Verfahren wird von Gabriele L. Rico im Buch *Garantiert schreiben lernen* (RICO 1983:1984) ausführlich vorgestellt. Viele Schreibwerkstatt-Kurse benutzen diese Methode. Rico beschreibt es als ein »nichtlineares Brainstorming-Verfahren«. Es ist eine Form des Aufschreibens, die die Tatsache berücksichtigt, dass Assoziationen schnell durch den Kopf schießen und dass sie nicht so schön linear sind wie eine ordentlich abgefasste Textseite.

Ein Kernbegriff wird in die Mitte eines leeren Blattes geschrieben und mit einem Kreis umgeben. Er soll als Reiz wirken, der Assoziationen auslöst und die je nach Gutdünken hinzugefügt werden können. So füllt sich das Blatt allmählich mit ergänzenden Ausdrücken, die jeweils dort hingeschrieben werden, wohin sie intuitiv zu gehören scheinen.

Rico: »Lassen Sie sich einfach treiben. Versuchen Sie nicht, sich zu konzentrieren. Folgen Sie dem Strom der Gedankenverbindungen, die in Ihnen auftauchen. Schreiben Sie Ihre Einfälle rasch auf, jeden in einen eigenen Kreis, und lassen Sie die Kreise vom Mittelpunkt aus ungehindert in alle Richtungen ausstrahlen, wie es sich gerade ergibt. Verbinden Sie jedes neue Wort oder jede neue Wendung durch einen Strich oder Pfeil mit dem vorigen Kreis. Wenn Ihnen etwas Neues oder Andersartiges einfällt, verbinden Sie es direkt mit dem Kern und gehen von dort nach außen, bis diese aufeinanderfolgenden Assoziationen erschöpft sind. Dann beginnen Sie mit der nächsten Ideenkette wieder beim Kern.«

Ein Cluster kann so aussehen wie das Bild auf Seite 79. Nach der Lektüre von Franz Hohlers Geschichte *Der Pressluftbohrer und das Ei* stellte ich mir vor, wie es aussähe, wenn es über ein Clustering-Verfahren entstanden wäre.

Ein Pressluftbohrer und ein Ei stritten sich einmal, wer von ihnen der stärkere sei.

»Natürlich ich!« renommierte der Pressluftbohrer.

»Ha« krächzte das Ei, »ich bin viel stärker.«

Der Pressluftbohrer zuckte überlegen die Achseln: »Wie du meinst. Ich bohre dich in tausend Stücke.«

»Und ich schlage dir den Schädel ein!« quietschte das Ei.

»Ei, du dummes Ding«, sagte der Pressluftbohrer und schüttelte den Kopf, »wie soll das zugehen?«

»Wirst schon sehen«, prahlte das Ei und warf sich in die Brust.

»Ich brauche nur den kleinen Finger zu rühren«, lachte der Pressluftbohrer.

»Ich mache dich mit meinem Dotter zu Brei!« krähte das Ei und trat kampflustig von einem Bein aufs andere.

Da ward es dem Pressluftbohrer zu dumm, und er bohrte, wie er schon zu Beginn betont hatte, das Ei in tausend Stücke.

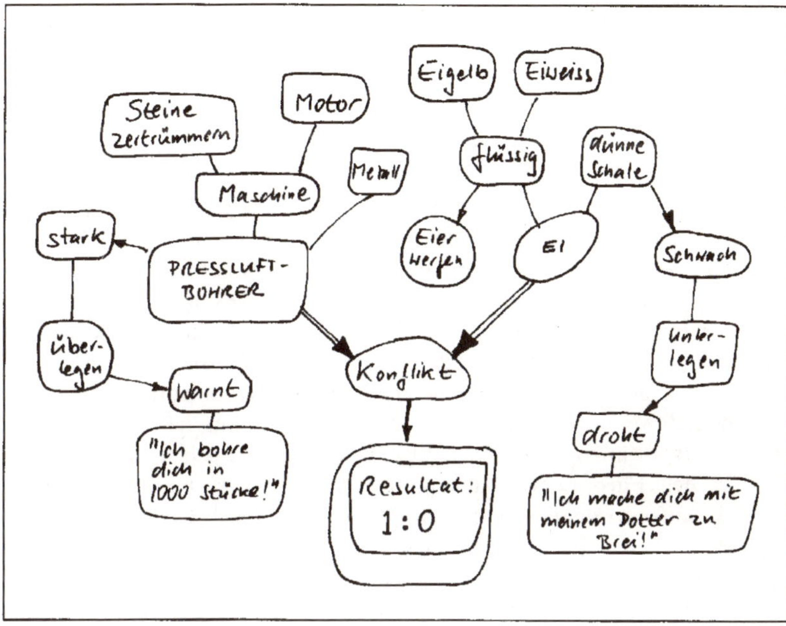

Am Schluss ist eine Art Landkarte entstanden, auf der Wichtiges und weniger Wichtiges, konkrete Begriffe und abstrakte Gedanken skizziert sind. Meistens enthält die Anordnung, die sich ergeben hat, schon einen Hinweis auf die Strukturierung des Textes.

Für mich hat dieses Vorgehen vor allem den Vorteil, dass es mir hilft, die Gedanken zu notieren, bevor sie mir wieder entflohen sind. Wenn die wichtigsten Begriffe auf dem Blatt sind, überprüfe ich die Struktur und mache sie mit zusätzlichen Kreisen, Zahlen und Stichworten deutlicher. Das fertige Blatt nehme ich dann als Unterlage neben den Computer und schreibe die erste Fassung. Während des Schreibens komme ich auf weitere Gedanken. Diese stören aber nicht, weil ich dank der Skizze jederzeit in den Hauptgedankengang zurückfinde.

Der Nachteil des Clustering-Verfahrens besteht darin, dass es sich nicht immer in den journalistischen Alltag übernehmen lässt. Es berücksichtigt die Realität des recherchierenden und textbasierten Arbeitens nur ungenügend. Journalistisches Texten erfordert nicht *nur* phantasievolles Erfinden, sondern auch präzises Einarbeiten von Recherchematerial. Das spricht aber nicht dagegen, Clustering in einer Vorphase des Textens anzuwenden –

nach der Recherche oder auch ganz am Anfang, beim Sammeln von Recherche-Ideen.

Free-writing

Eine etwas traditionellere Form des assoziativen Schreibens ist das *Free-writing* (auch *speedwriting, quickwriting, écriture automatique*). Es ist im Gegensatz zum Clustering oder Mind-Mapping (s.unten) ein linearer Prozess. Es soll Ideen produzieren, Schreibhemmungen bekämpfen.

Die Hauptidee beim Free-writing besteht darin, dass man, ohne innezuhalten, so schnell wie möglich schreibt und sich dabei nicht um die Form, sondern nur um den Inhalt kümmert: »Ecriture automatique heißt: Wir schreiben 10 Minuten lang, was uns in den Sinn kommt, möglichst ohne zu planen, auszuwählen oder zu schönen. Es soll darum gehen, so getreu wie möglich den Fluss der Gedanken und Assoziationen niederzuschreiben, nicht zu denken, sondern dem zu folgen, was von selbst kommt. Der Anfangssatz ist kein Thema, es geht nicht darum, über diesen Satz zu schreiben – er ist nur ein Impuls, um die Gedanken ins Rollen zu bringen. Die Grundregel ist, dass man 10 Minuten lang nicht aufhört zu schreiben – sind keine Gedanken da, so schreibt man einfach *IIIIIIIIIIIIIIIIIIIIIII*. So bleibt man in der Schreibbewegung drin und kommt nicht in Versuchung, zurückzugehen und zu korrigieren.« (AMIGÓ ET AL.1993, S. 81)

Es entsteht dabei ein »Text« mit vielen Gedankensprüngen, abgebrochenen Sätzen, der möglichst viele Ideen enthält, deren Beziehungen zueinander erst im nachhinein reflektiert werden müssen. Erst in einer zweiten Phase wird auch bei dieser Methode ausgewählt und umgeformt. Teile des so gewonnenen Materials können weiter verarbeitet werden, mit neuen Assoziationen zusammen: Man unterstreicht die Passage und schreibt mehr dazu.

Für den folgenden Textanfang nahm die Autorin Tricia Hedge als Ausgangspunkt den Satz: *Wenn das Herz spricht, spricht es nicht in Wörtern:*

> *Das Herz spricht keine Wörter, sondern es spricht in Pulsen, in Blut, durch die Adern und Venen. Es pumpt in uns, so dass wir am Leben bleiben, dass wir atmen können. Atmen. Fühlen, riechen, sehen, hören und schmecken. All unsere Sinne zu benutzen. Den Tag zu realisieren, zu schauen. Blau, grün, schwarz, rot, alle Farben, die es gibt, alle Farben in der Luft, alle Farben, die man spürt. Laufende Leute, flatternde Schmetterlinge, fliegende Vögel – ohne unser Herz würden wir diese Erfahrungen nicht wirklich erleben können. Wenn das Herz*

> *spricht, spricht es mit der Tat des Lebens, unsere Sinne aber geben uns das Leben. Ob hören, sehen, riechen, fühlen oder schmecken, mit unserem Herz können wir weiterfahren. Das Herz pumpt die Wärme durch uns, die wir erleben. Die Wärme der Gefühle, die Wärme der momentanen Erfahrung. [...]*

Tricia Hedge, die das Free-writing als eine von verschiedenen kreativen Methoden vorstellt (HEDGE 1988), weist allerdings darauf hin, dass es eine Methode ist, die nicht allen Autorinnen und Autoren entgegenkommt. Die positive Wirkung, die unaufhörliches Schreiben auf die einen hat, ergibt sich für andere eher aus bewusstem Pausensetzen und Abstandnehmen.

Mit allen fünf Sinnen auf die Suche gehen

Es lohnt sich für Beobachtungen im Alltag systematisch Quellen für passende und unpassende *Vergleiche* zu suchen: Welche Vergleichspender aktivieren zusätzliche, erwünschte oder unerwünschte Aussagen? Bei vielen Themen sucht man vergeblich nach *Bildern,* die die Beschreibung plastischer gestalten ließen. Dafür bringen andere Wahrnehmungsbereiche reichere Ernte: Was höre ich? Was rieche ich? Wie fühlt sich die Sache an? Wie schmeckt sie?

Einige Auszüge aus der bereits erwähnten Reportage über das Ballonfliegen zeigen solche Möglichkeiten stilistischer Suche.

Die erste ist die detailtreue *Beschreibung.* Sie ist in diesem Text minutiöser als erwartet und bewirkt gerade damit Distanz. Legitimiert wird sie durch gelegentliche *Vergleiche* mit anderen, hoch technisierten Formen des Fliegens:

> *Eilig hängen die Helfer den Korb mit einfachen Seilschlingen in Holznoppen, locker und lose wie in einem bösen Traum. Die Materialien sind dieselben wie vor zweihundert Jahren, als der erste Ballon aufstieg: Hanf für die Seile, Leinen für die Sandsäcke, Holz für die Sitze, die, Kinderschaukeln gleich, an vier Seilen befestigt werden. Alles ist zu verstehen, liegt offen, logisch und erschütternd zerbrechlich da, gibt nach und knarzt. Die Leine, die mit einer so hübschen Masche an den Tragseilen befestigt ist, wird gezogen, wenn das Gas entweichen soll, und darf, so wird den Passagieren eingeschärft, keineswegs als Haltegriff benützt werden. Und statt blinkende Lämpchen in einem Cockpit zu kontrollieren, sticht Pilot Spenger, Besitzer einer Ballonfabrik und eines Elektrofachgeschäfts, mit einem Kinder-*

> *schäufelchen in den offenen Sandsack, der über den Korbrand hängt, und nickt befriedigt: gute Qualität.*

Für Querverweise auf populärere Formen des Ballonfahrens wählt die Autorin Wörter aus einer Sphäre, in der Diffamierungen besonders leicht von der Zunge gehen: aus dem Autofahrervokabular:

> *Manchmal sind es allerdings auch wütende Bauern, die sich über die Verwüstung ihrer Äcker beklagen. [...] Doch solche Rowdys – da sind sich bei der Ersten Hochalpinen Engadiner Gasballon-Sportwoche alle einig – kommen nur unter der Meute der Heißluftballonfahrer vor, die immer häufiger die Luft verpesten.*

Auf der Suche nach passenden stilistischen Mitteln lohnt es sich, auch scheinbar abwegige Bedeutungsfelder zu nutzen. Oft kommen einem naheliegende und treffende Vergleiche oder Beispiele erst in den Sinn, wenn man zuerst extreme Lösungen ausprobiert hat. Zu empfehlen ist schließlich immer die Analyse guter Texte. Wer sagen kann, warum ihn ein Text besonders angesprochen hat, findet leichter eigene stilistische Wege.

Kreative Arbeitsbedingungen schaffen

Die Auseinandersetzung mit einem völlig anderen Thema löst Blockierungen und eröffnet neue Fundstellen. Während einer Schreibpause fünf Minuten den Fernseher einzuschalten, kann nützliche Prozesse in Gang setzen. (Auf ganz andere Weise natürlich die absichtslose Distanz z.B. durch einen Waldlauf, bei dem nicht die Konfrontation mit anderen Themen, sondern eher das Fehlen eines Leistungsdrucks, ja sogar das Fehlen einer Möglichkeit, Ideen aufzuschreiben, inspirierende Wirkung haben kann.)

Daniel Perrin, der Schreibprozesse als Forscher begleitet hat, gibt praktische Empfehlungen, die bis zur Organisation der Arbeitsfläche reichen. Traditionelle und neue Medien sind da kombiniert (PERRIN 1999). Im Computer ist nur eine Datei geöffnet, der Text, der gerade entsteht. Links auf dem Schreibtisch liegen die Blätter mit den Recherche-Informationen. Rechts liegt ein Block für handschriftliche Notizen. Hier wird notiert, was einem während des Schreibens einfällt. Wichtig bei diesem System ist, dass alles, was eine eigene Funktion hat, auch einen eigenen Platz im Raum erhält.

Perrin weist auch darauf hin, dass man beim Überarbeiten eine Möglichkeit schaffen muss, den eigenen Text neu zu lesen. Wer stundenlang an ein und demselben Text mit dem immer gleichen Schriftbild gesessen hat, kennt ihn schließlich auswendig und sieht nicht einmal mehr die offenkundigsten Fehler. Das wird anders, wenn man ihn vor dem Durchlesen neu formatiert – mit anderen, viel größeren Buchstaben. Man löscht den Text im Kopf. Damit schafft man die Voraussetzung dafür, ihn auf dem Bildschirm mit neuen Augen und kritisch zu lesen.

2. Fremde Rede: Über Meinungen, Stimmungen und Erfahrungen informieren

Die sprachliche Arbeit eines Journalisten oder einer Journalistin teilt sich in zwei Hauptaufgaben.

Die eine besteht darin, ein Ereignis in eigenen Worten wiederzugeben. Schon dies erfordert eine Auseinandersetzung mit anderen Zielen und Meinungen. Wie schon ganz zu Beginn betont wurde, stammen die Informationen ja zum größten Teil aus Texten, die Menschen und Organisationen mit anderen Interessen formuliert haben. Daraus ergaben sich die Themen für Kapitel 1.

Ebenso wichtig ist aber die Wiedergabe fremder Formulierungen, die im Text nicht als Aussagen des Journalisten oder der Journalistin erscheinen. Es sind Kommentare von Akteuren, die am Ereignis beteiligt sind oder es beobachten: Zitate im weitesten Sinne. Sie sagen etwas darüber aus, wie sie es erlebt haben oder wie sie es werten. Das ist das Thema dieses 3. Kapitels.

Es behandelt die folgenden Themen:

- Die Auswahl von Zitaten: Mit einem Zitat wird die Stimme des Akteurs hörbar. Das macht nur Sinn, wenn der auch etwas Subjektives aussagt. Neutrale Informationen kann die Journalistin oder der Journalist selbst besser und knapper formulieren.
- Das Verschriftlichen: Besonders wenn das Original mündlich war, muss es dem geschriebenen Medium und seinem Stil angepasst werden.
- Die Redeform (direkte, indirekte Rede usw.) – ein Mittel der Abgrenzung fremder von eigener Rede.
- Die Beschreibung des Kontextes, in dem das Zitat geäußert wurde. Das geht von der Ortsbeschreibung bis zur Körpersprache des Redenden.

- Das Berichten von Interviews und Redeveranstaltungen.
- Techniken des Zuhörens und Mitschreibens, mit denen man sich die Berichterstattung von Veranstaltungen erleichtert.

2.1 Zitatauswahl: Subjektive Ergänzung oder Beleg

Ein gut eingesetztes Zitat macht den Text attraktiver, weil eine neue Stimme dazukommt. Und es macht ihn informativer, weil es zur journalistischen Darstellung subjektive Äußerungen vermittelt.

Aber es gibt auch viele Zitate, die diese Kriterien nicht erfüllen. Sie sind unnötig und hemmen den Lesefluss. Oft entstehen solche Zitate, wenn der Autor einen Nichtjournalisten etwas sagen lässt, was er selbst sagen müsste.

Ein Beispiel: Im Jahr 1992 errang der Winterthurer Martin Buser mit seinen Hunden beim *Iditarod*-Hundeschlittenrennen in Alaska den ersten Rang. Im Jahr darauf wurde er nur Sechster.

So ein Ergebnis ist für die Regionalzeitung im Kanton Zürich (ZÜRCHER UNTERLÄNDER, 18. 3. 1993) natürlich ein Grund, nachzufragen. Sie erfährt, dass die meisten seiner 20 Hunde Durchfall bekamen und so geschwächt waren, dass sie nicht mehr richtig mithalten konnten. Buser erklärt sich das so:

> *»Vielleicht wurden die Hunde Opfer des Biberfiebers, einer Darminfektion, die durch ein Virus im Trinkwasser übertragen wird.«*

Im Bericht wird aber nur der erste Teil als Zitat stehen:

> *»Vielleicht wurden die Hunde Opfer des Biberfiebers«.*

Die Erklärung, was es mit dem Biberfieber auf sich hat, ist Aufgabe des Journalisten. Er soll die Information neutral wiedergeben und sich nicht auf eine zufällige Quelle abstützen.

Wer in so einem Fall das ganze Zitat bringt, zeigt an, dass er auf Nachrecherche verzichtet hat. Statt selbst zu überprüfen, ob es diese Krankheit gibt und ob sie ihm einigermaßen korrekt geschildert wurde, verschanzt sich der Journalist hinter der Zitatform. Er verzichtet auf einen Arbeitsgang der Informationsbeschaffung und überlässt die Verantwortung für die Richtigkeit der Fakten einem Nichtjournalisten.

Sollte sich bei dieser routinemäßigen Nachrecherche herausstellen, dass es gar keine Krankheit mit dem Namen *Biberfieber* gibt, dann ist natürlich das ganze Zitat am Platz:

Buser führt den Durchfall auf eine bisher unbekannte Krankheit zurück, die er Biberfieber nennt: »Eine Darminfektion, die durch ein Virus im Trinkwasser übertragen wird.«

Auf diese Weise hat der Autor mit der Rede-Einleitung die passende Distanzierung gefunden.

Oft werden in Redaktionen Zitate um jeden Preis gefordert. Dies führt oft dazu, dass reine Fakten in Zitatform wiedergegeben werden – also in der Formulierung eines Gesprächspartners. Die Wiedergabe erhärteter Fakten ist aber grundsätzlich die Aufgabe der Journalistin bzw. des Journalisten. Wer den Finanzplan einer Gemeinde vorstellt und die wichtigsten Zahlen nennt, sollte die Pro-Kopf-Verschuldung selbst ausrechnen können und nicht den Finanzverwalter zitieren müssen. Wer kompetent ist, um einen Bericht über Lupinen zu schreiben, muss selbst in der Lage sein, zu sagen: *»Lupinen sind Schmetterlingsblütler.«* Wenn er den Satz dagegen einem Biologen in den Mund legte, würde er ihn als anfechtbar darstellen.

In typischen Zitaten dagegen ist die Stimme des Akteurs zu hören, eine Meinungsäußerung, eine persönliche Erfahrung. Wenn es sich aber um neutrale Fakten handelt, dann ist nur in Ausnahmefällen ein Zitat angebracht, dann nämlich, wenn die zitierte Person die einzige Quelle ist.

Kriterium Stimme: Das Zitat als subjektive Ergänzung

Ein Zitat ist am Platz, wenn es etwas vermittelt, das nur die Person oder die von ihr vertretene Institution liefern kann: eine Meinung, eine Erfahrung, eine Absicht, eine Prognose... Das Zitat macht Sinn, weil es eine Stimme vernehmen lässt.

Nackte Zahlen aus dem Finanzplan will man nicht aus dem Mund des Finanzverwalters hören, wohl aber seinen Kommentar: *»So können wir nicht mehr weiter wirtschaften.«*- Für Schulbuchwissen über Gänseblümchen braucht man keinen Fachmann zu zitieren, wohl aber für das Versprechen: *»Wir werden noch dieses Jahr Herztropfen auf dem Markt bringen, deren Wirkstoff wir aus Gänseblümchen gewonnen haben und die die Medizin revolutionieren werden.«*

Ein Zitat enthält diese Zusatzinformation in all den folgenden Fällen:

1. Persönliche Erfahrungen und Folgerungen daraus:

   Ein Familienvater über das kostspielige Erlebnis eines Euro-Disney-Besuchs: *»Ich mache das einmal – und nie wieder!«*

   Das ist seine persönliche Folgerung. Im Satz: *»Der Tag kostet mich weit über 1500 Francs«,* würde hingegen weniger Ausdruckskraft liegen. Der Journalist kann das selbst ausrechnen und dann die Zahl so präsentieren, dass ihre allgemeine Gültigkeit deutlich wird:

   Der Eintritt kostet 225 Francs pro Erwachsenen und 175 Francs pro Kind. Die sechsköpfige Familie hat so für Attraktionen und Essen über 1500 Francs ausgelegt. Max Kaufmanns Folgerung: »Ich mache das einmal – und nie wieder!«

   Damit wird ein Fakt als Fakt, eine Meinung als Meinung behandelt.

2. Absichten:

   Der Direktor eines Industriebetriebs: *»Wir werden 50 Leute entlassen.«*
   Er äußert eine Absicht. Die Zahl kann zur Zeit noch nicht überprüft werden, der Vertreter der Firma ist noch die einzige Quelle. Die Journalistin muss ihn zitieren.

3. Begründungen:

   Wenn über einen persönlichen Entscheid eines Politikers berichtet wird, ist das Zitat ein Muss. Dass der Gemeindepräsident mitten im Wahlverfahren seine Kandidatur zurückzieht, mag in der Gemeinde G. schon an sich eine Sensation sein. Solange sie nur eine Absicht ist, muss sie zitiert werden:

   Gemeindepräsident Müller gestern am Stammtisch in der »Krone«: »Keine zehn Pferde bringen mich dazu, weiter zu kandidieren.«

   Sobald der Protagonist aber seinen Rücktritt offiziell bekannt gegeben hat, bringt die Zitatform nichts mehr – nicht einmal, wenn man Einblick in seine Korrespondenz hat:

   »Ich habe mich entschlossen, im zweiten Wahlgang auf eine Kandidatur als Gemeindepräsident zu verzichten und mein Mandat als Gemeinderat zur Verfügung zu stellen,« teilte Müller nun in einem Schreiben mit.

   Dieses Zitat enthält aber nichts anderes als die Hauptaussage der Nachricht. Die musste der Berichterstatter bereits im ersten Satz selbst geben. Dass wir hier einen Brief der Hauptperson mitlesen können, bringt inhaltlich nichts Neues – keine Begründung, keine Gefühlsäußerung, keine Aussage über sie selbst, die ein Zitat rechtfertigen würde. Nicht einmal stilistisch bringt es einen Gewinn. Der Satz ist in einem nüchternen Geschäftsbrief-Ton gehalten, der weder attraktiv ist noch charakteristisch für eine Person in dieser Situation.

Die Kernaussage (die Rücktrittserklärung) wollen wir vom Journalisten hören. Er sagt uns: Müller hat seine Kandidatur zurückgezogen. Diese Information kann nun durch einen Kommentar Müllers ergänzt werden:

»Ich trete nicht mehr an, weil die Wahlkampagne unfair war. Parteien und einzelne Bürger haben mich persönlich angegriffen.«

Diese Aussage muss als Zitat wiedergegeben werden. Die persönliche Motivation eines Politikers kann nur von ihm selbst dargestellt werden. Dies trennt klarer zwischen eigener und fremder Position als etwa die folgende Lösung:

Müller tritt nicht mehr an, weil er die Wahlkampagne unfair fand.

Denn ob Müller die Wahlkampagne wirklich unfair fand, ist nicht zu überprüfen. – Völlig unzulässig ist schließlich die Form:

Müller tritt nicht mehr an, weil die Wahlkampagne unfair war.

Mit dieser Formulierung hat der Journalist die Einschätzung des Politikers übernommen.

4. Rhetorische Figuren:

Im US-Bundesstaat New Jersey erscheint Gläubigen die Muttergottes. Die Polizei klagt darüber, dass es ihr schwer fällt, die Ordnung aufrecht zu erhalten. Die Einstellung der Behörden dazu bereichert die Korrespondentenmeldung:

Der Run auf die neue Kultstätte verursacht nicht nur Stress für die lokalen Ordnungshüter, sondern auch immense Kosten – pro Marienerscheinung 15'000 bis 20'000 Dollar. »Das ist mehr, als ein Polizeiauto kostet«, beschwert sich der Finanzchef der Stadt, Robert Albertson. »Soviel geben wir normalerweise für einen mittelschweren Schneesturm aus.« (TAGES-ANZEIGER, 13.8.92)

Auch diese Aussagen wären als Fakten vom Journalisten recherchierbar. Aber hier haben sie eine andere Funktion. Der Akteur will seinen Aussagen Nachdruck verleihen. Mit den Äußerungen kommt Emphase herüber.

5. Tabu-Ausdrücke:

Ein Zitat dieser Art kann dem Journalisten auch Formulierungsprobleme abnehmen. Diese Lösung ist abzulehnen, wenn sie nur gewählt wird, weil sich der Journalist inhaltlich nicht auskennt. Sie kann ihm in anderen Fällen aus Wortschatzverlegenheiten helfen.

Im folgenden Beispiel wird zitiert, obwohl nur eine Filmszene beschrieben wird, also etwas, worüber im Regelfall auch der Journalist erzählen könnte. Hier, in einem Text über die Macher der Fernsehshow *Spitting Image,* ist die Zitatform gewählt, weil der Autor damit drum herumkommt, einen Tabubegriff zu verwenden. Statt dass er die Episode eines Trickfilms selbst zusammenfasst, lässt er einen Gesprächspartner erzählen:

[...] Ein Sketch zeigt Reagan im Pissoir. Law beschreibt: »Er fummelt seinen Schwanz aus der Hose und spielt Bomberpilot [...].«

Kriterium Quelle: Das Zitat als Beleg

Manchmal steht für eine Tatsacheninformation nur eine einzige Quelle zur Verfügung, deren Verlässlichkeit nicht überprüft werden kann. Dann ist das Zitat dennoch die korrekte Form. Es dient dann gleichzeitig als Information und Beleg für die Quelle dieser Information.

Für solche Zitate eignen sich:

1. Tatsachenaussagen, die nicht überprüft werden können (gerade wenn sie als Begründung verwendet werden):

   Die Veranstalterin des Open-Air-Kinos über eine Verzögerung: »Wir hatten eine Panne im Vorführraum.«

2. Behauptungen (die sich später als falsch erweisen könnten):

   Der Parteivorsitzende: »Die CDU hat keine schwarzen Konten geführt.«

3. Forschungsergebnisse (die angefochten werden könnten):

   Die Leiterin einer Umweltstudie: »Die Atemfunktionen der Testpersonen wurden durch die Schadstoffe nicht beeinflusst.«

   Auch hier ist die zitierte Person die einzige Quelle. In die Methoden und Zahlen ihrer Untersuchung ließe sich zwar Einblick nehmen;

hier wird aber eine Auswertung zitiert, und diese ist Produkt einer Interpretation der Forscherinnen.

4. Augenzeugenberichte:

   Eine Schilderung durch Augenzeugen macht ein Ereignis besser vorstellbar. Details über den Hergang müssen aber generell mit Quellenangabe wiedergegeben werden; denn Augenzeugenberichte sind immer das Ergebnis subjektiver Wahrnehmung.

   Gelegentlich (besonders in freieren Textgattungen) werden Faktenzitate auch dadurch gerechtfertigt, dass sie eine besondere Inszenierung ermöglichen: In Reportagen kann eine Information eine besondere Färbung bekommen, wenn jemand spricht, der näher bei der Sache ist: Man hört nicht den Reporter, sondern einen Akteur aus der erzählten Handlung, der eine Sache beschreibt. Das ist ein Verfahren, mit dem man in erzählerischen Formen etwas mehr Atmosphäre schaffen kann.

5. Sprachstil:

   Auch eine außergewöhnliche Formulierung kann Anlass sein, eine Faktenaussage zu zitieren. Die zitierte Person gibt zwar eine recherchierbare Tatsache wieder, aber der besondere Stil hilft, sie besser zu charakterisieren.

Soll man Zitate erfinden?

Oft werden auf der Suche nach kurzen, prägnanten Formen Zitate in direkter Rede erfunden. Das Erfinden von Zitaten ist ein Thema, das sehr intensiv diskutiert wird, seit Journalisten aufgeflogen sind, die angebliche Exklusiv-Statements und -interviews frei erfanden.

Die medienethische Diskussion hat viele Aspekte, die hier nicht diskutiert werden können. Die Praxis aber zeigt, dass es große Unterschiede gibt – zwischen einem Erfinden als stilistischer Technik und einem Vorspiegeln falscher Tatsachen. Im Folgenden sollen drei Grenzfälle behandelt werden (davon ausgehend, dass die reine Erfindung journalistisch nicht vertretbar ist).

Mit reiner Erfindung eines Zitates ist gemeint: Sowohl der Wortlaut als auch die Redesituation sind erfunden. Solche Fälle brauchen nicht lange diskutiert zu werden. Schwierig wird es dagegen, wenn eines von beidem völlig glaubhaft ist. Dies kann tolerierbar sein – als leicht erkennbare stilistische Spielerei. Aber es ist mindestens ärgerlich, wenn damit eine journalistische Recherche vermieden wurde.

Fall 1: Eine stilistische Spielerei, die keinen Schaden anrichtet. Es ist leicht zu durchschauen, dass Autor und Akteur nie zusammengekommen sind. Das Zitat ist als freie Fortsetzung der Erzählung zu erkennen.

> Ein Beispiel aus dem Fernsehen: Bei einem Fußballspiel geht der Schiedsrichter mit erhobenem Zeigefinger auf einen Spieler zu. Der Live-Reporter, der das Geschehen aus fünfzig Metern Entfernung verfolgt, kennt die Situation. Und gerade weil auch sämtlichen Zuschauern klar ist, dass er auf die Distanz kein Wort hört, ist er in der Lage zu kommentieren:
>
> *»Er sagt zu ihm: Beim nächsten Mal gibt es die rote Karte!«*
>
> Reporter und Publikum haben gleichsam ein Abkommen getroffen: Der Reporter soll mit seinen Kommentaren das Geschehen erklären und attraktiver gestalten. Dieses augenzwinkernde Beleben des Off-Texts entspricht diesem Abkommen und auch dem Bedürfnis nach Transparenz.

Solche Fälle gibt es auch in den Printmedien. Boulevard-Zeitungen mit einem erkennbaren eigenen Sprachstil lassen mitunter Akteure in diesem Stil sprechen. Der Verfremdungseffekt ist so klar, dass das Zitat nicht als erfunden gekennzeichnet werden muss.

> Ein deutscher Verkehrsminister namens Günther Krause stellte eine bisher arbeitslose Putzfrau an und ließ sich 70 Prozent ihres Stundenlohns vom Arbeitsamt zahlen. Als das bekannt wurde, stieß er damit in der Öffentlichkeit nicht auf viel Verständnis. Die BILD-Zeitung stellte Krauses Ausreden folgendermaßen dar:
>
> *Krause zahlte unterm Strich nur 2,10 Mark Stundenlohn. Die Bundesanstalt für Arbeit, Nürnberg: Das gilt im Prinzip für alle. Voraussetzung: Die Arbeitskraft ist mindestens 50 und über 1 Jahr ohne Beschäftigung. Krause: Wie bei meiner! Daher alles klar: Kein Rücktritt! Und: Ich bedaure sehr und zahle alles zurück!* BILD, 23. 3. 1993)
>
> Krause spricht hier BILD-Deutsch: *Wie bei meiner! Daher alles klar. Kein Rücktritt!* Die verkürzten Sätzen sind typisch für die Art, wie die Zeitung selbst spricht. Das Fehlen der Anführungszeichen unterstreicht dies noch. Damit ist die Künstlichkeit der Zitate sehr gut erkennbar.

In solchen Fällen ist für die Leserinnen und Leser klar, dass nichts wörtlich wiedergegeben wird. Ebenso eindeutig ist, dass eine Quelle vorhanden war (wenn auch nicht welche), anhand derer die Zeitung die Schein-Zitate zusammengestellt hat. Erfunden ist nicht die Stellungnahme, sondern die sprachliche Formulierung. Dies hat den stilistischen Vorteil der Dramatisierung. Auf kleinem Raum lassen sich so Dialoge herstellen. Allerdings büßt der Text damit auch gerade einen Vorteil der direkten Rede ein: den Eindruck des Authentischen. Trotz der Zitate hört man den Akteur nicht sprechen. Der Kommunikator (die Zeitung) ist durch ihren Stil viel präsenter als bei echten Zitaten; der Text bekommt leicht kommentierenden Charakter.

Fall 2: Die Anonymisierung eines Ausspruchs. Ein Zitat wird einer ganzen Gruppe von Menschen in den Mund gelegt. Glaubwürdig sind solche Maßnahmen dann, wenn nicht nur die Aussage, sondern auch die Formulierung allgemein gefasst ist, so dass man sich auch vorstellen kann, dass sich mehrere Menschen damit identifizieren.

> Machtübergabe in Jericho: Das israelische Militär holt seine Flagge ein; die palästinensische Polizei hisst die ihre:
>
> *»Dies ist ein besonderer Tag«, sagte der Offizier Zohar, drückte seinen palästinensischen Kollegen die Hand, wünschte »viel Erfolg« und zog ab. Eine kleine Gruppe palästinensischer Frühaufsteher applaudierte. Der Traum der Palästinenser, »eines Morgens aufzuwachen und plötzlich unsere eigenen Polizisten anstelle der israelischen Soldaten auf den Straßen zu sehen«, hatte sich im wahrsten Sinne des Wortes verwirklicht.* (BERLINER ZEITUNG, 14. 5. 1994)
>
> Hier ist ein Wunsch der Palästinenser in Worte gefasst, die durchaus glaubhaft sind. Ein journalistisches Problem ergibt sich kaum, dafür ein sprachliches: Die Anführungszeichen erwecken den Eindruck, dass für den Wortlaut eine präzisere Quelle existiert. Man wundert sich, dass der Traum einer Vielzahl von Menschen so genau wiedergegeben werden kann. Also erübrigen sich die Anführungszeichen.

Fall 3: Ein scheinbares Exklusivzitat wird konstruiert. Dies geschieht im Alltag relativ häufig, wenn die Betroffenen keine Macht oder kein Interesse haben, dagegen anzugehen.

Hier wird die Redesituation erfunden, nicht der Wortlaut – etwa wenn die Aussagen einer Pressekonferenz als exklusive Interview-Antworten wiedergegeben werden. Das ist zwar gang und gäbe, hat aber den Makel, dass es für den Leser nicht zu durchschauen ist. Erfunden werden dann zwar nicht die Aussagen der Akteure, aber die Arbeitssituation der Journalisten.

Eine Beziehung zwischen Journalist und Akteur wird konstruiert, die so nicht besteht. Das ist problematisch in einer Gesellschaft, die auf die Transparenz des Informationsflusses Wert legt und in der die JournalistInnen es regelmäßig anprangern, wenn ihre Arbeit von der Gegenseite behindert wird. Wie soll man dem Leser gegenüber Hindernisse bei der Informationsbeschaffung (etwa die Verweigerung eines Interviews) noch glaubhaft kritisieren, wenn man in anderen Texten Recherchesituationen falsch schildert.

Das ist eine Täuschung des Lesers im Kern journalistischer Tätigkeit: Journalistische Kommunikation ist, es sei hier wiederholt, definiert als Auseinandersetzung von Kommunikator, Akteur und Rezipient. Wenn der Rahmen dieser Auseinandersetzung erfunden wird, ist der Kommunikation die Grundlage entzogen. Die Grenze zwischen erlaubtem und unerlaubtem Konstruieren von Zitaten sollte deshalb da gezogen werden, wo eine Recherche-Situation dargestellt wird, die so nie bestanden hat.

Da diese Grenze jedoch schwierig zu ziehen ist, wird man auch davon absehen, gutmeinend irgendwelchen Akteuren Worte in den Mund zu legen, ohne sich von ihnen das Okay zu holen.

2.2 Die Form: Vom Redeschwall des Informanten zum lesbaren Zitat

»Wir haben das Problem unterschätzt«, gibt der Vertreter des Tiefbauamts zu. Er sieht sich plötzlich mit Protesten aus der Bevölkerung konfrontiert, weil er leichtsinnig die Verlegung eines Brunnens von einem Stadtteil in den anderen verfügt hat. *»Wir haben das Problem unterschätzt«,* steht aber nur in der Zeitung. In Wirklichkeit sagte der Beamte:

> *»Äh, ich muss schon sagen, wir haben das gar nicht so richtig, äh das Problem, es äh wir haben es einfach unterschätzt. Ja, das ist sicher äh – zu sagen.«*

Es ist völlig korrekt, dass die Berichterstatterin aus diesem Statement einen kurzen, prägnanten Satz gemacht hat. Sie verändert damit zwar die ursprüngliche Äußerung. Aber das gehört immer zum journalistischen Zitieren.

Beim Zitieren mündlicher Aussagen für die Zeitung wird eine Übertragungsleistung auf mehreren Ebenen erbracht:

Neues Medium: Was im Recherchegespräch gesagt wurde, wird ins Medium Zeitung übertragen.

Neue Sprachform: Gesprochene Sprache wird zu geschriebener Sprache.

Neuer Kontext: Was zuerst ein Ausschnitt aus einer längeren Stellungnahme war, wird jetzt mit eigenen Aussagen und auch mit anderen, später eingeholten Statements kontrastiert. Die Äußerung erfährt dadurch eine neue Interpretation.

Neue Sprachvarietät: Die Journalistin übersetzt aus der Umgangssprache (eventuell Dialekt) in die Standardsprache.

Bearbeitung ist die Regel

Die ursprüngliche Äußerung erfährt also viele Veränderungen. Nicht alle fallen gleich stark auf. Aber sie sind da und werden oft aus Fairnessgründen gemacht. Oft würden Merkmale, die im ursprünglichen Zusammenhang unbemerkt bleiben, im neuen Zusammenhang überbetont. Dazu gehören die Zufälligkeiten der spontanen Rede, Planungslaute und Wiederholungen. Sie werden ebenso selbstverständlich gestrichen wie umständliche Formulierungen oder rein mundartliche Wörter, die im Zeitungstext dem Zitat einen ungewollte stilistische Note gäben.

Zwischen Medium und Leser scheint ein Einverständnis darüber zu herrschen, dass Zitate, so wie sie in der Zeitung stehen, umgeschrieben sind. Dies zeigt der bereits erwähnte Umstand, dass in besonders in kurzen Texten die Akteure oft selbst Telegrammstil reden. Die LeserInnen verstehen, dass diese Leute inhaltlich etwa das gesagt haben und dass sie garantiert nicht die reduzierte Sprache der Zeitungsversion verwendet haben.

> Nach einem Beinahe-Unfall bei einem Fernflug wird der Reiseveranstalter, der keine Verantwortung übernehmen will, mit den folgenden Worten zitiert:
>
> *»Die Maschine wurde repariert, war sicher.«* (BILD, 6. 9. 2000)
>
> In diesem Stil werden weder mündliche noch schriftliche Stellungnahmen abgegeben. Der Leser weiß das. Der verknappte Stil signalisiert ihm, dass er es nicht mit einem Originalzitat zu tun hat.

Kürzen ist oft notwendig

Gute gesprochene Sprache ist portioniert, verbal, aktiv. Auch in schriftlicher Form muss ein Zitat diese Merkmale bewahren. Wenn es zu sehr den Stil einer schriftlichen Verlautbarung annimmt, fehlt ihm die Unmittelbarkeit und damit viel an Attraktivität.

Ein Zitat muss also sehr sorgfältig an das schriftliche Medium angepasst werden, damit es noch authentisch wirkt. Verschriftlichen heißt deshalb fast in jedem Fall *Kürzen.*

Schwierigkeiten bereiten in diesem Zusammenhang gerade jene Gesprächspartner, die druckreif reden. Wer in der Lage ist, aus dem Stand die kompliziertesten Schachtelsätze zu produzieren, muss damit rechnen, dass er mit Sätzen in der Zeitung steht, die sich so lesen, als ob sie nicht gesprochen, sondern geschrieben worden wären.

> Dies geschah dem Leiter eines Hamburger Auktionshauses, der zu einem Skandal Stellung nehmen musste: Berühmte englische Auktionshäuser waren ins Gerede gekommen, weil sie angeblich illegale Preisabsprachen getroffen hatten. Laut DPA sagte er::
>
> *»Ich sehe momentan nicht die Gefahr, dass die Enthüllungen über geheim getroffene Vereinbarungen von überhöhten Kommissionen bei Christie's und Sotheby's negative Folgen für den deutschen Kunstmarkt haben«.* (DPA/SÜDWESTPRESSE, 26. 2. 2000)
>
> Als Zitat würde genügen: *Ich sehe keine negativen Folgen für den deutschen Kunstmarkt.* Den ganzen Rest, die Zusammenfassung der bisherigen Ereignisse, kann der Journalist in eigener Rede ausdrücken.

Portionieren schafft mündlichen Stil

Eine längere Interviewantwort enthält praktisch immer mehrere Hauptaussagen – und damit mehrere Argumentationsketten. Es macht den Text lesbarer, wenn man diese verschiedenen Teile mit unterschiedlicher Funktion voneinander trennt.

Faustregel: *Eine Hauptaussage pro Zitat.* Damit kann das Zitat natürlich länger oder kürzer werden. Es ist sein Aufbau, der entscheidet, ob es zu lang ist.

Sobald ein Zitat deutlich in zwei Teile zerfällt, sollte dies im Text berücksichtigt werden. Man macht zwei Zitate daraus oder trennt die beiden Teile wenigstens mit einem redekommentierenden Ausdruck.

> Ein Beispiel: Im Kyffhäuserkreis blüht die Schwarzarbeit. Die Handwerker der Region zeigen sich besorgt über die illegale Konkurrenz. Einer von ihnen wird im Bericht zitiert:
>
> *»Unsere Mitarbeiter müssen auf den Baustellen hart arbeiten, um ihren Lebensunterhalt zu bestreiten. Der Unmut wächst und die Arbeitsmoral sinkt, wenn man zusehen muss, wie Schwarzarbeiter an Wochenenden, an Feierabenden und sogar an gesetzlichen Feiertagen ihr Geld leichter verdienen, ohne Abgaben und Beiträge zahlen zu müssen.«* (THÜRINGER ALLGEMEINE, 10. 2. 1998)
>
> Mit einer einfachen Maßnahme kann hier die Gliederung des Textes unterstrichen werden: Man schiebt nach dem ersten Satz einen redekommentierenden Ausdruck ein:
>
> *»Unsere Mitarbeiter müssen auf den Baustellen hart arbeiten, um ihren Lebensunterhalt zu bestreiten,« sagt Müller. »Der Unmut wächst...«*
>
> Auf diese Weise wird der Text übersichtlicher; seine inhaltliche Gliederung wird durch den Rhythmus der Präsentation unterstützt.

Mit der Möglichkeit, dass sich jemand amtssprachlicher als erwünscht ausdrückt, muss immer gerechnet werden. Ebenso leicht passiert es aber, dass der Journalist oder die Journalistin aus einer portioniert gesprochenen Äußerung eine zu komplexe schriftliche Form macht – ganz einfach, weil sie beim Schreiben automatisch in den Verlautbarungsstil verfällt. Attraktive und glaubhafte Zitate entstehen, wenn zwar radikal gekürzt, die ursprüngliche Wortwahl aber belassen wird.

Den Medienwechsel berücksichtigen

Zitieren ist immer ein Übersetzen von einer Sprachform (mündlich, Umgangssprache, Dialekt) in die andere (schriftlich, öffentliche Sprache, Hochsprache). Fehlplanungen, Wiederholungen, Kraftausdrücke usw. wirken im Artikel anders als im Gespräch.

Man kann nicht erwarten, dass der Sportler, der am Rand des Spielfeldes interviewt wird, sich sofort auf den Medienwechsel einstellt. Er wird auch zum Reporter so sprechen, wie er auf dem Spielfeld spricht. Es ist ein Gebot der Fairness, allfällige krasse Unfeinheiten zu mildern, also wenigstens diejenigen Anpassungen vorzunehmen, die der Sportler selbst vornähme, wenn ihm der offizielle Charakter der Redesituation bewusst wäre.

Bisweilen ist es auch nötig, ein Statement zu korrigieren, weil es dadurch verständlicher wird.

> Da gibt es in Arnstadt eine Brauerei, die bis vor kurzem Kultur und Stadtbrauerei Arnstadt hieß. Im Bericht über die Lancierung des neuen Biers steht die folgende Passage:
>
> *Übrigens hat die Stadtbrauerei im neuen Logo das Wort Kultur aus ihrem Namen gestrichen. »Die Gäste haben uns mehrfach mit einem Museum verwechselt, die neue Bezeichnung soll daher mehr Klarheit für ein gastronomisches Unternehmen signalisieren«, so der Marketingchef.* (THÜRINGER ALLGEMEINE, 13. 9. 2000)
>
> Sicher hat der Marketingchef so gesprochen, und es ist auch zu ahnen, was er meint, wenn er sagt: *»Die neue Bezeichnung soll daher mehr Klarheit für ein gastronomisches Unternehmen signalisieren«*: Aber es ist stilistisch am Rand des Erträglichen. Mit ein paar Veränderungen ließe sich der Satz korrigieren:
>
> *»Die neue Bezeichnung soll klar signalisieren, dass es sich um ein gastronomisches Unternehmen handelt.«*
>
> So ist der Satz leichter lesbar und entspricht immer noch den Absichten des zitierten Marketingchefs.

Sehr leicht passiert es, dass beim Verschriftlichen zuviel getan wird: Ein umgangssprachliches Zitat wird in die Schriftsprache umgesetzt, und gleichzeitig wird auch die Stilebene gewechselt.

> Ein Kleinbauer hält seine Kaninchen möglichst artgerecht. Er hat ihnen im Freien einen Auslauf eingerichtet, so dass sie nicht ständig in der engen Box kauern müssen. Er kommentiert das so:
>
> *»Ich bin auch lieber draußen als in den vier Wänden.«*
>
> Es ist sein gutes Recht, sich so auszudrücken. Der Journalist aber, der diese Äußerung umsetzen muss, erkennt eine falsch verwendete Redewendung. (In seinen vier Wänden heißt es normalerweise, und der Ausdruck hat keine negative Bedeutung.) Was soll er tun? Eine naheliegende Lösung: Er formuliert einen neuen Satz, der auch eine Redewendung, aber eine korrekte, enthält: Ich bin auch lieber in Gottes freier Natur.

> Damit hat er allerdings einen Ausdruck aus einem völlig anderen Bedeutungsfeld gewählt. Er hat nicht nur die stilistischen Veränderungen vorgenommen, die der Medienwechsel fordert, sondern auch noch eine zusätzliche, die dem Zitat eine nicht beabsichtigte Färbung verleiht.
>
> Wir haben in vielen Seminaren an diesem Fall herumgedoktert und sind auf keine bessere Lösung gekommen, als den Ausdruck einfach so zu belassen, wie er verwendet wurde – im Bewusstsein, dass er zwar unüblich, aber nicht unverständlich, zwar »falsch«, aber durchaus noch akzeptabel verwendet ist – akzeptabel in dem Sinne, dass dem Bauern wohl kein Schaden daraus erwächst, wenn man ihn so zitiert.

Gerade wer ein Gespräch auf Tonband aufnimmt und es niederschreibt, merkt oft erst dann, dass es Ungereimtheiten enthält. Manchmal zeigt gerade dieser Umstand – dass man diese Ungereimtheiten beim ersten Zuhören gar nicht bemerkt hat –, dass der genaue Wortlaut vom eigentlich gemeinten abweicht. Die Fairness verlangt, dass in der schriftlichen Form die fehlende Logik wiederhergestellt wird.

Etwas anderes ist es auch hier, wenn die Ungereimtheiten für die betreffende Person oder Institution aussagekräftig sind und zum Gegenstand der Berichterstattung gemacht werden müssen. Das heißt aber, dass man mit entsprechender Einbettung dafür sorgt, dass der Leser ein zusätzliches Interpretationsmodell für die Form findet.

Formen der Abgrenzung: Direkte Rede, indirekte Rede, Redebericht

Um fremde Rede wiederzugeben, hat die deutsche Sprache drei Hauptformen zur Verfügung (im folgenden anhand eines Berichts über das Mini-Schwein als Haustier):

1. Direkte Rede:

   Die Tierpsychologin: »Wer geruchsempfindlich ist, sollte sich kein Mini-Schwein anschaffen.«

2. Indirekte Rede:

   Die Tierpsychologin rät, Geruchsempfindliche sollten sich kein Mini-Schwein anschaffen.

3. Zusammenfassender Redebericht:

   Die Tierpsychologin rät Geruchsempfindlichen davon ab, sich ein Mini-Schwein anzuschaffen. (Infinitivkonstruktion)

   Die Tierpsychologin rät Geruchsempfindlichen von der Anschaffung eines Mini-Schweins ab. (Nominalkonstruktion).

Es kommen zudem alle erdenklichen Kombinationen vor (die oft als hässlich gelten). Der folgende Textabschnitt zum Beispiel enthält eine muntere Kombination von direkter Rede, indirekter Rede und Redebericht:

> *CDU/CSU-Fraktionschef Friedrich Merz warf der Bundesregierung in der Haushaltsdebatte im Bundestag eine »unverschämte Abzockerei« mit den gestiegenen Benzinpreisen vor (Redebericht) und forderte Schröder auf: »Stoppen Sie den Unfug mit der Ökosteuer« (direkte Rede). Der Oppositionschef bot Schröder eine Wette an, dass dieser bis Jahresende die Ökosteuer kassiere und die dritte Erhöhungsstufe nicht komme (indirekte Rede): eine kleine Kiste Cohiba-Zigarren gegen eine Kiste pfälzischen Grauburgunder-Wein.*
> (BERLINER ZEITUNG, 14. 9. 2000)

Die verschiedenen Formen unterscheiden sich nicht nur in ihrer Attraktivität. Oft verändert z.B. die Wahl der direkten statt der indirekten Rede die Position der Journalistin bzw. des Journalisten. Wir werden deshalb im Folgenden diese Formen unter dem Aspekt der Abgrenzung behandeln.

2.3 Direkte Rede: Akteure im Originalton

Mit dem Begriff *direkte Rede* werden Zitierformen bezeichnet, bei denen die ursprünglichen Verbformen beibehalten worden sind. Sie stehen zwischen Anführungszeichen und sind vergleichbar mit O-Ton-Aufnahmen in den elektronischen Medien: Der Leser hört die Äußerung aus nächster Distanz. Direkte Rede ist Nahaufnahme. Sie hat die gleichen Vor- und Nachteile wie andere Formen, die den Leser nah heranführen. Sie erhöht oft die Attraktivität, kann aber auch zu unbeabsichtigten Interpretationen führen.

Direkte Rede ermöglicht scharfe Trennung

Mit den Mitteln der direkten Rede lassen sich klare Grenzen zwischen eigener und fremder Rede ziehen. Direkte Rede ist ein sicheres Abgrenzungsmittel für Zitate, die Meinungen wiedergeben oder expressive Wörter enthalten. Die Anführungszeichen zeigen deutlich, wo die fremde Rede anfängt und wo sie endet.

> *»Leider bringen wir den Stellenabbau nur zustande, indem wir Leute entlassen. Dieser Schritt ist uns nicht leicht gefallen.«*

Dies sagt der Direktor einer Firma zur Journalistin. Beim Zusammenfassen und Umsetzen kann es in der Eile leicht passieren, dass die schriftliche Form etwa so ausfällt.

> *Die Firma bringe den Stellenabbau leider nur zustande, indem sie Leute entlasse. Dem Direktor ist dieser Schritt nicht leicht gefallen.*

Damit wurde fremde Wertung zu eigener gemacht. Die direkte Rede dagegen macht klar, dass nur fremde Meinung wiedergegeben wird.

Im schriftlichen Medium sollte die direkte Rede eigentlich keine Trennungsprobleme schaffen. Gelegentlich werden aber die Anführungszeichen einfach weggelassen, um einen attraktiveren Einstieg zu erzielen:

> *Rund 60 Milliarden Mark Steuergeld haben Behörden und Politiker im letzten Jahr verschwendet! Das kritisiert der Bund der Steuerzahler (BdSt) in seinem 28. Schwarzbuch.* (BILD, 20. 9. 2000)

Hier wird der erste Satz zunächst als Behauptung hingestellt. Erst der zweite Satz kennzeichnet ihn als die Wiedergabe einer fremden Meinung. Weil es kein korrektes Zitat zu sein braucht, ist dies im Nachrichtenjournalismus eine häufige Praxis (gerade auch bei Radionachrichten). Allerdings muss damit gerechnet werden, dass sie längst an Attraktivitätswert eingebüßt hat. Der Leser weiß, wenn er einen solchen knalligen Einstiegssatz hört, dass er gleich einen Nachsatz geliefert bekommt, der ihn relativiert. Im Vergleich zu herkömmlichen Texten mit indirekter Rede *(Der Bund der Steuerzahler behauptet, Behörden und Politiker hätten rund 60 Milliarden Mark verschwendet....)* ist nicht viel gewonnen.

Interpretation durch redekommentierende Verben

Direkte Rede lässt sich ohne viele zusätzliche Worte einbauen. Der Name des Akteurs und ein Doppelpunkt reichen aus:

Der Bayern-Präsident war trotz gelungenem Auftakt seiner Mannschaft (3:1) fuchsteufelswild. Grund: Die Schiedsrichterleistung des Briten Graham Barber (42), der Samy Kuffour Rot gezeigt hatte (38.). Der Kaiser: »Man kann Elfmeter pfeifen. Aber dann die Rote Karte zu geben, mag zwar der Regel entsprechen, aber das ist die dümmste Regel. Die müssen schwachsinnige Theoretiker erfunden haben.« Was die Bayern vollends auf die Palme brachte: Schiri Barber zückte erst Rot, als ihn der Schwede Matovac darauf aufmerksam gemacht hatte. Trainer Hitzfeld: »Das war mehr als unfair und sehr eigenartig.« [...] Zum Positiven: Die abgeklärte Leistung des angeschlagenen Meisters (Beckenbauer: »Kompliment an die Mannschaft«) lässt auch für die Bundesliga wieder guten Fußball erwarten. Auch wenn Kapitän Oliver Kahn mit einer Oberschenkelprellung für das Derby gegen Unterhaching am Samstag Abend fraglich ist. (BILD, 15. 9. 2000)

Man beachte besonders das Zitat in Klammern – eine gute Errungenschaft des Boulevard, die in knappster Form den Kommentar eines Akteurs einbauen lässt.

Der Nachteil dieser Form: Die Art der Äußerung wird nicht beschrieben; die Interpretation der Redeweise fehlt. Um diese vorzunehmen, gibt es die redekommentierenden Ausdrücke.

Das sind in erster Linie die Verben. Die gängigsten von ihnen *(...sagt sie, ...meint er)* sind ausdrucksarm und können deshalb ohne viel Schaden weggelassen werden. (Dennoch: besser sich zwei oder dreimal mit dem Verb *sagen* behelfen, als um der stilistischen Variation willen nach gewundenen Ausdrücken zu suchen.)
Präzise Ausdrücke können den Text unterstützen:

»Der Ball war doch schon längst weg, wo ist denn da die Notbremse«, empörte sich Bayern- Manager Uli Hoeneß über den insgesamt sechsten Platzverweis Kuffours.
(SÜDDEUTSCHE ZEITUNG, 15. 9. 2000)

Das Verb *sich empören* bezeichnet den Sprechakt, der im folgenden Beispiel mit *poltern* noch etwas dramatisiert wird:

»Die Regel mit der Roten Karte ist von Theoretikern gemacht worden. Das sind Dinge, die man schleunigst bei der FIFA besprechen muss« polterte Beckenbauer. Hitzfeld fand gar, »dass der Schiedsrichter wohl Erfahrung sammeln sollte. Dafür ist die Champions League der falsche Platz.« (dpa, 14. 9. 2000)

Der zweite Satz in diesem Beispiel zeigt, dass auch ein kurzer Hauptsatz *(Hitzfeld fand gar...)* als Einleitung dienen kann. Hier wird damit das zweite Zitat ans erste gefügt und in den Ablauf der Argumentation eingebunden.

Problematisch sind dagegen redekommentierende Ausdrücke, mit denen komplexere Zusatzinformationen angebracht werden sollen, etwa im folgenden Beispiel:

> *»Das war spielentscheidend«, zollte Hitzfeld seinem Schlussmann ein Lob.* (SÜDDEUTSCHE ZEITUNG, 15. 9. 2000)

Hitzfeld zollte seinem Schlussmann ein Lob ist schon ein vollständiger Satz über ein Rede-Ereignis. Schon rein grammatikalisch fehlt hier keine Ergänzung mehr (im Gegensatz zu: *Hitzfeld sagte:...*). Deshalb wirkt der Anschluss holprig. Viel problemloser funktionieren solche Ausdrücke, wenn man sie dem Zitat voranstellt:

> *Hitzfeld zollte seinem Schlussmann ein Lob: »Das war spielentscheidend.«*

Dennoch: Es hätte auch das einfache Verb *loben* genügt.

Direkte Zitate lockern den Textfluss auf

Direkte Rede ist ein beliebtes Mittel, um den Text attraktiver zu gestalten. Direkte Rede kann, gerade wenn sie ohne Redeeinleitung eingesetzt wird, Tempo schaffen und dramatisieren.

> In Frühjahr 1993 begegnete der damalige russische Präsident Boris Jelzin dem zunehmenden Widerstand, den ihm das Parlament entgegenbrachte, indem er eine vorübergehende präsidiale Diktatur ausrief. Er tat dies in einer Fernsehansprache; seine Gegner traten ihrerseits mit Reden an die Öffentlichkeit. Eine Boulevardzeitung berichtete darüber mit wörtlichen Zitaten:
>
> *Präsident Jelzin hat das kommunistisch gefärbte Parlament entmachtet, die Herrschaft über das Riesenreich an sich gerissen, will aber mit einer Volksabstimmung im April für die Demokratie kämpfen. In einer dramatischen TV-Ansprache sagte er: »In Russland drohen Chaos und Krieg«. Das Parlament leitete die Amtsenthebung Jelzins ein, Abgeordnete forderten: »Stellt Jelzin als Putschist vor*

Gericht.« Parlamentspräsident Chasbulatow: »Jelzin treibt Russland in den Bürgerkrieg.« (BILD, 22. 3. 1993)

Die Zitate dramatisieren den Text: Kurze, einprägsame Aussprüche unterbrechen die zwei Sätze berichtenden Inhalts. Sie eignen sich gut, um die Geschichte auf den Konflikt zwischen Jelzin und seinen Gegnern zu konzentrieren.

In einer Wochenzeitung dagegen wurde vor allem mit Redebericht und Zusammenfassungen gearbeitet:

Jelzin kündigte in seiner Fernsehansprache am Samstag Abend eine Volksbefragung an. Bis zu deren Durchführung am 25. April beabsichtige er, per Dekret zu regieren. Er beschuldigte den alten Apparat, die Reformen zu behindern und versprach, die Privatisierung zu beschleunigen. Kaum hatte er gesprochen, hielten seine aufgescheuchten Gegner eine Pressekonferenz. (WELTWOCHE, 25. 3. 1993)

Dies ist eine Folge von Aussagen aus Jelzins Rede. Die Prägnanz der kurzen Zitate fehlt hier. Dafür fallen die redepräsentierenden Ausdrücke auf: *ankündigen, beschuldigen, versprechen.* Der Schwerpunkt liegt nicht auf attraktiver Zuspitzung, sondern auf interpretierender Darstellung. Damit zeigt schon die Form der Redewiedergabe, dass der Text eine andere, vertiefende Leistung erbringen will.

Wer einen Vortrag, eine Versammlung, eine Pressekonferenz besucht, tut gut daran, Äußerungen, die sich zum direkten Zitieren eignen könnten, wörtlich niederzuschreiben. Dies geht dann leichter, wenn für den Hauptstrang der Notizen eine zeitsparende Methode verwendet wird. Denn direkte Zitate sind oft die einzige Möglichkeit, Abwechslung in den Text zu bringen.

Reine Nacherzählung findet man oft auf der Wissenschaftsseite in Meldungen, die auf Grund von Fachartikeln entstanden sind. Da meldete zum Beispiel *Science* von einer spektakulären Entdeckung amerikanischer Wissenschaftler: Die Versteinerung einer 220 Millionen Jahre alten Echse *(Longisquama insignis)* lässt vermuten, dass das Tier Federn trug. Damit gerät eine gängige These ins Wanken, nach der die heutigen Vögel von den Sauriern abstammen.

Wer daraus einen eigenen Artikel herstellen muss, könnte ihn durchgehend in indirekter Rede fassen. Das wäre eine saubere Lösung und eher langweilig. Also lohnt es sich, einzelne Sätze heraus zu greifen, die sich als Zitate in direkter Rede eignen. Damit ergeben sich Inseln im Textfluss, die optisch und stilistisch für Abwechslung sorgen. Zudem unterstreicht dies einzelne Kernaussagen:

> *[...] Dass Longisquama insignis abheben konnte, sehen die Wissenschaftler darin belegt, dass der Vogel-Urahn scheinbar asymmetrische Federn trug. Dies sei auch bei heutigen flugfähigen Vögeln der Fall, betonen die Forscher. Wegen der unzureichenden Muskulatur habe Longisquama insignis jedoch vermutlich keine längeren Strecken fliegen können. [...] Selbst wenn man die auffälligen Federn überhaupt nicht beachten würde, gliche dieses Tier sehr einem Vogel. »Die Zähne, der Brustkorb, der Hals und der Schädel sind denen von heutigen Arten sehr ähnlich.« Die vogelähnlichsten Dinosaurier (darunter die gefährlichen Velociraptoren aus Spielbergs »Jurassic Park«) seien erst Jahrmillionen nach den ersten Vögeln aufgetaucht, sagt Rubin. »Wir stellen jetzt sehr infrage, ob es überhaupt Dinosaurier mit Federn gab. Was bisher gefiederte Dinosaurier genannt wurde, waren möglicherweise nur flugunfähige Vögel.«* (DIE WELT, 23. 6. 2000)

Dieses Beispiel enthält mehr als nur den Wechsel zwischen direkter und indirekter Rede. Ein nützliches Hilfsmittel ist auch die Zusammenfassung in eigener Rede mit Quellenangabe, zum Beispiel so:

> *Das Tier lebte nach Erkenntnissen des Forscherteams vor etwa 220 Millionen Jahren. Dies wäre ungefähr zeitgleich mit dem Corvallis vor etwa 220 Millionen Jahren.*

Der Anschluss-Satz *(Dies wäre...)* ist sogar in eigener Rede gehalten, weil er eine Information enthält, die auch in anderen Quellen nachgeschlagen werden kann.

So zeigt sich, dass ein Bericht über einen Text weit mehr stilistische Möglichkeiten eröffnet, als nur Sätze im Konjunktiv aufeinander folgen zu lassen.

2.4 Indirekte Rede: Zitate in verkürzter Form

Mit dem Begriff *indirekte Rede* sind Zitierformen gemeint, in denen das Gesagte grammatikalisch umgewandelt wird. Es steht gewöhnlich im Konjunktiv I und ist mit einem redekommentierenden Satz verknüpft:

Typischer Fall für indirekte Rede ist die Wiedergabe öffentlicher Texte, bei denen es auf die Formulierung nicht ankommt – etwa beim Bericht über das Urteil, das im Jahr 2000 drei von der EU bestellte »Weise« über die österreichische Regierung und die FPÖ fällten:

> *Die Regierung handle, so heißt es im mehr als 50-seitigen Bericht, im Einklang mit den europäischen Werten und verletze keine Menschenrechte.* (TAGES-ANZEIGER, 9. 9. 2000)
>
> *Handle* und *verletze* sind Verben im Konjunktiv. Sie sind dem redekommentierenden Ausdruck ... *so heißt es...* untergeordnet.

Die Form der indirekten Rede ist also der Konjunktiv I (Konjunktiv Präsens) – mit vielen Ausnahmen. Oft muss der Konjunktiv II (Konjunktiv Präteritum) bemüht werden. Dies vor allem dann, wenn der einfachere Konjunktiv I zu wenig deutlich wäre.

> *Die FPÖ habe in Wahlkämpfen eine fremdenfeindliche Stimmung erzeugt...*
>
> Dieser Satzanfang ist sofort als indirekte Rede erkennbar. Das würde sich aber ändern, wenn das Subjekt (FPÖ) durch eines in der Mehrzahl ersetzt würde:
>
> *Die Freiheitlichen haben in Wahlkämpfen eine fremdenfeindliche Stimmung erzeugt...*
>
> Rein grammatikalisch gesehen, ist *haben* ebenso Konjunktiv I wie *habe* im ersten Satz. Aber die Form fällt mit der Präsensform überein. Für solche Fälle hat es sich im Deutschen eingebürgert, die klarere Form des Konjunktiv II zu verwenden:
>
> *Die Freiheitlichen hätten in Wahlkämpfen eine fremdenfeindliche Stimmung erzeugt, [...] heißt es weiter.* (TAGES-ANZEIGER, 9. 9. 2000)

In vielen Fällen wird auf den Konjunktiv verzichtet und eine Verknüpfung mit *dass...* hergestellt. Damit wird nicht nur zitiert, sondern gleichzeitig mehr Einverständnis signalisiert:

> In einem Kommentar der österreichischen Tageszeitung Der Standard steht zum Beispiel:
>
> *Wie vorherzusehen, stellen die Weisen fest, dass die Wiener Rechtskoalition sich nicht außerhalb der EU-Werte gestellt hat.* (DER STANDARD, 11. 9. 2000)

Man beachte den Unterschied zwischen:

... dass die Wiener Rechtskoalition sich nicht außerhalb der EU-Werte gestellt habe...

und:

... dass die Wiener Rechtskoalition sich nicht außerhalb der EU-Werte gestellt hat.

Das eine Mal wird eine These mit einer gewissen Distanz wiedergegeben, das andere Mal wird sie gleichzeitig als wahr stehen gelassen.

Dass-Sätze werden oft genutzt, lesen sich aber meistens mühsam. Oft macht man es sich damit zu leicht. Sie zu vermeiden, bedeutete nämlich, differenzierter zu formulieren. Im obigen Beispiel etwa, die Wiedergabe der Feststellung und die eigene Zustimmung expliziter zu trennen.

Diese einführenden Beispiele zeigen, dass die indirekte Rede größere Probleme der Abgrenzung schafft als die direkte. Während beim direkten Zitieren die obligatorischen Anführungszeichen Klarheit schaffen, ist es bei der indirekten Rede oft nicht klar, wieweit die Position von Akteur und Kommunikator übereinstimmen. (In der gesprochenen Sprache der elektronischen Medien ist es allerdings anders!)

Deshalb widmet sich der nächste Abschnitt den Fragen der Trennung von eigener und fremder Rede.

Indirekte Rede trennt ungenau

In den meisten Kommunikationsformen verwendet man direkte Rede, wenn es gilt, eine Äußerung präzise wiederzugeben, indirekte Rede, wenn es genügt, den Sinn, nicht aber den Wortlaut korrekt darzustellen. Wer die Sache mit journalistischen Augen untersucht, wird dem zwar zustimmen, kommt aber darauf, dass auch bei der indirekten Rede wenig Freiheit in der sprachlichen Gestaltung besteht.

Ein fiktives Beispiel, die Stellungnahme eines Direktors bei einer Betriebsschließung:

»Ich biete einigen Mitarbeitern Teilzeitarbeit an. Andere können sich vorzeitig pensionieren lassen, damit etwas weniger Leute entlassen werden müssen.«

Im Zeitungsbericht ist die folgende Version sicher akzeptabel:

Er biete einigen Mitarbeitern Teilzeitarbeit an, andere könnten sich vorzeitig pensionieren lassen, damit etwas weniger Leute entlassen werden müssten.

Sollte er aber gesagt haben:

»Ich biete einigen Mitarbeitern Teilzeitarbeit an. Andere können sich vorzeitig pensionieren lassen, damit etwas weniger Leute gefeuert werden müssen.«

dann passiert bei der Umwandlung in indirekte Rede etwas Merkwürdiges:

Er biete einigen Mitarbeitern Teilzeitarbeit an, andere könnten sich vorzeitig pensionieren lassen, damit etwas weniger Leute gefeuert werden müssten.

Überraschenderweise sagt unser Sprachgefühl: Wenn wir in der indirekten Rede den expressiven Ausdruck feuern belassen, ändern wir etwas an unserer eigenen Sprache. Hier ist weniger die Rede des Zitierten tangiert als die Rede des Journalisten.

Indirekte Rede gibt nicht wörtlich wieder, was der Gesprächspartner gesagt hat, sondern sie beschreibt es. Das Wort feuern ist hier zuerst einmal eigene Rede.

Anders gesagt: Wenn wir den Wortschatz des Gesprächspartners mit seinen stilistischen Effekten bewahren wollen, reicht einfaches Umsetzen in indirekte Rede nicht aus.

Kernwörter in der indirekten Rede treten in Erscheinung als Wortschatz des Berichterstatters. Sie können aber gleichzeitig auch zum Wortschatz des Zitierten zählen. Indirekte Rede trennt nicht deutlich zwischen eigener und fremder Rede. Bei Kernwörtern sollte man davon ausgehen, dass sie immer auch zu einem Teil der eigenen Rede werden.

Aus diesen Gründen ist es in journalistischen Texten mit Mitteln der indirekten Rede allein nicht möglich, sich von der Sprachform der zitierten Person zu distanzieren. Wenn der Gesprächspartner einen wertenden (oder sonstwie stilistisch auffälligen) Ausdruck verwendet hat, muss man sich in journalistischen Texten bei indirekter Rede noch zusätzlich davon distanzieren.

Indirekte Rede ruft also vielfach nach klarer Abgrenzung: verdeutlichende redekommentierende Verben (*behaupten,, vermuten* usw.), Einschübe (*Diese »Bande«, wie der Polizist sich ausdrückt, sei ihm schon lange bekannt.*), Wechsel in die direkte Rede (*Emil: »Ich bin platt.«*).

Es ist deshalb auch durchaus in Ordnung, wenn einzelne Wörter mitten in der indirekten Rede in Anführungszeichen gesetzt werden, um Distanz zum Akteur anzuzeigen. Bei der Wiedergabe von Helmut Kohls Presse-Erklärung zur CDU-Spenden-Affäre verwendete DIE WELT zwar indirekte Rede, ließ aber den Kernbegriff *getrennte Kontenführung* stehen:

> *Eine getrennte Kontenführung sei ihm [Kohl] vertretbar erschienen, und er habe auch volles Vertrauen in die Wirtschaftsprüfer gehabt.* (DIE WELT, 1. 12. 1999)

Die TAZ dagegen verwendete zusammenfassenden Redebericht, setzte aber den Begriff in Anführungszeichen und erklärte damit einen so neutralen Ausdruck als fragwürdig:

> *Zu diesem Zweck hatte der ehemalige Parteichef die »getrennte Kontenführung« für »vertretbar« gehalten.* (TAGESZEITUNG, 1. 12. 1999)

Auch die oben zitierten Originalberichte über die »drei Weisen« waren mit Anführungszeichen durchsetzt. So stand etwa der erste der oben zitierten Sätze folgendermaßen in der Zeitung:

> *Die Regierung handle, so heißt es im mehr als 50-seitigen Bericht, »im Einklang mit den europäischen Werten« und verletze keine Menschenrechte.* (TAGES-ANZEIGER, 9. 9. 2000)

Es ist nachvollziehbar, dass sich die Zeitung von diesem Wortlaut distanziert, weil es dafür keine allgemeine Definition gibt. Die Anführungszeichen drücken aus: Die drei Weisen haben das zwar so gesagt, aber was sie damit meinen, muss man sie erst fragen.

> Die Distanzierung mit Anführungszeichen allein reicht oft nicht aus. Im folgenden Satz wird von einem Herrn berichtet, der einige Frauen zu sich einladen will:
>
> *[...] befiel ihn plötzlich der Wunsch, nicht nur diese, sondern auch noch drei oder vier weitere »Stück« schöne Wesen bei sich zu versammeln [...]*
>
> Es ist nicht klar, dass »Stück« die Ausdrucksweise des Akteurs ist; es könnte sich auch um eine originell gemeinte, mit Anführungszeichen verbrämte Formulierung des Autors handeln. In journalistischen Texten müsste dies aus dem Kontext zu erschließen sein. In literarischen Texten allerdings ist ganz Anderes möglich. In Gottfried Kellers Novelle *Der Landvogt von Greifensee,* aus der dieser Ausschnitt stammt, steht kein Anführungszeichen, und dennoch ist klar, dass die Denkweise des Helden und nicht des Erzählers charakterisiert ist.

Die Interpretation fällt leichter

Weil die indirekte Rede in der Regel redekommentierende Ausdrücke verlangt, ist auch eine Interpretation des Sprechakts meistens dabei. Man ist zu einer Wahl des Verbums gezwungen und muss damit deutlich machen, ob eine Sache behauptet, erklärt, kommentiert oder einfach gesagt wurde.

Indirekte Rede hat also den Vorteil, dass mehr Information über die Art, wie etwas ausgedrückt wurde, in den Text fließen kann. Das eröffnet eine Möglichkeit, die im Vergleich zur direkten Rede mangelnde Anschaulichkeit wettzumachen.

Ein elegantes, unauffälliges Stilmittel

Im Gespräch mit Journalistinnen und Journalisten ist immer wieder die Auffassung zu hören, indirekte Rede sei unattraktiv. Zitate in direkter Rede seien vorzuziehen. Das kann so generell nicht bestätigt werden. Zwar präsentiert direkte Rede die zitierte Person unmittelbar und verringert die Distanz zwischen ihr und dem Leser. (*Rod Stewart: »Meine Mutter ist verkalkt«*). Aber aus diesem Grund kann auch gerade deshalb indirekte Rede gewählt werden: überall da, wo wir dem Sprecher gar nicht so aufdringlich nah gegenüberstehen wollen oder wo nicht eine Person, sondern ein Amt oder ein anonymer Text zitiert wird.

Zusammenfassungen und indirekte Rede erlauben es, Platz zu sparen dennoch die Zusammenhänge erkennen zu lassen.

> In einer Untersuchung vergleicht Christian Pfirter die Rede, die ein Politiker gehalten hat, mit ihrer Wiedergabe in der Zeitung: Das Thema sind Initiativen, die sich gegen den Ausbau des Autobahnnetzes wandten. In der Rede hieß es:
>
> *Befürworten der Initiative bedeutet, vier Lücken im übergeordneten Netz in Kauf nehmen. [...] Diese Lücken und die Verkehrsverlagerungen würden die betroffene Bevölkerung belasten. Ersatzlösungen müssten gesucht werden, die Kantone müssten handeln, weil Kolonnenverkehr, Unfälle und Luftbelastung für die Bevölkerung zu negativ wären. [...] Für die Initianten stehen sicher der Schutz der Umwelt, der Landschaft und des Kulturlands im Vordergrund. Der Bundesrat misst dem schonenden Umgang mit diesen Werten große Bedeutung zu. Dasselbe gilt auch für die Fachstellen des Bundes und*

der Kantone. Dank dieser Sensibilität sind laufende Projektverbesserungen eine Selbstverständlichkeit.

In der Zeitung wurde diese Passage so wiedergegeben:

Die Lücken im Nationalstraßennetz müssten geschlossen werden, sonst seien die Kantone zu Ersatzlösungen gezwungen. Es sei eine Selbstverständlichkeit, dass bei der Projektierung mit Umwelt, Landschaft und Kulturland möglichst schonend umgegangen werde.

Damit wird illustriert, was Pfirter die »raffende« Funktion der indirekten Rede nennt. Der Zitatcharakter ist gewahrt, aber es konnte stark gekürzt werden, weil indirekte Rede keine Übernahme des Originalwortlauts verlangt (PFIRTER 1990)

In der Praxis wird die indirekte Rede da bevorzugt, wo Äußerungen zusammenfassend wiedergegeben werden sollen und dennoch der zitierende Charakter bewahrt werden soll. Die Berichterstattung über längere Presse-Erklärungen wäre nur mit direkter Rede nicht möglich.

2.5 Redebericht: Das verwandelte Zitat

Eine Weiterentwicklung der indirekten Rede ist der zusammenfassende Redebericht, – eine Form, mit der nur noch auf die Rede verwiesen wird. Ein echtes Zitat ist es nicht mehr:

Sieben Monate nach Verhängung der bilateralen Sanktionen der EU-14 gegen Österreich empfehlen die drei Weisen deren Aufhebung. (DER STANDARD, 9. 9. 2000)

In der Originalversion (bzw. in seiner deutschen Übersetzung aus dem Spanischen) hieß es viel umständlicher:

Wir sind aber der Auffassung, dass die von den XIV Mitgliedstaaten getroffenen Maßnahmen kontraproduktiv wirken würden, wenn sie fortbestünden, und dass sie daher beendet werden sollten.

Der zusammenfassende Redebericht ist die richtige Form, um aus einem solchen Satz eine erste Nachricht zu machen. Dass sie noch eine Verwandtschaft mit direkter und indirekter Rede hat, merkt man daran, dass Verben des Redens *(empfehlen)* verwendet werden. Dass sie stilistisch eher bei der Amtssprache angesiedelt ist, sieht man am Eingangsbeispiel gut, das gleich zwei Substantivierungen in einem Satz enthält *(Verhängung, Aufhebung)*. Redebericht ist aber auch in attraktiverer Sprache möglich. Dann hat er durchaus seine Vorteile.

Der Redebericht schafft Trennungsprobleme

Beim zusammenfassenden Redebericht kann es leicht passieren, dass die Sichtweise der zitierten Akteure übernommen wird. Öffentliche Redner reden nicht nur, sondern machen auch routinemäßig dieses Reden zum Thema (sie üben also Metakommunikation). Und dabei definieren sie oft sehr parteiisch, was sie gerade tun (*Wir sind hier zusammengekommen, um uns gemeinsam zu besinnen...*). Da besteht immer die Gefahr, dass JournalistInnen diese Vorgabe übernehmen, statt selbst die treffende Bezeichnung zu suchen.

Oft benutzen gerade Politiker und Diplomaten für ihre Sprachhandlungen abschwächende Ausdrücke. Sie müssen überprüft werden, bevor sie in den journalistischen Text Eingang finden. (*Die Alliierten warnten vor möglichen Bombereinsätzen* kann eigentlich bedeuten: *Die Alliierten drohten mit Bombereinsätzen.*) Oft sind auch Aussagen über Gefühle, enthalten, die nicht überprüft werden können. (*Der Präsident ist enttäuscht über die Niederlage seiner Partei* ist meistens keine gesicherte Information. Journalistisch korrekt wäre: *Der Präsident gibt sich enttäuscht...*).

> Viele derartige Ausdrücke werden bereits stereotyp verwendet – zum Beispiel das Verb *einräumen:*
>
> *Innenminister räumt Defizite in Statistik ein*
> (KÖLNISCHE RUNDSCHAU, 15. 9. 2000)
>
> Das ist die Überschrift zur Meldung, dass die Zahl der Todesopfer rechtsextremer Gewalt dreimal so hoch ist wie die Zahl, die die Bundesregierung bisher genannt hat.
>
> Wer etwas einräumt, kommt dem Gegner nur auf halbem Weg entgegen. Seine Aussage enthält bereits ein *Zwar – aber...* Kein Wunder, dass Politiker etwas lieber einräumen als es einzugestehen. Sie erklären ja auch lieber, als zu behaupten.
>
> Zur journalistischen Aufgabe gehört es, die Sprechhandlung selbst einzuschätzen, und dafür das treffende Wort zu finden.
>
> *Innenminister gesteht Statistikfehler ein,* ist klarer und hebt sich vom vernebelnden Politikerslang ab.

Ein Politiker hat gewöhnlich die Absicht, über eine eigene Handlung nicht nur zu informieren, sondern sie auch bereits positiv zu interpretieren. Er hat keinen Anspruch darauf, dass diese Interpretation übernommen wird.

Redebericht ist Interpretation

Der zusammenfassende Redebericht interpretiert das Redeereignis und seinen Inhalt immer deutlich. Die Journalistin oder der Journalist hat eine Rede gehört und daraus einen bestimmten Sachverhalt abgeleitet. Dieser wird jetzt genannt, nicht nur der reine Ausspruch.

Zum Vergleich drei Versionen des Berichts von einem Sachverhalt:

1. *Der Kandidat forderte einen Steuersatz von 15 Prozent.* (Redebericht)
2. *Der Kandidat: »Ich will einen Steuersatz von 15 Prozent.«* (direkte Rede)
3. *Der Kandidat sagte, er wolle einen Steuersatz von 15 Prozent.* (indirekte Rede)

Satz 1 ordnet das Ereignis einer Kategorie zu: man beschreibt in eigenen Worten, was gesagt wurde, und ordnet es auf diese Weise in einem eigenen Begriffssystem ein.

Satz 2 ist näher dran; das Redeereignis wird als Momentaufnahme wiedergegeben, nur minimal eingeordnet.

Satz 3 als indirekte Rede steht zwischen 1 und 2.

Die Lösung 1 ist die abstrakteste und am wenigsten attraktive Version. Aber sie bezeichnet als einzige die Art des Sprechaktes *(Forderung)* und enthält damit mehr journalistische Interpretation.

Auch die anderen Sätze könnten ähnlich informativ sein. Sie müssten dazu aber mit einem bewusst gewählten redeeinleitenden Verb ergänzt werden (zum Beispiel: *Der Kandidat forderte: »Ich will einen Steuersatz von 15 Prozent«*). Dennoch drückt nur die erste Version (1) deutlich aus, dass hier der Journalist beschreibt, was er verstanden und verarbeitet hat.

Redebericht abstrahiert und fasst zusammen

Zusammenfassender Redebericht ist keine besonders attraktive Form. Das Eingangsbeispiel hat bereits deutlich gemacht, dass er die Verwendung von Komprimierungen fördert. Manchmal ist aber die damit verbundene Abstraktionsleistung durchaus beabsichtigt. Im folgenden Beispiel etwa ist eine plastischere Form gar nicht sinnvoll:

> *Das Mitglied Kellermüller stellte einen Antrag auf Verschiebung der Sitzung.*

Hier braucht nichts mehr wörtlich aus der ursprünglichen Rede übernommen zu werden. Hingegen besteht zwischen Kommunikator und Rezipient die Übereinkunft, dass die Angaben inhaltlich korrekt sind. Denn der Adressat hört nur den Journalisten, nicht mehr den Sprecher, über den berichtet wird.

> Kellermüller hat an der Generalversammlung seines Vereins vielleicht gesagt:
>
> *Ich äh will, dass wir darüber abstimmen, dass man die Sitzung an einem anderen Tag macht.*
>
> – und die Versammlung hat das als Ordnungsantrag erkannt und die Abstimmung vorgenommen. Obschon K. das Wort *Antrag* nicht in den Mund genommen hat, gehört es in die Redeberichterstattung. Zusammenfassender Redebericht erfordert also eine korrekte Interpretation – eine Leistung, um die sich der Journalist drücken könnte, wenn er wörtlich zitierte.

Noch stärker als bei der direkten Rede erlaubt der Redebericht, mit knappen Zusammenfassungen den Text zu raffen und damit Pfeiler in den Textfluss zu stellen, an denen man sich orientieren kann, bevor es in konkreterer Sprache weitergeht.

2.6 Auch die Redesituation interessiert

Der Anlass für ein Zitat ist manchmal ebenso wesentlich wie sein Inhalt. Es kann aus dem Text einer Ansprache stammen, aus einer privaten Mitteilung, einer Presseorientierung usw. Die Information, wie es zustande gekommen ist, lässt oft seine Funktion erst einordnen. Entsprechende Informationen beanspruchen zu Recht oft mehr Platz als das Zitat selbst. Aus einem einfachen redekommentierenden Ausdruck wird eine wichtige Information über die Quellenlage.

Ein klassisches Beispiel sind die früheren Krankheitsmeldungen aus dem Kreml. Oft bedarf eine knappe Nachricht aus »gut unterrichteten Kreisen« einer Interpretationshilfe mit Hilfe weiterer Quellen – zum Beispiel so:

> *Rußlands Präsident Boris Jelzin wird nach Angaben seines Sprechers wegen seiner Erkrankung in dieser Woche seine Arbeit nicht wieder aufnehmen. Er werde wahrscheinlich in seinem Landhaus Gorki-9 bleiben, sagte der Sprecher Jelzins, Dmitri Jakuschkin, am Dienstag in Moskau. Gerüchte über einen bevorstehenden Rücktritt des Präsidenten wies er zurück. [...]*
>
> *Die erneute Erkrankung des 67jährigen löste in Moskau Spekulationen über den allgemeinen Gesundheitszustand des Präsidenten aus. Zeitungsberichten zufolge ist Jelzin ernsthafter erkrankt, als offiziell angegeben wird. Am Dienstag schrieb die Wirtschaftszeitung »Kommersant« unter Berufung auf Quellen aus der Umgebung Jelzins, dem Präsidenten sei während seines Besuchs in Usbekistan nicht immer klar gewesen, dass er sich nicht in Moskau befunden habe. Jelzin war am Montag von Usbekistan aus nach Kasachstan gereist. Der 67jährige gilt nach mindestens zwei Herzinfarkten und einer Herzoperation 1996 als gesundheitlich schwer angeschlagen.* (REUTERS / BERLINER ZEITUNG, 14. 10. 1998)

Oft ergibt auch bei klarer Nachrichtenlage die Art, wie ein Gesprächspartner gesprochen hat, mit welcher Stimme, mit welcher Gestik, eine wichtige Zusatzinformation.

> Am Berlin-Marathon fährt zuhinterst ein »Besenwagen«, der die zu langsam laufenden Teilnehmerinnen und Teilnehmer zum Aufgeben bewegen muss. Der Text über dieses Detail des Wettlaufs beginnt mit dem ersten Läufer, der aufgelesen wird:
>
> *Likar ist ausgeschieden. Wahrscheinlich als Erster des Berlin-Marathons 2000. Nach 800 Metern. Das ist ihm peinlich: »Ich werde den Kollegen nicht in die Augen sehen können.« Eine alte Verletzung sei eben doch nicht ausgeheilt gewesen. »Aber das ist immer noch besser als nach 30 Kilometern wegen Entkräftung aufzugeben«, sagt Likar trotzig.* (BERLINER ZEITUNG, 11. 9. 2000)
>
> Dass der Läufer dies »trotzig« sagt, zeichnet die Stimmung deutlicher, als wenn er es einfach nur sagen würde. Allerdings wird da-

durch der beobachtende Journalist sehr präsent. Diese Einschätzung wird ihm nur abgenommen, wenn der ganze Text eine subjektive Note trägt.

Im vorliegenden Fall werden auch andere Zitate so kommentiert, zum Beispiel der Ausspruch einer Frau aus Hannover, die sich eine Hüfte ausgerenkt hat und in den Wagen gehievt werden muss:

»Wenn hier ein Arzt wäre, der das wieder einrenkt und mir eine Spritze gibt, könnte ich auch weiterlaufen«, sagt sie und lächelt.

Und auch beim Verantwortlichen des Besenwagens kommt zum Ausdruck, wie wichtig es für die SportlerInnen ist, den Marathon ehrenvoll hinter sich zu bringen:

Der 57-jährige ist früher selbst Marathon gelaufen. »Insofern kann ich vieles nachfühlen«, sagt Krüger, fügt aber schnell hinzu: »Wobei ich nie so weit hinten gelaufen bin.«

Dieser kurze Hinweis auf den Sprechrhythmus genügt, um der Vorstellung von dieser Persönlichkeit und von der Stimmung an dem Laufwettbewerb Farbe zu geben.

Unter Umständen gebietet die Fairness, dass ein Ausspruch, den man zufällig mitgehört hat, nicht publik gemacht wird. Oft aber gebietet die journalistische Informationspflicht gerade, dass so ein Ausspruch weiter verbreitet wird (weil die Macht des betreffenden Sprechers ausschlaggebend ist und sein Recht auf unbedachte Äußerungen einschränkt). Um die Aussage aber interpretieren zu können, muss der Zusammenhang, in dem sie ursprünglich getätigt wurde, erwähnt werden.

Es gibt aber auch Selbstverständlichkeiten, die nicht erwähnt zu werden brauchen: Dass ein Firmensprecher etwas *auf Anfrage* oder *zu dieser Zeitung* gesagt hat, ist ein kurzer Hinweis auf eine journalistische Routinehandlung und daher überflüssig. Falls es aber für die Information entscheidend ist, dass ein Zitat aufgrund einer wirklich besonderen Aktivität der Redaktion zustande gekommen ist, ist eine ausführlichere Darstellung nötig, die den Vorgang auch für Außenstehende transparent macht.

Bei offiziellen Verlautbarungen ist oft die Interpretationsleistung durch die Journalistin oder den Journalisten wichtiger als der Wortlaut. Um dies zu demonstrieren, sei ein längerer Ausschnitt aus einem Korrespondentenbericht zitiert, in dem die überschwänglichen Äußerungen eines China-Besuchers kommentiert werden.

Der schweizerische Bundespräsident Adolf Ogi hatte am Ende seines Besuchs in Peking eine Pressekonferenz abgehalten, die sich in der Agenturversion so las:

> *»Die Beziehungen sind voll intakt, freundschaftlich und gut,« sagte Adolf Ogi nach dem rund einstündigen Gespräch mit dem chinesischen Staatschef. Beim Treffen der Schweizer Delegation mit dem chinesischen Präsidenten war die Atmosphäre entspannt. »Ich war beeindruckt, wie auf unsere Themen eingegangen wurde«, erklärte Ogi. [...] Zur Sprache kam ebenso die Menschenrechtssituation im Reich der Mitte. Ogi zeigte sich erstaunt, wie offen die chinesische Seite auf das Thema Menschenrechte einging.* (BIELER TAGBLATT /AP/SDA, 14. 9. 2000)

Dieses »Erstaunen« nahm ein Korrespondent zum Anlass, sich in seinem Bericht weniger den verbalen Aussagen als den Erfahrungen mit derartigen Begegnungen zu widmen. Der folgende Ausschnitt hat denn auch deutlich Kommentarcharakter. Er soll aber zitiert werden, weil er damit eine Routine der Hofberichterstattung durchbricht:

> *Da pilgern seit Jahren westliche Delegationen nach Peking und »bringen die Menschenrechte zur Sprache«, und seit Jahren eilen sie hinterher verzückt aus den Zimmern der Kommunisten und verkünden den westlichen Medienvertretern, die Chinesen hätten überhaupt keine Berührungsängste gehabt, hätten sich erstaunlich verständnisvoll gezeigt und strebten offensichtlich eine Besserung der Lage an, obgleich man natürlich berücksichtigen müsse, dass nichts von heute auf morgen geschehen werde. Und während sie das sagen, fahren die Kommunisten ungerührt fort, friedliche Systemkritiker einzusperren, zu foltern und zu töten; Personen, die in aller Offenheit ihr verfassungsmäßiges Recht auf Parteigründung wahrnehmen wollen, werden in den Kerker geworfen. Das ganze nennt sich dann »Dialog«, und es befriedigt die Ansprüche der verschiedensten Seiten: Die Politiker, die so mutig die unschönen Dinge »zur Sprache bringen«, können sich vor den Journalisten rechtfertigen; die Wirtschaftsvertreter, welche diese Themen – sie stören – in den Orkus wünschen, können auf die »Arbeit« der Politiker verweisen, und die Chinesen sind zufrieden, weil die Ausländer einmal mehr elegant ausgebremst wurden und sie zudem einen interessanten und unterhaltsamen Einblick in die unergründliche westliche Psyche erhalten haben.*
>
> *Spontan ist nichts in diesem Spiel. In Peking beherrscht man den Menschenrechtsdialog im Schlaf; man weiß, was die Westler hören*

> *wollen, und man sagt es ihnen recht gerne, vor allem dann, wenn der Interpellant klein und diplomatisch bedeutungslos ist wie die Schweiz. Die Rede ist jeweils von vagen »Fortschritten« und vom Bemühen um eine Verbesserung des Justizsystems. [...] Nutzen bringt dieser Menschenrechtsdialog niemandem, den Tausenden von Opfern am allerwenigsten; die deplorable und sich verschlechternde Menschenrechtslage in China beweist es. Solange aber die Bereitschaft fehlt, auch nur minimalste Konsequenzen anzudrohen – und natürlich die Nachteile, die daraus dem Drohenden entstehen, in Kauf zu nehmen – kann man auf dieses leere Ritual getrost verzichten.* (NEUE ZÜRCHER ZEITUNG, 14. 9. 2000)

Informationen über die Redesituation können einen Text attraktiver gestalten. Sie können Informationen enthalten, die die Aussagen der Zitate neu beleuchten. Und sie können – wie hier – in einem Fall, wo keine überraschenden Äußerungen zu erwarten sind, das eigentlich Interessante enthalten.

Berichte von Redeveranstaltungen beleben

Der Umgang mit Redeveranstaltungen ist im deutschsprachigen Raum wenig kreativ. Die Kunst, mit einer Rede ein Publikum zu informieren und zu ergötzen, wird in sehr engem Rahmen gepflegt und kaum weiter entwickelt. Viele Journalistinnen und Journalisten sind unsicher in der Einschätzung rhetorischer Ereignisse. Das drückt sich dann in der Berichterstattung dadurch aus, dass sie ungeeignete Interpretationsmodelle anwenden.

> Diese Art ist regelmäßig bei den US-Präsidentschaftswahlen gefragt. In der Wahlnacht 2000 sah es zwar aus, als ob Al Gore die Wahl verloren hatte. Die Ergebnisse im entscheidenden Bundesstaat Florida waren aber sehr knapp ausgefallen. Man war deshalb gespannt auf Gores Stellungnahme. Reporter mussten deshalb nicht nur die Ansprache ankündigen, sondern das Publikum auf die rhetorischen Feinheiten vorzubereiten. Dies geschah zum Beispiel in den folgenden Worten:
>
> *Wir sind alle gespannt, ob er bei seiner Ansprache sagen wird: »Es scheint, dass ich verloren habe«, »wir werden die Zahlen sehr sorgfältig prüfen« oder ob er ein absolutes Zugeständnis machen wird.* (CNN, 8, 11, 2000)

(Eine Möglichkeit war hier allerdings nicht vorhergesehen: dass die Lage so unklar war, dass Al Gore in dieser Nacht gar nicht selbst auftreten würde. Statt seiner sprach Wahlkampfmanager Daley, und wählte sehr deutliche Worte: *Der Wahlkampf geht weiter.*)

Weil Redeveranstaltungen für Journalistinnen und Journalisten Routineanlässe sind, lohnt es sich, nach möglichst vielfältigen Arten zu suchen, sie informativ und unterhaltsam zu behandeln.

Um Redeereignisse attraktiv darzustellen, ist es nützlich, sich nicht nur an die Instrumente der Redeberichterstattung zu erinnern, sondern auch an die einzelnen stilistischen Möglichkeiten wie Perspektive, Nahaufnahme und das Aufbrechen von Strukturen.

Zur Attraktivität trägt oft der Rahmen bei – von Äußerlichkeiten des Auftritts bis zur Sprechweise und Gestik der redenden Person.

Gerade wenn eine Veranstaltung kein nennenswertes Ergebnis gebracht hat, aber dennoch von ihr berichtet werden muss, können Nahaufnahmen den Text bereichern. So im folgenden Fall, einem Bericht von einem Betrugsprozess. Es ist der dritte Verhandlungstag, Donnerstag. Es ist noch nicht viel herausgekommen, die öffentliche Urteilsberatung ist auf Dienstag vertagt. Ein Zwischenbericht muss in die Zeitung; er wird inhaltlich nicht viel mehr als Ausschnitte aus den Plädoyers bringen.

Das erfordert Nahaufnahmen. Material dafür liefern die Plädoyers selbst – interessante Zitate, aber auch Besonderheiten des Vortrags oder überraschende Dialogsequenzen. In diesem Fall ist dem Journalisten noch ein weiteres Ereignis zu Hilfe gekommen, mit dem er zwar nicht rechnen konnte, dessen Einarbeitung aber eine besondere Eigenleistung darstellt: Ein anonymer Anrufer droht gegen Ende der Veranstaltung, das Gerichtsgebäude in die Luft zu sprengen.

Der Berichterstatter nimmt das zum Anlass für eine Nahaufnahme gleich am Anfang des Textes. Er schlägt damit einen Ton an, der sogleich Distanz zum eigentlichen Thema signalisiert:

»Aber meine Herren Richter«, sagte Staatsanwalt Gianpiero Antognazza, »ich habe schon manche Bombendrohung erlebt. Ich bin der sicheren Überzeugung, dass es sich hier um einen Spaßvogel handelt. Und da das Obergerichtsgebäude wie angekündigt erst in einer halben Stunde in die Luft fliegen soll, können Sie mir ruhig noch zehn Minuten Redezeit zubilligen.« Gerichtspräsident Jürg Neumann wollte sich jedoch nicht auf einen solchen Poker einlassen. Er nahm die am Donnerstag kurz vor 16 Uhr eingegangene Bombendrohung

ernst und ließ das Obergerichtsgebäude vorsorglich räumen. Damit war der dritte Tag im Betrugsprozess um die pleite gegangene Risikokapitalgesellschaft Trans K-B beendet...

Auf diesen Einstieg folgt erst einmal ein Pflichtabschnitt, in dem die Vorgeschichte bis zum Berichttag zusammengefasst wird. Es folgen Ausschnitte aus den Plädoyers. Der Text hört auf, indem sich der Journalist nochmals meldet – nach dem letzten Zitat des Verteidigers:

Kopp habe nie ein faires Verfahren erhalten, sagte Anwalt Jürg Meister. Acht Jahre habe das Verfahren Trans K-B gedauert. In dieser Zeit habe sich Kopp kaum je äußern können. So sei es verständlich, dass die Verteidigung ein außergewöhnlich langes Plädoyer gehalten habe. PS: Das Obergerichtsgebäude flog nicht in die Luft. (TAGES-ANZEIGER, 30. 8. 1991)

Der trockene Schluss-Satz unterstreicht nochmals, dass es nichts Wesentliches zu berichten gab.

Um den Bericht von einem Redeereignis zu beurteilen, ist es sinnvoll, mit einem möglichst breiten Beobachtungsspektrum vorzugehen. Von Fall zu Fall sind für die Berichterstattung einzelne Aspekte relevanter, andere weniger:

Struktur: Wird die Abfolge der Zitate klar?
Inhalt der Zitate: Sind sie korrekt verdichtet?
Redeziele: Werden die Absichten der Redenden erkenntlich?
Fairness: Sind die Positionen richtig herausgearbeitet?
Mündlichkeit: Sind Rhythmus, Satzbau, Wortschatz der Situation und den Sprechenden angepasst?
Spannung: Werden die Redeformen (direkte Rede, indirekte Rede, Redebericht) sinnvoll eingesetzt?
Einbau: Stimmen die redekommentierenden Ausdrücke?
Kontext: Kommen Atmosphäre und Emotionen zum Ausdruck?

Jeder dieser Aspekte kann beim Abfassen des Berichts in den Vordergrund treten. Man kann diese Aufzählung auch als Checkliste nutzen, um das Erlebte auf erzählenswerte Merkmale abzuklopfen.

2.7 Interviews im schriftlichen Medium: Journalistische Szenen

Viele lange Interviews fallen journalistisch unbefriedigend aus. Sie enthalten notgedrungen neben Meinungsäußerungen auch reine Faktenaussagen, die in die Fragen oder in die Antworten gepackt werden müssen. Das führt oft zu langen Sequenzen, und der Text ist weit entfernt von einem abwechslungsreichen Schlagabtausch.

Meistens sind im schriftlichen Medium Mischformen vorzuziehen: Kombinationen von Lauftext und dialogischen Sequenzen oder berichtende Texte, in die einzelne Zitate eingearbeitet sind. Michael Haller (HALLER 1991:2000) nennt solche Texte in Anlehnung an einen Radio-Begriff *Berichte mit O-Ton.* Sie sind oft besser lesbar als die Gesprächsprotokolle in Dialogform (in Hallers Terminologie *geformte Interviews*).

Interview oder Bericht?

Inhaltlich gilt für das Interview, was weiter oben für das einzelne Zitat gesagt wurde: Die Publikation als Interview drängt sich vor allem dann auf, wenn ein Interesse an der Meinung der interviewten Person besteht oder wenn diese nach Fakten gefragt wird, für die sie die einzige Quelle ist.

Wer ein Gespräch führt, das sich nur um Fakten dreht, wählt meistens mit Vorteil die Form »Bericht« und nicht die Form »Interview«: Dann ist der Gesprächspartner eine Quelle wie jede andere; bei unbestreitbaren Fakten interessiert es niemanden, ob sie von Vizedirektor Müller, von der Agentur AP oder von gewöhnlich gut unterrichteten Kreisen stammen. (Sollten einzelne Informationen Exklusivcharakter haben, kann man sie in jedem Texttyp in Zitatform hervorheben.)

Zudem kann der Journalist einem Bericht viel leichter einen roten Faden geben als einem Text in Dialogform. Der Fliesstext folgt dem Ablauf, den ihm die Journalistin gibt, und nicht der oft beliebigen Folge einzelner Frage-Antwort-Sequenzen.

Interviews sind in Mode. Es ist verständlich, dass Journalistinnen und Journalisten ihrem Publikum attraktive, oft dramatische Dialoge präsentieren wollen, wie sie regelmäßig etwa im SPIEGEL zu lesen sind. Voraussetzung dafür ist aber, dass sich der Gesprächspartner gewandt ausdrücken kann und dass der Interviewer spontan auf die Antworten eingeht, um eine spannende Gesprächsentwicklung zu schaffen. Diese beiden Anforderungen werden selten gleichzeitig erfüllt.

Dagegen entstehen in fast jedem Gespräch einzelne interessante Antworten, die sich in einen berichtenden Text einbauen lassen. Das Resultat ist attraktiver zu lesen – wenn auch mit dem Nachteil für den Autor, dass er in den Hintergrund tritt. Journalisten, die sich selbst als Akteure darstellen wollen, haben beim geformten Interview natürlich mehr Möglichkeiten, vor allem wenn sie sich nicht scheuen, ihre Voten im nachhinein zu dramatisieren.

Als Argument für die Form Interview werden oft Zahlen aus der Leserforschung angeführt: Bei Befragungen nach einzelnen Textgattungen behauptet eine große Zahl der Leserinnen und Leser, dass sie Interviews gerne lesen. Sie sagen dies wohl aus der Erinnerung heraus, dass sie in guten Interviews einem Menschen direkt begegnen, ihn in einer herausfordernden, persönlichen Situation kennen lernen. Oft ist allerdings an vielen Interviews nur die graphische Gestaltung attraktiv: An den kleinen Häppchen, in die sich der Text gliedert, bleibt der Blick leicht einmal hängen: Interviews lassen sich gut überfliegen. Ob wirklich der ganze Text gelesen wird, hängt von mehr ab als davon, ob er als Interview daherkommt oder als andere Textgattung.

Entscheidung für die Form

Wer sich dafür entschieden hat, ein Gespräch als Interview zu publizieren, steht immer noch vor der Entscheidung, ob es als reines Interview in Dialogform (*geformtes Interview*) oder als Mischform (*Bericht mit O-Ton*) gebracht werden sollte. Verarbeiten muss man beide. Vorausgesetzt, dass die erforderlichen Recherchen erbracht worden sind, wäre es ein Irrtum zu meinen, mit der Wahl einer der beiden Formen ließe sich Zeit sparen.

Ein geformtes Interview ist nur dann attraktiv, wenn auf der Dialogebene etwas geschieht: Rede und Gegenrede, Nachfragen, dramatische Entwicklung. Es bietet aber auch Nachteile, die sich im gedruckten Resultat niederschlagen können: Hintergrundinformationen müssen in die Fragen eingebaut werden (wenn sie nicht in Kästchen platziert werden können). Meist werden noch in der Endfassung einzelne Fakten vom Gesprächspartner statt vom Interviewer wiedergegeben. Nonverbale Signale lassen sich nur schlecht einarbeiten; die Atmosphäre muss sich ganz aus dem Dialog ergeben. Höchstens in einer längeren Einleitung oder in Kästchenform (meist unbefriedigend: in Klammerausdrücken) sind einzelne Schilderungen möglich.

Der Bericht mit O-Ton hat den Nachteil, dass er lebhafte Gesprächssequenzen verlangsamt. Sonst aber lässt er dem Journalisten mehr Freiheit: Er hat den Rhythmus des Textes besser im Griff, weil er einzelne Aussagen zusammenfassen und in eigenen Worten wiedergeben kann. Er kann besser Schwerpunkte setzen, den Aufbau unabhängiger wählen. Nonverbales, Atmosphärisches lässt sich leichter einbauen. Und – im Alltag der rhetorischen Belanglosigkeiten entscheidend: Nur die wirklich prägnanten Aussagen müssen in direkter Rede eingebaut werden.

Eine dritte Variante ist der *Bericht mit Dialogsequenzen:* Kurze Stücke eines geformten Interviews werden in einen traditionellen Bericht eingefügt. Diese neuere Form erfordert ein besonderes dramaturgisches Fingerspitzengefühl, erlaubt es aber, die Vorteile beider herkömmlichen Formen zu nutzen.

Inszenierung

Ein Interview (egal, ob geformt oder Bericht mit O-Ton) ist entweder seines Themas wegen lesenswert oder weil es für den Leser interessant ist, den Gesprächsverlauf zu verfolgen. Der Dialog wird als Dialog spannend,

- wenn interessante »Antworten« in eine zwingende Folge von »Fragen« eingebettet sind,
- wenn das Gespräch viele interessante Aussagen enthält und nicht nur einzelne Highlights (die sich besser in einen eigenen Text einbetten lassen),
- wenn das Gespräch eine Struktur hat und nicht nur eine Aufzählung von Antworten zu einer vorbereiteten Frageliste ist.

Zur Inszenierung gehört zuerst eine gute Gesprächsführung. Auf diese soll hier nicht eingegangen werden (vgl. hierfür die Literaturliste, z.B. HÄUSERMANN/KÄPPELI 1993). Betont werden soll aber die Inszenierung, die der Text beim Verschriftlichen bekommt.

Der Journalist mag das Gespräch geführt haben, um einzelne Antworten zu bekommen. Der ideale Leser verfolgt den Dialog jedoch nicht mit dem gleichen Suchverhalten. Er will einen zusammenhängenden Text lesen. Die Fragen sollen im Wechselspiel mit den Antworten ein neues Ganzes ergeben. Es handelt sich dann nicht mehr um »Fragen« und »Antworten«, sondern um Aussagen in einem Dialog, den der Leser verfolgt. Sie sind nicht durch reines Abhaken vorbereiteter Fragen entstanden, sondern durch sorgfältiges Zuhören und richtiges Reagieren.

Daraus ergeben sich die Hauptanforderungen an die Voten des Interviewers:

Sie sollen zusammen mit den Äußerungen des Interviewten einen lesbaren Text ergeben. Das heißt, dass sie glaubhaft die entsprechenden Antworten auslösen sollen. Sie brauchen deshalb auch nicht unbedingt in Frageform zu stehen. Oft fügt sich die Aussageform besser in den Text ein.

> Im folgenden Beispiel, einem Interview mit dem deutschen IOC-Mitglied Thomas Bach, zeigen schon die Fragen allein an, dass wirklich ein Gespräch entstanden ist, dessen Entwicklung man mit Interesse verfolgt. Bach ist seit 1996 Mitglied der Exekutive des Internationalen Olympischen Komitees.
>
> ***Die Frage, ob Sie IOC-Vizepräsident werden wollen, wollten Sie vor einem Jahr auch nicht gestellt bekommen. Da waren Sie sogar drauf und dran, die Brocken im IOC ganz hinzuwerfen. Und jetzt kandidieren Sie. Was ist passiert?***
>
> *Die Brocken hinwerfen, das würde ich nicht sagen. Über Rücktritt spreche und spekuliere ich nicht, das ist keine Art. Ich habe eine gewisse Verdrossenheit gespürt und mir die Frage gestellt: Muss ich mir das eigentlich alles antun?*
>
> ***Die ständigen Skandalgeschichten?***
>
> *Alles, was da Ende 98 und Anfang 99 hochkam. Als sich die Dinge, über die man schon vorher gesprochen hatte, dann im Fall von Salt Lake City mit Fakten und Beweisen erhärteten. Da ist bei mir viel an Vertrauen verlorengegangen.*
>
> ***Waren Sie nicht auch persönlich von Vertrauensverlust betroffen und getroffen?***
>
> Getroffen wurde ich relativ wenig. Bisher hat jedenfalls niemand meine persönliche Integrität in Frage gestellt.
>
> ***Nicht einmal kritische Journalisten?*** *[...]*
> (FRANKFURTER ALLGEMEINE ZEITUNG, 9. 9. 2000)

Die Aussagen des Interviewers wie des Interviewten sollen glaubhaft mündlich sein. In der Schlussfassung eines Interviews wird alles das bleiben, was an der gesprochenen Rede attraktiv ist: die portionierten Sätze, Wortwiederholungen, metakommunikative Äußerungen. Der Text wird wenn immer möglich auf körpersprachliche und sprecherische Signale hinweisen, wenn sie informativ sind. Solche Hinweise können Klammerausdrücke sein wie etwa: *(lacht), (zögernd), (zündet sich die fünfte Zigarette an).*

Dass ein Text auf diese Weise eine zusätzliche Dimension bekommen kann, zeigt ein geformtes Interview mit dem Künstler Jean Tinguely. In der Einleitung beschreibt der Interviewer die Situation:

[...] In seinem obligaten Overall saß er während des Gesprächs am Küchentisch, ein Mann mit Schnauz, buschigen Augenbrauen und verwegenem Halstuch; sprunghaft, chaotisch, überraschend wechselte er von einem Thema zum anderen. Gleichzeitig bastelte er an einem Brief an seine erste Frau, die Plastikerin Eva Aeppli, skizzierte, malte, schabte und klebte an dieser bunten Collage. [...]

Der Interviewtext enthielt dann einzelne Klammerausdrücke, die zeigten, wie während des Gesprächs die Arbeit voranging:

(klebt einen Weihnachtsengel auf seine Collage); (er zeigt seinen Brief an Eva Aeppli, der immer bunter wird); (falzt seine Collage zusammen)

Interviews, die zu Berichten umgestaltet sind, bieten auch da mehr Möglichkeiten, den Gesprächspartner anhand seines Verhaltens zu charakterisieren. Im zitierten Beispiel war problemlos auch die folgende Passage unterzubringen.

Mit seinen glatten schwarzen Haaren erinnert er irgendwie an einen Biber oder Seehund. Während des Gesprächs ist er immer auf dem Sprung; zweimal eilt er ins Nebenzimmer, um Fragen seiner Sekretärin zu beantworten, und einmal nimmt er in Anwesenheit des Reporters ein Telefongespräch an, bei dem es um wichtige Dinge zu gehen scheint.

Auch bei geformten Interviews macht es manchmal Sinn, von der herkömmlichen Darstellungsform abzuweichen, wie es das folgende Interview mit DJ Marusha demonstriert. Die Antworten zu ernsthaften Themen wurden mit Klammerausdrücken konterkariert, mit denen Gesprächsunterbrechungen angezeigt wurden, die sorgfältig mit protokolliert wurden:

Glaubst du also an höhere Instanzen?
Nein, ich glaube nur an Energien, die wir alle haben, die von der Erde ausgehen, die von den Menschen ausgehen, die vom Universum kommen. Du hast ein Schicksal, und du kannst es nicht wirklich verändern, aber du kannst es beeinflussen. Ich beschäftige mich viel mit

solchen Sachen. Was ich aufgebaut habe in den letzen Jahren, hat im wahrsten Sinne viel Energie gekostet. (Das Handy klingelt) Hallo? Mama, ich habe gerade ein Interview, ich kann jetzt gerade nicht. Geht es denn um etwas Wichtiges? Ja, nee, nee, der Papa hat mir gesagt, was er sich wünscht. Der Papa wollte irgendwie eine Bohrmaschine, dann kriegt er die auch. Okay, ciao...
(TAGESZEITUNG, 5. 1. 1996)

2.8 Techniken des Zuhörens und Mitschreibens

Die Wiedergabe gesprochener Sprache beginnt viel früher als bei der Wahl der Sprachform. Vieles entscheidet sich beim Zuhören. Das fällt oft schwer, weil man Inhalt und Form kritisch beurteilen und trotzdem gleichzeitig mitschreiben muss.

Hier soll deshalb auf Techniken des Zuhörens und des Mitschreibens eingegangen werden.

Auf die Struktur hören

Voraussetzung für jede journalistische Arbeit ist es, dass man die Aufgabe des Zuhörens wichtig nimmt. Ein Interesse für die redende Person und die Bereitschaft, sich auf sie zu konzentrieren, helfen Übermittlungsfehler verhindern.

Diese können auf den verschiedensten sprachlichen Ebenen entstehen:

- auf der phonetischen Ebene (zum Beispiel: *Gangstergeschichte* statt *Geistergeschichte*),
- auf der Detailebene (zum Beispiel wird die Hauptaussage verstanden, nicht aber das illustrative Beispiel),
- im Aufbau (zum Beispiel unzulässige Verkürzung),
- im Wirklichkeitsbezug (zum Beispiel ein allgemeines Beispiel wird als wahre Episode verstanden).

Beim journalistischen Zuhören ist es – gerade bei längeren Redeveranstaltungen – wichtig, so viel Distanz einzuhalten, dass schon während des Zuhörens eine Einordnung des Gehörten möglich ist. Wer sich in Techniken des Zuhörens und Zusammenfassens übt, kann den Ernstfall etwas gelassener angehen.

Eine Übung kann darin bestehen, dass man einen Vortrag oder eine Radiosendung anhört und nach den folgenden Fragen zusammenfasst:

1. *Hauptaussagen und Struktur erkennen:* Aus welchen Hauptaussagen ist der Text aufgebaut? Wie hängen sie zusammen? Welche Zusatzaussagen sind wichtig; welche Funktion haben sie?
2. *Alle Hauptaussagen wiedergeben.*
3. *Die Hauptaussagen originalgetreu verknüpfen.*
4. *Verständlichkeit überprüfen.* Sind die Aussagen noch verständlich, wenn sie aus dem Zusammenhang gelöst sind? Welches Vorwissen setzen Sie voraus? Ist die Art, wie sie zusammengehören, verständlich? Welche Zusatzinformationen sind nötig?
5. *Mit dem eigenen Urteil zurückhalten.* In diesem Stadium sollten implizite oder explizite Kommentare fehlen (außer für den Eigengebrauch).

Eine Methode des Mitschreibens: Mind-mapping

Mitschreiben habe ich in der Schule im Geschichtsunterricht gelernt. Eines Tages verkündete der Lehrer, dass er uns nichts mehr diktieren werde; wir sollten unsere eigenen Notizen machen. Nun gut, wir hörten zu und schrieben mit. Da wir nicht gewohnt waren, zu erkennen, was wichtig war und was nicht, schrieben wir möglichst viel auf. Es war eine Vorbereitung für die Universität. Dort saßen wir in den Vorlesungen und verstanden auch nicht, was wichtig war und was nicht. Und weil es wirklich Vor-Lesungen waren, mit großer Informationsdichte, schrieben wir atemlos und ohne richtig zuzuhören mit.

Wir nahmen A-4-Blätter, setzten links oben mit der Feder an und füllten sie mit ausformulierten Sätzen. Hin und wieder, wenn der Professor besonders schnell sprach, wurden Stichworte daraus. Gute Mitschreiber hatten fast wörtliche Wiedergaben der Vorlesung. Ganze Bücher, die unter dem Namen des betreffenden Professors publiziert wurden, sind auf diese Weise entstanden. Berühmt sind zum Beispiel die Mitschriften der Schüler des Linguisten Ferdinand de Saussure. Mehrere Jahre nach seinem Tod ist unter seinem Namen das Buch *Cours de linguistique générale* publiziert worden, das mit all den Abweichungen, die sich die Mitschreiber erlaubt haben, zu einem Standardwerk geworden ist.

Wer nicht gerade eine Ausnahmeerscheinung ist oder Konferenzstenograph, wird mit dem herkömmlichen Mitschreiben kaum befriedigende Texte erzielen. Zudem ist das, was man bei einem Vortrag, einer Vorlesung, einer Ansprache zu hören bekommt, selten optimal strukturiert. Viele Vorwegnahmen, Querverweise, Nachträge widersprechen dem linearen Ablauf. Wer versucht, mitzuschreiben, sieht sich oft gezwungen, irgendwo etwas hineinzuflicken. Häufig wird erst zu spät klar, dass eine Sache eine ganz andere Funktion hat als ursprünglich angenommen. Da stehen Titel am falschen Ort, Illustrationen gehören woanders hin usw.

Deshalb ist es zumindest den Versuch wert, einmal eine andere Form des Notizenmachens auszuprobieren: *Mind-mapping*.

Mind-mapping ist eine Form, mit der man sich vom linearen Mitschreiben löst. Man lässt sich vom Blatt nicht tyrannisieren, wie das gewöhnlich geschieht: Wenn man links oben mit Schreiben beginnt, hat man sich ja bereits in mehrere Richtungen die Möglichkeit verbaut, Zusätze anzubringen. Es gibt dann nur eine Möglichkeit, weiter zu schreiben: nach unten rechts. Und wenn plötzlich ein Nachtrag zu machen ist, ist kein Platz da. Beim Mind-mapping beginnt man deshalb in der Mitte der Seite. Man schreibt da den ersten Hauptbegriff hinein und hängt die nächsten Begriffe daran, wie es richtig erscheint, ähnlich wie beim *Clustering* (vgl. Kapitel 1).

Daraus wird auch klar, dass man auf ausformulierte Sätze verzichtet. Einzelne Wörter, verbunden durch graphische Elemente, reichen aus. Denn das Ziel ist es nicht, direkt beim Mitschreiben eine Zusammenfassung zu fabrizieren, sondern eine Hilfe, die einem später das Erinnern erleichtert. Sie ruft das ins Gedächtnis, was man gehört hat. Das Mind-map ist ein Bild, das während des Zuhörens entstanden ist. Indem man es erneut studiert, erinnert man sich an das Gehörte – unterstützt dadurch, dass das Bild die wichtigsten Ideen und ihre Beziehungen untereinander ausdrückt.

Mind-mapping funktioniert folgendermaßen:

1. Zuerst wird die zentrale Idee (oder das Thema) in der Mitte des Blattes notiert.
2. Ideen, die dazugehören, werden auf Linien geschrieben, die von diesem Zentrum ausgehen.
3. Wenn von einer dieser neuen Ideen wieder Ideen ausgehen, wird sie zu einem neuen Zentrum, von dem Linien ausgehen.

4. Die Struktur des Ganzen ergibt sich erst am Schluss. Einige Ideen werden spontan irgendwo notiert und erst später mit anderen verbunden.
5. Möglichst nur Schlüsselworte schreiben, keine Sätze.
6. Visuelle Mittel einsetzen: Pfeile, Symbole, Rahmen, Zeichnungen.
7. Das Ziel ist nicht eine saubere, sondern eine hilfreiche Darstellung.

Ein Mind-map dient in erster Linie als Erinnerungshilfe. Weil sie nur zum Teil verbal funktioniert, bringt sie nicht den ganzen Wortlaut in Erinnerung. JournalistInnen, die zum erstenmal damit experimentieren, vermissen deshalb beim Verschriftlichen wörtliche Zitate. Die einzige Lösung besteht darin, attraktive Sätze, die man eventuell zitieren wird, auf einem separaten Blatt zu notieren. Da erfahrene Mind-mapper mehr zuhören und weniger aufschreiben als traditionelle Mitschreiber, haben sie dazu auch eher Zeit.

Übungsmöglichkeiten

In der Übung, die sich für journalistische Schreibkurse eignet, geht es zunächst nur darum, eine kurze Tonbandaufnahme (zuerst von etwa 5, dann von 10 Minuten) anzuhören und dann das Gehörte mündlich wiederzugeben. Dabei ist es interessant, zu sehen, ob sich die Technik besser für Erzähl- oder für Sachtexte eignet. Auch das muss nicht von allen Nutzern gleich empfunden werden. Die Unterschiede, die man spürt, hängen wohl damit zusammen, dass die Struktur eines erzählerischen Textes von Anfang an plausibel ist, diejenige eines darstellenden Textes sich aber erst allmählich offenbart. Dennoch kann einem gerade ein Text mit theoretischem Inhalt, der keine Vorstrukturierungen enthält, zeigen, wie das Mind-map während des Zuhörens auch die Struktur des Textes erschließt.

Geeignete Passagen enthält fast jede Talk-Show, zu der nur ein einziger Gast geladen ist. Radio und Fernsehen liefern da also genug Übungsmaterial. Als Beispiel für ein abstrakteres Thema habe ich ein Statement von Peter Sloterdijk gewählt, der in einem Fernsehgespräch – von seinem Interviewer gebeten wurde, sein Buch *Kritik der zynischen Vernunft* in fünf Minuten zusammenzufassen. Ein Bild, das dabei entstand, folgt hier als Beispiel. Es enthält natürlich nicht die Essenz dessen, was Sloterdijk damals sagte. Aber es versetzt denjenigen, der es zeichnete, zurück in die damalige Zuhörsituation und ist für ihn eine Erinnerungshilfe.

Mind-mapping als Mitschreibetechnik ist nicht jedermanns Sache. Viele TeilnehmerInnen meiner Kurse haben zwar probeweise in Übungen den scheinbar sicheren Pfad verlassen, der sich am Wortlaut orientiert und sich auf das Glatteis des assoziativen Notierens gewagt. Sie haben sich dann aber wieder für die altbekannte Variante entschieden – nicht zuletzt deshalb, weil sie es nicht von Anfang an schafften, Mindmap *und* wörtliche Zitate zu produzieren.

Andere waren sofort begeistert. Sie konzentrierten sich darauf, ob es ihnen gelingen würde, anhand ihres Mind-map einen längeren Vortrag wiederzugeben. Als sie entdeckten, dass ihnen mehr Details als üblich in den Sinn kamen, waren sie mit diesem ersten Erfolg zufrieden.

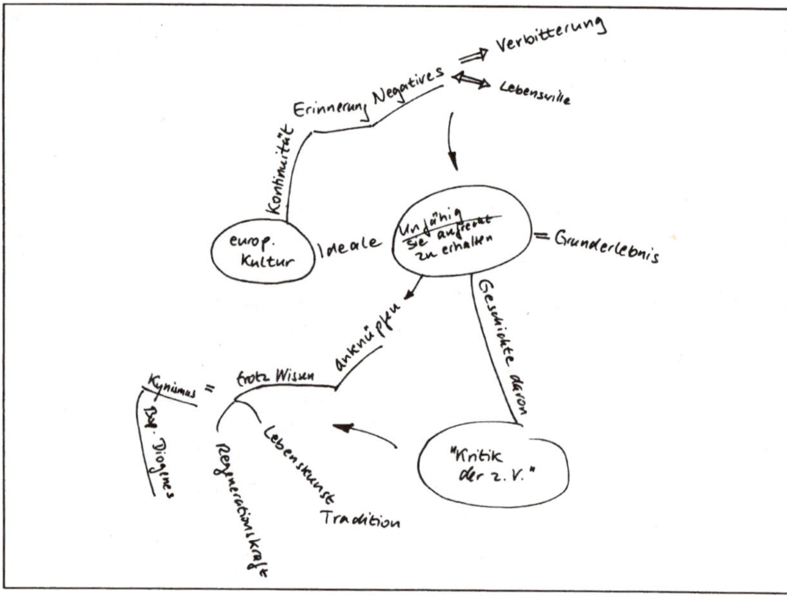

3. Fachinformationen: Sachgerechtes, verständliches Vermitteln

In den bisherigen Kapiteln wurden die wichtigsten sprachlichen Probleme im Journalismus auf die Formel »eigene Sprache – fremde Sprache« reduziert. Die wichtigsten Fragen waren: Wie lassen sich fremde Aussagen im eigenen Text klar abgrenzen? Wie lässt sich verhindern, dass in die eigenen Aussagen fremde Meinungen einfließen?

Nun gibt es aber natürlich auch Vermittlungsprobleme, die sich nicht aus den Meinungen ergeben, sondern aus dem Sachverhalt. Fast zu jedem Ereignis, zu jedem Informanten, zu jeder Informationsquelle gehört ein eigenes Fach. Damit sind bei den meisten journalistischen Themen Fachwissen und eine Fachsprache gefragt, über die die Leserinnen und Leser nicht verfügen.

Der journalistische Kommunikator ist ein Vermittler zwischen den Akteuren und den Rezipienten. Wichtig war in den bisherigen Kapiteln, dass der Journalist, die Journalistin ihre eigene Position hat. Denn diese ist notwendig, um zu verhindern, dass sie ungewollt Positionen der Akteure übernehmen.

Wenn es um Fachinhalte geht, bleibt natürlich die Vermittler-Funktion im Vordergrund und ebenso bleibt bestehen, was über die eigene Position gesagt wurde. Es muss aber auch betont werden, dass Journalist und Akteur unterschiedliche Aufgaben haben. So unterscheidet sich das Kommunikationsziel der Zeitung vom Kommunikationsziel des Wissenschaftlers, der eine Pressekonferenz abhält. Ganz klar, dass dabei auch die Position wichtig wird, also eine unterschiedliche Wertung der Information.

Diese Differenz zwischen Akteur und Journalist kann leicht zu Konflikten führen. Diese werden sehr oft dadurch ausgelöst, dass der Journalist in den Augen des Akteurs den Sachverhalt zu wenig präzise oder gar falsch wiedergegeben hat. Wer von beiden Recht hat, ist nicht immer klar; aber oft ist es wichtig, dass die Differenz für die Rezipienten transparent wird.

Die Situation muss verständlich werden

Fachwissen und Fachsprache sind kaum zu trennen. Der Journalist führt den Leser durch ein fremdes Sachgebiet wie ein Fremdenführer die Reisenden durch ein fremdes Land. Er braucht die Ortskenntnis, er braucht die Sprachkenntnisse, aber vieles liegt dazwischen – er muss wissen, in welchen Situationen die Sprache angewandt wird, wo man sich wie bewegt usw.

Wenn z.B. auf einer Reise jemand aus der Reisegruppe etwas essen möchte, wird er den Reiseleiter zwar fragen: »Wie sagt man hier für Mittagessen?« Aber das Wort wird ihm nicht ausreichen. Er muss auch lernen, wie man im Restaurant ein Mittagessen auf höfliche Weise bestellt, also etwa wie schnell, wie laut er sein darf.

Ganz ähnlich ist es mit der Vermittlung von Fachwissen. Es reicht nicht, den Ausdruck »gelbe Karte zeigen« als Zeichen für die Verwarnung im Fußball zu kennen, sondern man muss vor allem wissen, in welchen Situationen die gelbe Karte gezeigt wird und welche Konsequenzen dies für die Spieler hat.

Wir können uns deshalb nicht auf das Problem Fachsprache beschränken, sondern müssen weitere Aspekte des Fachwissens und seiner Vermittlung mit einbeziehen.

Auch Medienleute haben ihren Fachjargon

Die Kamera am Galgen ist immer dabei

So lautet die Überschrift über einen vierspaltigen Bericht (REUTLINGER GENERAL-ANZEIGER, 31. 8. 2000). Was da wohl gemeint ist? Auch die Unterzeile gibt keinen Aufschluss. Sie erklärt zwar, dass es im Text um einen Forstwissenschaftler geht, der in den Wäldern die Sturmschäden untersucht, aber sie sagt nicht, was eine »Kamera am Galgen« ist.

Für den Forstwissenschaftler gehört die Bezeichnung zum Alltag; er überlegt nicht lange, ob das Wort allgemein verständlich ist. Der Journalist kennt die Bezeichnung *Galgen* wahrscheinlich von Film- und Fernsehproduktionen, bei denen die langen Stative so heißen, an denen Mikrofone hängen. Und um eine Eigenkonstruktion dieser Art geht es im Text: Der Forstwissenschaftler, über den berichtet wird, benutzt sie für seine Fotokamera. Den meisten LeserInnen wird der Begriff zunächst nichts sagen. (Und die verbreitete Annahme, dass ein Artikel gerade deshalb gelesen werde, weil ein unverständliches Wort im Titel steht, ist nachweislich falsch.)

Es gilt also immer, die Schwierigkeiten der Fachsprache zu berücksichtigen. Diese können von zwei Parteien ausgehen: von der Quelle (also hier dem Forstwissenschaftler) und vom Vermittler (dem Verfasser des Berichts). Beide müssen, was die Fachsprache angeht, besonders mit blinden Flecken rechnen – mit Ausdrücken, die ihnen selbst so geläufig sind, dass sie ihnen nicht mehr als problematisch auffallen.

Es gibt keine neutralen ExpertInnen

Oft hilft man sich beim Vermitteln von Fachwissen damit, dass man einen zusätzlichen Vermittler einschaltet. Wenn der Journalist seiner Fachkenntnis nicht mehr traut, befragt er oft einen Experten, möglichst einen, der Erfahrung hat mit Erklärungen für ein breites Publikum.

Das kann allerdings wieder das Problem der ungewollten Übernahme fremder Interessen verschärfen. Auch Expertinnen und Experten setzen ihre eigenen Schwerpunkte durch die Art, wie sie Einzelheiten auswählen. Sie interpretieren die Sache durch ihre Perspektive. Sie kommentieren, indem sie wertende Ausdrücke verwenden.

Die Verantwortung bleibt bei den JournalistInnen

Bei der Berichterstattung über fremde Sachbereiche ist die Hauptaufgabe des Journalisten oder der Journalistin das Vermitteln. Aber es liegt ein Irrtum darin, wenn man die Aufgabe auf ein reines Vermitteln reduziert, als ob es die vornehmste Aufgabe der JournalistInnen wäre, sich ganz hinter das Thema zurückzuziehen. Es wäre einfach, wenn es so wäre. Dann könnten sie sich einfach um maximale Verständlichkeit bemühen – wie etwa AutorInnen von Lexika oder Sachbüchern.

Im alltäglichen Journalismus aber ist die Vermittlung von Sachwissen immer einer Aufgabe untergeordnet, nämlich ein journalistisch relevantes Produkt herzustellen.

Damit ist der Konflikt mit den Fachleuten schon eingebaut. Denn die Fachleute können praktisch nie zufrieden sein mit der Art, wie ihre Informationen in den Medien dargestellt werden. Es ist fast immer zu wenig präzise. Aber das hängt zum großen Teil damit zusammen, dass Journalismus anderen Interessen dient als das Fach, über das gerade berichtet wird.

Es ist bei den meisten Geschichten nicht so, dass die Leserinnen und Leser etwas über ein Fachgebiet erfahren möchten. Sondern sie möchten das für sie Relevante verstehen können. Das unterscheidet Tagesjournalismus von Fachjournalismus und das macht die Sache doppelt schwer.

Der Leser lernt zwar im Artikel über den Forstwissenschaftler und seinen Kameragalgen einiges über diesen Beruf und über Forstpflege allgemein. Aber eigentlich interessiert es ihn zu erfahren, wie es nach dem großen Orkan, der ein halbes Jahr zuvor gewütet hat, um die süddeutschen Wälder steht. Er will wissen, wie weit die Aufräumarbeiten fortgeschritten sind, wie sich die Waldlandschaft verändert hat, ob genügend Abnehmer für die riesigen Holzmengen gefunden werden und so weiter. In diese alltäglichen Fragen mischen sich auch einige aus dem Interesse für die Forstwissenschaft. Aber das Interesse an der Welt, in der er lebt, ist diesen Dingen immer überlagert.

Deshalb muss der Journalist auch seine fachlichen Erklärungen und Übersetzungen immer entsprechend einordnen. Weil er kein Sachbuch schreibt, sondern einen Text im Zusammenhang mit einem Ereignis von aktueller Bedeutung, muss er im Zweifelsfall auf Genauigkeit im Detail verzichten – zugunsten von Nachvollziehbarkeit der größeren Zusammenhänge.

Distanz von der Quelle sichert die Verständlichkeit

Das Problem auch beim Vermitteln von Fachinformationen ist oft die große Nähe zur Quelle. Der Journalist, der eine gemeinsame Sprache mit den Quellen und Akteuren wie auch mit dem Publikum finden muss, distanziert sich oft zu wenig von der Quelle, bleibt zu eng an der Fachsprache.

Das ist natürlich ein Problem, das auch viele andere vermittelnde Berufe kennen. Wer etwa ein Sachbuch über Biologie schreibt, ist in der gleichen Lage; er muss die Biologinnen verstehen und er muss deren Informationen für das Laienpublikum umsetzen können. Der Journalist aber erlebt mehr als andere einen starken Rückkoppelungseffekt. Die Informanten und Akteure, von denen er seine Informationen bezieht, sind Teil des Publikums, an das er sich wendet. Sie gehören mit zur Öffentlichkeit, für die z.B. eine Tageszeitung geschrieben wird und die deren Texte kritisch beurteilt. Es muss bei jedem Text damit gerechnet werden, dass Betroffene sich zur Wehr setzen, um gegen Darstellungen vorzugehen, die ihrer Meinung nach nicht korrekt sind. Dies bringt in allen Bereichen der journalistischen Arbeit die Gefahr mit sich, dass man beim Schreiben den Informanten stärker im Auge hat als den Adressaten.

Sprachlich kann dies zur Folge haben, dass man einen Text schreibt, der den Normen der Akteure genügt, nicht aber den Verständlichkeitsbedürfnissen des Publikums. Das ist ein Hauptgrund, wenn zum Beispiel in einer Tageszeitung Artikel über medizinische Themen für die Allgemeinheit unverständlich werden: Der Autor bemüht sich, so präzise zu schreiben, wie es die Mediziner erwarten, mit denen er geredet hat.

3.1 Feste Handlungsabläufe müssen erklärt werden

Ein dpa-Reporter begleitet den Fischer Karl Kuhn auf dem Rhein, auf der Höhe von Mannheim und Ludwigshafen, wo lange Zeit kein Fisch mehr zu fangen war. Doch:

> *Diese trüben Zeiten sind inzwischen vorbei. Kuhn macht schon seit Jahren wieder fette Beute. So auch am Dienstag. Im Auftrag des Chemiekonzerns war er zum 25. »Elektrofischen« angetreten.*

Ein Spezialwort taucht auf: *Elektrofischen.* Es ist sofort als Fachausdruck erkennbar. Wenn der Text in einer Tageszeitung erscheinen soll, muss es erklärt werden. Und das tut dieser Text auch:

> *Bei dieser Methode werden die Tiere im Wasser vom Boot aus mit Strom betäubt und eingesammelt.* (DPA / REUTLINGER GENERAL-ANZEIGER, 6. 9. 2000)

Verständlichkeitsprobleme, die unbekannte Wörter schaffen, werden leicht erkannt. Es gibt daneben aber andere, die nichts mit dem Wortschatz zu tun haben. Dazu ein Beispiel aus einer vermischten Meldung. Es enthält sogar nicht einmal fachspezifische Inhalte und ist dennoch schwierig:

> *Der zu lebenslanger Haft verurteilte »Mörder von Remagen«, Dieter Zurwehme, bereitet seine Hochzeit vor. Er ist dabei, sich um die Zusammenstellung der notwendigen Papiere zu kümmern. Der 58-jährige Gewaltverbrecher sitzt derzeit in einem Wuppertaler Gefängnis. Einen Antrag auf Verlegung in ein Berliner Gefängnis stellte Zurwehme bislang nicht. Entsprechende Spekulationen wies auch die Berliner Justiz zurück. Zurwehme lernte seine künftige Ehefrau im Gefängnis über einen Briefkontakt kennen.*
> (SÜDWESTPRESSE, 29. 9. 2000)

Fast die Hälfte dieser Meldung dreht sich darum, ob der Gefangene nach Berlin verlegt werden soll oder nicht. Obwohl wir alle Wörter verstehen, können wir mit diesen Informationen nichts anfangen. Es fehlt ein Zwischenglied in der Gedankenkette. Dank der BILD-Zeitung vom selben Tag lässt es sich eruieren: Zurwehmes Verlobte Heike M. (34) ist Kellnerin in einem Bundeswehr-Casino in Berlin. Diese einfache Tatsache reicht für eine Erklärung aus. Den Rest (Heike muss zur Zeit von Berlin nach Wuppertal und zurück fahren, um ihren Verlobten zu sehen; wenn er in Berlin wäre, könnten sie länger zusammen sein usw.) reimen wir uns mit Hilfe unseres Alltagswissens zusammen.

Jeder Text enthält Lücken, die wir beim Lesen mit früherem Wissen automatisch füllen. Manchmal sind da aber auch Lücken, bei denen das nicht geht. Schreiben und Redigieren bedeutet, diese Lücken rechtzeitig zu erkennen.

Scripts erkennen

Zentral sind bei alltäglichen und bei fachspezifischen Themen die festen Handlungsabläufe. Ich nenne sie hier mit einem Begriff aus der kognitiven Psychologie Scripts. Unser tägliches Leben ist voll von Scripts, mit denen wir meist problemlos umgehen und derer wir kaum je gewahr werden.

Dazu wieder ein Beispiel aus dem Alltag. Der folgende Monolog ist der Anfang einer Kurzgeschichte von Friedrich Glauser aus dem Jahr 1932 (Titel: *Zimmer zu vermieten*). Der Leser weiß also noch nichts, außer dass hier offensichtlich ein Mensch auf einen anderen einredet und sich dazwischen auch an jemand anders wendet:

> *"Ich weiß ja nicht, wo Sie arbeiten und was Sie für Ansichten haben, junger Mann... – Ja, ein kleines Helles, Jungfer... – Aber gerade heute ist es mir so recht einsam zu Mute. Witze haben wir uns genug erzählt, all die letzten Abende, und der Dritte, der sonst mit uns einen Zuger gemacht hat, ist heute auch nicht da. Soll ich Ihnen einmal eine ernste Geschichte erzählen? [...]"*

Dank unserem Erfahrungswissen haben wir schon nach den ersten Sätzen ein detailliertes Bild von der Umgebung, in der sich der Sprecher befindet. Jeder, der nur den Ausruf *ein kleines Helles* versteht (nämlich als Bezeichnung für ein Glas Bier), weiß auch sofort, dass wir uns in einem Restaurant befinden. Wir erkennen den Ausruf *Ja, ein kleines Helles* als eine Bestellung. Und wir können uns vorstellen, dass eine *Serviertochter* (wie man damals sagte) zum Tisch des Sprechenden gekommen ist und, vielleicht ohne etwas zu sagen, die Bestellung aufgenommen hat.

Wir haben eine grobe, generalisierte Vorstellung von den Menschen und Dingen, die im allgemeinen zu einem Restaurant gehören, und davon, in welcher Beziehung sie zueinander stehen. Und wir haben ein Wissen von den immer gleichen Handlungen und Handlungsabläufen, eben den Scripts, die im Restaurant üblich sind.

Je vertrauter einem eine Situation oder ein Sachbereich ist, desto weniger Details müssen genannt sein. Wenige Worte genügen (wie: *ein kleines Helles!*), um das ganze Script abzurufen und den Zusammenhang zu verstehen.

Wenn einem die Sache aber weniger vertraut ist, dann ist es nötig, dass viel mehr Teile des Scripts genannt werden. Bei Fachthemen ist es nun oft so, dass Akteure und Journalisten die festen Handlungsabläufe, die zu einer Sache gehören, gut kennen. Für sie reichen ein paar wenige Hinweise, um den ganzen Zusammenhang zu verstehen. Ihre Leserinnen und Leser dagegen können nicht auf das Scriptwissen zurückgreifen. Für sie bleibt eine Verständnislücke.

Im Beispiel auf Seite 137 wurde erklärt, was mit Elektrofischen gemeint ist. Es wurde eine verständliche Worterklärung gegeben – und dennoch reicht sie noch nicht aus, um den Zusammenhang zu verstehen. Der Zusammenhang, in den diese Tätigkeit gehört, ist noch nicht klar. Ganz offensichtlich gehört dieses Betäuben und Einsammeln von Fischen zu einer Abfolge von Tätigkeiten mit eigenen Hintergründen und Absichten, die wir auch kennen müssen, um zu verstehen, was der Fischer Kuhn hier eigentlich tut. Deshalb heißt es im Text dann auch weiter:

> *Seit 1975 geht Kuhn für die BASF in unregelmäßigen Abständen auf Fischfang. Aus der Menge und Qualität seiner Beute schließen die BASF-Biologen auf die Wasserqualität – und auf die Wirksamkeit ihrer Umweltschutzmaßnahmen.*

In welche Routinehandlungen sich das Elektrofischen einfügt und was das Chemieunternehmen damit bezweckt, gehört deshalb ebenso in die Erklärung wie die Übersetzung des Fachwortes. Dann ist die Bedeutung der einzelnen Handlung verständlich, weil sie in einen sinnvollen Ablauf eingebettet ist (und jetzt ist auch der PR-Effekt für BASF gesichert).

Scriptkenntnis überprüfen

Das Beispiel vom Rheinfischer hat gezeigt, dass die Kenntnis eines Fachscripts mindestens so wichtig ist wie die Kenntnis eines Fachausdrucks, wenn man einen Sachverhalt verstehen will.

Manchmal kann die Kenntnis zwar vorausgesetzt werden, aber es gibt verschiedene, untereinander konkurrierende Scripts. Im Zusammenhang mit Demonstrationen und Hausbesetzungen gibt es die sprichwörtliche Formulierung: *Die Aktion wurde von der Polizei beendet.* Das kann aber Unterschiedliches bedeuten:

> *In Mainz besetzten zehn Männer und drei Frauen Büroräume des türkischen Arbeitsattachés. Nach zehn Stunden wurde die Aktion von der Polizei beendet und die Besetzer verhaftet.* (DIE WELT, 8. 1. 1996)

Von solchen Vorgängen haben verschiedene LeserInnen unterschiedliche Vorstellungen und Erfahrungen. Vielleicht wurden die BesetzerInnen friedlich hinauskomplimentiert, vielleicht wehrten sie sich und es kam zu einer gewalttätigen Räumungsaktion. Wer in einem solchen Fall verhindern will, dass jeder die Scriptlücke nach Belieben füllt, muss mehr Einzelheiten nennen.

3.2 Fach- und Sondersprache: Belassen, umschreiben oder weglassen?

Beim Fach- und Sondersprachlichem achten wir zwar vor allem auf Wortschatzprobleme, und das ist sicher ganz wichtig. Aber zuerst muss hier erwähnt werden, dass sich Fachsprache nicht nur auf Fachwortschatz reduziert.

Die Fachsprache vieler Berufe ist heutzutage z.B. eine Kombination von Deutsch und Englisch, bei der man wissen muss, wann ganze Sätze in Englisch gesprochen werden. Zu der betreffenden Fachsprache gehört also nicht einfach ein englisches Vokabular, sondern das Switching vom Deutschen ins Englische und zurück.

Zur Sondersprache der Soldaten gehört ein großes Repertoire nonverbaler Ausdrucksformen. Ein Gruß besteht nicht nur in einem sprachlichen Ausdruck, sondern wird begleitet durch eine Geste. Oft ist sogar die Geste zwingend und die Worte, die man dazu äußern kann, sind fakultativ. Wer also über einen Soldaten berichtet, er habe die Hand gehoben, thematisiert bereits seine Fachsprache (bzw. Fachkommunikation) thematisiert.

Die Schwierigkeiten in der journalistischen Vermittlung von Fach- und Sondersprache bewegen sich oft im Bereich des Wortschatzes, oft aber auf ganz anderen sprachlichen Ebenen.

So lassen sich Wortschatzprobleme beheben

Die Bochumer Ausgabe der Westdeutschen Allgemeinen Zeitung bringt eine Serie mit lokalhistorischen Artikeln *(Zechengeschichte im Südwesten).* Die Texte enthalten für Fremde viel Unverständliches. Das einheimische Publikum dagegen scheint keine Probleme damit zu haben, dass es darin von bergwerkstechnischen Ausdrücken wimmelt:

> *Vor dem Abteufen der Kohlenflöze der Zeche Prinz Regent in Weitmar gab es bereits einen Abbau auf mehreren Stollenzechen, der zur Verleihung des dann genutzten Feldes "Prinz Regent" führte. Aus den drei Einzelfeldern "Backwinkler Erbstollen", "Alte Mann" und "Bonifacius" begann dann der Tiefbau der Zeche Prinz Regent im Jahr 1870. [...] Bereits vor der Verleihung hatte Johannes Barth begonnen, in Neulings Siepen Flöze zu schürfen. Und er hatte Erfolg: Ein drei Fuß (0,94 m) dickes Flöz konnte er aufschließen, und "nahm es mit einer streichenden Strecke in Abbau".* (WESTDEUTSCHE ALLGEMEINE ZEITUNG, 27. 12. 1988)

Ein Leser im fernen Alpenland, der Kohle zwar in seiner Jugend noch als Brennmaterial kennen gelernt hat, von deren Förderung aber nur rudimentäre Vorstellungen hat, versteht diesen Text höchstens der Spur nach. Damit er für ihn und ein allgemeines Publikum verständlich würde, müsste vieles umgeschrieben werden.

Auf den ersten Blick ist es ein Problem des Wortschatzes:

Abteufen
Kohlenflöz
Zeche
Stollenzeche
Verleihung
Feld
Einzelfeld
Tiefbau

schürfen
aufschließen
mit einer streichenden Strecke in Abbau nehmen

Vieles erscheint seltsam vertraut. Fachwörter haben oft die gleiche äußere Gestalt wie Wörter aus dem allgemeinen Wortschatz – im obigen Beispiel z.B. *Feld* oder *Tiefbau.* Sie fallen deshalb weniger auf als etwa Fremdwörter. Dennoch bedürfen sie ebenso einer "Übersetzung".

Andere Wörter oder Ausdrücke scheinen sich aus ihren Bestandteilen oder aus dem Kontext, in dem sie vorkommen, selbst zu erklären *(in Abbau nehmen, verleihen).* Aber auch wenn man davon ausgehen kann, dass die Leserinnen und Leser zu analytischer Denkarbeit bereit sind und versuchen, die entsprechenden Bedeutungen zu erschließen, werden sie immer auf weniger präzise Ergebnisse kommen, als es der korrekten Definition entspräche.

Wer diesen Text für ein allgemeines Publikum bearbeiten muss, wird die Fachausdrücke auf verschiedene Arten behandeln. Es bieten sich an:

- Belassen des fremden Ausdrucks
- Belassen und Erklären des fremden Ausdrucks
- Ersetzen des fremden Ausdrucks durch einen allgemein verständlichen Ausdruck oder eine längere Umschreibung
- Weglassen oder Umschreiben der Aussage, in der der Ausdruck vorkommt.

Belassen des Ausdrucks

Im folgenden Beispiel wurde der Fachausdruck einfach belassen. In einer Meldung aus dem Ruhrgebiet geht es um einen *Tagesbruch:*

> *In einer Zechensiedlung in Essen-Kray hat sich am Sonntag die Erde aufgetan. In einer Wohnstraße öffnete sich am Rande eines Privatgrundstücks durch einen so genannten Tagesbruch ein vier Quadratmeter großes, acht Meter tiefes Loch.*
>
> *Nach Angaben der Polizei wurde die Straße für den Fahrzeugverkehr gesperrt. Umliegende Gebäude seien nach den bisherigen Erkenntnissen nicht gefährdet, hieß es.*
>
> *Erst Anfang Januar hatten sich in einem Wohngebiet in Bochum-Wattenscheid zwei Tagesbrüche ereignet, die ein 500 Quadratmeter*

> *großes und 15 Meter tiefes Loch in die Erde gerissen hatten. Damals waren zwei Garagen und ein Auto in der Erde versunken.*
> (DPA / RHEINISCHE POST, 27. 2. 2000)

Aus dem Zusammenhang wird klar, was gemeint ist: Tief unter der Siedlung befindet sich vom Bergbau her ein Hohlraum. Die Decke ist eingestürzt und das Gestein darüber ist bis zur Oberfläche nachgebrochen. Der Wortlaut und die übrigen Angaben lassen die Bedeutung erschließen.

Belassen und Erklären

Belassen und Erklären ist eine gängige Methode: Man führt den Ausdruck (hier: *Pheromon*) einmal ein und verwendet ihn im Folgetext:

> *Auf dem Weg zwischen der Nahrungsquelle und dem Nest hinterlassen die Ameisen Duftstoffe, so genannte Pheromone, die anderen Ameisen als Wegweiser dienen. Da die kürzeren Wege in einer bestimmten Zeit von mehr Ameisen benutzt werden können als die längeren Wege, steigt die Pheromon-Konzentration vor allem auf den kürzeren Verbindungen rasch an. So entsteht ein sich selbst verstärkender Kreislauf, an dessen Ende die Ameisen nur noch vom kürzesten Pfad Gebrauch machen.* (TAGES-ANZEIGER, 2. 8. 2000)

Hier kann damit gerechnet werden, dass die LeserInnen den Begriff im ersten Satz verstanden und behalten haben. So kann er im zweiten Satz problemlos verwendet werden. Nur wenn zwischen der Einführung und der ersten Anwendung eine längere Textstrecke liegt, wird es mühsam. Dann ist ein Kasten die leserfreundlichere Lösung.

Ersetzen des Ausdrucks

Ob ein Fachausdruck durch einen allgemein verständlichen ersetzt werden kann, ist Ermessenssache. In einem dpa-Bericht über den *größten Wissenschaftler der Welt* (BILD, 2. 10. 2000) Stephen Hawking steht:

> *Stephen Hawking leidet unter der Lähmungserkrankung Amyotrophe Lateralsklerose (ALS) und kann sich nur per Sprachcomputer verständigen.* (DPA / RHEINISCHE POST, 2. 10. 2000)

Hawkings Krankheit wird also durch einen Oberbegriff, *Lähmungserkrankung,* erklärt. Im Zusammenhang ist dies sicher ausreichend. Es fragt sich sogar, was hier die medizinische Bezeichnung soll. Für BILD jedenfalls reichte es so:

> *Eine tückische Krankheit lähmt seine Muskeln. Er kann nur über Computer und Sprachsynthesizer kommunizieren.*
> (BILD, 2. 20. 2000)

Natürlich ist *tückische Krankheit* emotionaler als *Lähmungserscheinung*. Aber die Information ist etwas genauer und deutet die Unheilbarkeit der Krankheit immerhin an. Beim Ersatz des Ausgangsbegriffs wird die Aussage immer weniger präzis. Der neue Ausdruck ist meistens ein übergeordneter Ausdruck: Die Leser kennen den Spezialausdruck nicht, wohl aber die Kategorie, in die er gehört (für *Flöz* etwa reicht der Ausdruck *Gesteinsschicht).* Meist kann aber die Einbuße in Kauf genommen werden. Der Text wendet sich ja nicht an Fachleute.

> Dies gilt allerdings nicht, wenn beide Ausdrücke nicht verständlich sind:
>
> *Die Zugspitze verdankt ihren Namen abgehenden Schneemassen. So genannte Lawinenstriche werden in Bayern und Österreich auch Lawinenzüge genannt. Erstmals tauchte der Name "Zugspitz" im Jahr 1520 bei den Einheimischen auf.*
> (DPA / RHEINISCHE POST, 12. 6. 2000)
>
> Wer nicht weiß, was ein *Lawinenstrich* ist, wird auf den Begriff *Lawinenzug* verwiesen. Der Ausdruck *abgehende Schneemassen* hilft hier auch nicht, weil man ihn ja als Synonym für *Lawine* kennt. Was *Lawinenstrich* oder *Lawinenzug* heißt, bleibt im Dunkeln.

Die Definition allein reicht nicht

Die korrekteste Erklärung ergibt die *Definition.* Sie nennt im Normalfall den nächsthöheren übergeordneten Begriff und das Merkmal, das den gewünschten Begriff von ihm unterscheidet (z.B.: *Flöz – Schicht eines technisch nutzbaren Gesteins).* In vielen Fällen reicht aber eine ungenauere Version aus, bei der nur der übergeordnete Begriff genannt wird *(Flöz – Gesteinsschicht).* Dann gibt es aber Ausdrücke, für die es schwer ist, einen übergeordneten Ausdruck zu finden, weil sie eine sehr spezielle Sache bezeichnen: *(einen Scheck) indossieren z.B.* wäre durch *unterschreiben* falsch wiedergegeben.

In vielen Fällen genügt eine Definition allein nicht. Es muss nicht nur erklärt werden, wie der Begriff in den Wortschatz eingeordnet werden soll; er wird erst verständlich, wenn etwas über seine Verwendung – oft über seine Funktion in der Gesellschaft oder über seine Bedeutung für den Konsumenten – gesagt ist.

> Stellen wir uns vor, unser Zielpublikum weiß nicht, was *PVC* ist. Zuerst muss die Abkürzung aufgelöst werden: *Polyvinylchlorid.* Damit ist aber noch nichts erklärt (dennoch bleibt es in journalistischen Texten oft bei dieser oberflächlichen Maßnahme). Als Zweites muss deshalb der Begriff in einer höhere Kategorie zugeordnet werden: *Kunststoff* – unter Umständen mit einem Merkmal, das ihn von anderen unterscheidet: *dessen Moleküle Chloratome enthalten.*
>
> Obwohl das noch keine exakte Definition ist, wird damit ein Merkmal betont, das für ein Laienpublikum wichtig ist. Die Definition befriedigt aber noch nicht, wenn nichts über die Bedeutung gesagt wird, die das PVC für den Adressaten hat. Ob wir uns da mehr auf die vielfältige Verwendungsweise oder auf die Entsorgungsprobleme verlegen, hat mit dem Interpretationsmodell zu tun, das wir wählen.
>
> Schließlich müssen wir auch jene Merkmale erwähnen, die im aktuellen Text von Bedeutung sind. Das ergibt eine viel ausführlichere Erklärung, als es die reine Definition leistet (bei der man sich schlimmstenfalls mit der chemischen Formel aus der Affäre ziehen könnte).

Wenn wir nochmals zum Ausgangstext über die Zechengeschichte zurückkehren, fällt uns auf, dass auch dann, wenn alle Fachausdrücke erklärt sind, noch einiges unverständlich bleibt:

Einzelne Ausdrücke, die unverständlich sind, sind nicht Wörter, sondern feste Wortverbindungen: *mit streichender Strecke* zum Beispiel ("horizontal") – oder um eine etwas bekanntere Wendung zu nehmen: *das schlagende Wetter* (für das Gasgemisch, das in Kohlengruben zur Explosion kommen kann). Sie müssen als Ganzes erklärt werden. Oft wird in einem solchen Fall der Fehler gemacht, dass nur ein Element erklärt wird (hier zum Beispiel: *schlagend* als "explosiv") und nicht der ganze Ausdruck (*schlagendes Wetter* als "explosives Gasgemisch").

Fachausdrücke weich einführen

Bei vielen Fachausdrücken ist man sich nicht sicher, ob das Zielpublikum sie versteht – oder man weiß, dass eine Großzahl der LeserInnen sich veralbert vorkäme, wenn man sie erklärte, während andere über eine Erklärung froh wären. In diesem Fall lassen sich Fachausdrücke weich einführen, das heißt: man verwendet zwar zunächst die Umschreibung und dann gleichsam zusammenfassend den Fachausdruck. So wird klar, was gemeint ist, und es wird dennoch nicht peinlich.

Im folgenden Beispiel nutzt der Autor dieses Prinzip. Im Text müssen relativ bekannte, aber doch nicht geläufige Krankheitsbezeichnungen erwähnt werden. Er führt sie über konkrete Schilderungen ein:

> *Häufige Durchfälle können ein Hinweis auf eine chronisch entzündliche Darmerkrankung sein. Unter Morbus Crohn und Colitis ulcerosa leiden immer mehr Menschen. Trotz intensiver Forschung ist die Ursache dieser Krankheit nicht bekannt. Trends in Diagnostik und Therapie soll das Arzt-Patienten-Seminar am Samstag in der Uni-Klinik aufzeigen (9 Uhr).* (NEU-ULMER ZEITUNG, 8. 9. 2000)

Hier wird zuerst ein Symptom genannt *(heftige Durchfälle),* dann eine deutsche Sammelbezeichnung *(entzündliche Darmerkrankung).* Der Folgesatz kann dann problemlos mit den Fachbegriffen anschließen. Dem Autor ist auf diese Weise auch ein leicht fassbarer (induktiver) Einstieg in den Text gelungen.

Diese Art der »Definition« funktioniert dann gut, wenn es reicht, die Sache über ein wichtiges Merkmal zu umschreiben (eine Entscheidung, die aufgrund des Zielpublikums und der bisherigen Informationen getroffen wird). Auf einer Wissenschaftsseite wird zum Beispiel auf die folgende Weise der Begriff klonen eingeführt, der in einer vagen Form als bekannt vorausgesetzt werden kann:

> *Ein Embryo entsteht durch die Befruchtung einer Eizelle mit einem Spermium. Alle Menschen verdanken ihre Existenz diesem Vorgang. Seit der Geburt des geklonten Schafs Dolly steht jedoch fest, dass es zur Erzeugung eines Embryos grundsätzlich keines Spermiums bedarf. In der Tat sind inzwischen auch Kühe, Ziegen, Schweine und Mäuse geklont worden, und alles spricht dafür, dass die ungeschlechtliche Fortpflanzungsmethode auch beim Menschen funktionieren würde.* (NEUE ZÜRCHER ZEITUNG, 13. 9. 2000)

Klonen wird hier zusammenfassend als *ungeschlechtliche Fortpflanzungsmethode* bezeichnet und indirekt als Erzeugung eines Embryos ohne Spermium.

Für den Artikel reicht diese Vorgabe, um im weitern das »therapeutische Klonen« vorzustellen, bei dem die Embryos nicht in der Gebärmutter implantiert werden, sondern als »Stammzellen« genutzt werden. Diese werden dann – als zentraler Begriff des Artikels – viel detaillierter definiert:

> *Stammzellen sind gewissermaßen »Alleskönner-Zellen«, denn sie sind in ihrer Entwicklung noch nicht festgelegt. Aus ihnen können Nervenzellen, Knochenzellen, Blutzellen – grundsätzlich jeder der 210 Zelltypen – hervorheben. Mit der Forschung an Stammzellen verbindet sich die Hoffnung, zerstörte Organe und Gewebe zu ersetzen und damit Krankheiten wie Schlaganfall, Parkinson, Alzheimer, Osteoporose, Krebs oder Diabetes zu behandeln.*

Auch diese ausführlichere Erklärung ist nicht vollständig. Sie ist deshalb, wie letztlich jede Worterklärung im Journalismus, einseitig. Sie setzt den Schwerpunkt auf der Weiterverwendung der Zellen und umgeht z.B. die Frage, ob es sich dennoch um Embryos, also Lebewesen handelt. Die Position, die der Kommunikator einnimmt, hat gerade in solchen Passagen eine große Bedeutung; dass objektive Information nicht möglich ist, zeigt sich gerade angesichts des Definierens: Schon hier, wo die Grundlagen zur weiteren Information gelegt werden, muss man sich für eine bestimmte Interpretation entscheiden. Dieses Dilemma lässt sich nur mildern, indem man verschiedene Positionen zu Wort kommen lässt.

3.3 Der Journalismus als unbekanntes Fach

Besonders leicht entstehen Verständnisprobleme, wenn über das eigene Fach geschrieben werden soll. Und im Journalismus kommt man nicht darum herum, auch über Journalismus zu schreiben. Schon mit routinemäßigen Quellenangaben wird journalistische Arbeit thematisiert. Das ist meistens wenig problematisch. Anders ist es aber, wenn Recherchemethoden genannt werden oder Medienereignisse ins Zentrum der Berichterstattung rücken.

Bei Medienthemen kann die Verständlichkeit deshalb leiden, weil man als Journalistin oder Journalist ja mit dem Fachwissen und der Fachsprache bestens vertraut ist und unter Umständen nicht leicht einschätzen kann, was das Zielpublikum kennt.

Das ist ein Problem, das jeder hat, der über sein eigenes Fach schreibt. Im Journalismus aber wird es verschärft, weil Äußerungen über die eigene Arbeit in fast jedem Text vorkommen, auch wenn der Text eigentlich von etwas ganz anderem handelt.

Als Beispiel ein scheinbar harmloser Satz aus einem Bericht über eine Demonstration:

> Arbeiter aus Sachsen sind zur Konzernzentrale der Südzucker nach Mannheim gefahren. Ein Mitarbeiter der heimischen Zeitung ist offenbar mitgereist. Im Text steht der folgende Satz:
>
> *Wie unser Reporter vor Ort, Ditmar Wohlgemuth, in einem telefonischen Interview kurz vor Redaktionsschluss mitteilte, hätten die Protestaktionen wohl vorerst einen Zeitaufschub bewirkt...*
> (LEIPZIGER VOLKSZEITUNG, 26. 10. 2000)
>
> Warum ein Interview, wenn es sich um einen Reporter der eigenen Zeitung handelt? Warum war er nicht in der Lage, einen Bericht zu verfassen? Hier wäre eine kurze Mitteilung sinnvoll, weil aus der Sicht des Lesers vom normalen abgewichen wird, aber die Informationen fehlen, um die Bedeutung davon zu verstehen.

Auch bei der Berichterstattung von journalistischen Handlungsabläufen geschieht es oft, dass auf das Ungewöhnliche hingewiesen wird, ohne dass gesagt wird, worin denn das Gewöhnliche besteht. Informationen darüber, wie ein Artikel entstanden ist, gehören zum journalistischen Alltag. Das bedeutet aber nicht, dass den Leserinnen und Lesern die Arbeitsweise vertraut ist. Wenn Besonderheiten erwähnt werden, dann müssen sie ebenso erklärt werden wie bei jedem anderen Fachgebiet.

Medienthemen sind nicht allen vertraut

Medienthemen sind seit etwa der Mitte der 1970er Jahre ein wichtiger Gegenstand des aktuellen Journalismus. Damals begannen die Tageszeitungen, ihre Feuilleton- oder Filmseiten durch eigentliche Medienseiten zu ergänzen, die mehr als nur Radio- und Fernsehprogramme enthielten. Seither ist das Interesse zusammen mit der zunehmenden wirtschaftlichen Bedeutung des Mediensektors weiter gewachsen. So ist es etwa völlig normal, dass die *Berliner Zeitung* ein Interview mit dem Zeitungsdesigner Mario Garcia bringt und es mit der Frage beginnt, warum er das Layout für den *Trierischen Volksfreund* umgestaltet habe (Berliner Zeitung, 27. 10. 1999).

Das Interesse für Medienthemen ist also anscheinend groß. Dennoch haben Journalistinnen und Journalisten gegenüber ihrem Publikum immer noch einen Wissensvorsprung. Schon die folgende Passage eines Berichts über den Konkurrenzdruck in der Wirtschaftspresse braucht Fachwissen:

> *62 Prozent (von 150 befragten Marketing-Leuten) wollen ihre Anzeigen in anderen Zeitschriften, unter anderem in Publikumszeitschriften, verringern.* (DIE WELT, 18. 5. 2000)

Wer diesen Satz verstehen will, muss ein ganzes Wortfeld kennen, muss wenigstens einigermaßen unterscheiden können zwischen *Zeitschrift, Wirtschaftszeitschrift, Special-Interest-Zeitschrift und Publikumszeitschrift.*
Der Artikel beginnt übrigens mit dem Satz:

> *Immer mehr Wirtschaftstitel finden immer mehr Leser.*

Was hier mit *Titel* gemeint ist, ist natürlich aus dem restlichen Text leicht zu erschließen. Nichtsdestotrotz wird hier der Leser zunächst mit einem Ausdruck konfrontiert, der aus dem journalistischen Slang stammt.

Natürlich hat es einen Sinn, dieses Wort zu verwenden, weil es die Begriffe *Zeitschrift* und *Zeitung* zusammenfasst. Aber man könnte ihn weich einführen, das heißt, zuerst die bekannte, wenn auch etwas sperrigere Umschreibung verwenden *Wirtschaftszeitungen und -zeitschriften finden immer mehr Leser* und dann in einem zweiten Satz erst den Fachausdruck. *(Die Flut neuer Wirtschaftstitel auf dem Lesermarkt führte bislang nicht zu einem Verdrängungswettbewerb.)*

Es bedarf einiger Anstrengung, in der Zeitung über Zeitungsthemen so zu schreiben, dass sich NichtjournalistInnen angesprochen fühlen. Dies demonstriert das Magazin FACTS (8. 9. 2000), das den Begriff *Relaunch* in einem sonst leicht lesbaren Text über die Einführung von *Financial Times Deutschland (FTD)* als bekannt voraussetzt:

> *Kein Wunder also, dass allein die Ankündigung der FTD-Gründung in der Branche hektische Aktivitäten auslöste. Die überregionalen Tageszeitungen bauten ihre Wirtschaftsredaktionen aus, das behäbige »Handelsblatt« – direkter Konkurrent der FTD – reagierte mit einem bunten Relaunch, und alle großen Verlage kündigten in den letzten Monaten neue Wirtschaftspublikationen an.*

Zum Vergleich zitiere ich aus der NEUEN ZÜRCHER ZEITUNG vom 4. 9. 2000 den Anfang des Textes *An unsere Leserschaft.* (Mit diesem erstaunlichen Titel äußerst sich die Redaktion gelegentlich in eigener Sache, ohne je die Frauge zu beantworten, an wen sie sich denn in all ihren anderen Texten wendet.) Der Text wirkt außerordentlich einfach; aber er verzichtet ungewöhnlich konsequent auf Fachausdrücke:

> *Mit der heutigen Ausgabe der NZZ führen wir einige formal-gestalterische Änderungen ein, die unsere Zeitung noch besser erschließen und leichter lesbar machen sollen.*

Einige formal-gestalterische Änderungen, das mag umständlich klingen, aber es ist genau das, was die Zeitung vorgenommen hat, und es ist so präzise wie *Relaunch* oder andere entsprechende Renommierausdrücke.

Journalistische Abläufe müssen oft erklärt werden

Wer ein Fachbuch schreibt muss sich darin nicht immer über das Schreiben von Fachbüchern auslassen. Wer in der Öffentlichkeitsarbeit Pressetexte schreibt, muss darin kein Wort über das Schreiben von Pressetexten verlieren. Aber im Journalismus kommt man nicht darum herum, die journalistische Arbeit zu thematisieren – und zwar in praktisch jedem Text.

Es gehört zur journalistischen Routine, nicht nur einen Text über eine Sache zu schreiben, sondern auch darüber Auskunft zu geben, wie dieser Text entstanden ist. Das kann sich auf eine minimale Quellenangabe beschränken; oft ist es aber auch nötig ausführlicher zu dokumentieren, wie man recherchiert hat bzw. wie versucht wurde, die Recherchen zu behindern.

Hinzu kommen dann alle die moderierenden Texte, die Editorials, Hinweistexte, Leads usw., mit denen der Leser durch das Produkt geführt wird. Dass darin immer bedacht werden muss, dass man sich an journalistische Laien wendet, wurde mit dem obigen NZZ-Beispiel deutlich. Weiß das Publikum, was gemeint ist, wenn auf den *Lead* eines Artikels verwiesen wird? Ist ihm klar, warum einzelne Mitarbeiter als *Journalisten,* andere als *Redakteure* vorgestellt werden? Kann es im Inhaltsverzeichnis einer Zeitschrift mit den Begriffen *Editorial* und *Impressum* etwas anfangen?

Und auch die Informationen über die journalistische Tätigkeit und die journalistischen Produkte innerhalb der Texte sind oft Routine und unproblematisch. Sie zeigen etwa pflichtgemäß an, welche Agentur verwendet wurde oder wer ein Bild geschossen hat, und dafür interessieren sich die LeserInnen und Leser meist nur am Rande.

Dann aber gibt es Fälle, in denen diese Hintergründe plötzlich wichtiger werden. Dies ist oft dann der Fall, wenn eine journalistische Routine anders als erwartet abgelaufen ist. Aus unserem Abschnitt über Fachscripts wissen wir, dass die Bedeutung des Abweichens vom Script erst dann erfasst werden kann, wenn man das Script selbst kennt.

> Ein Beispiel: In Zürich hat ein großes Hotel gebrannt. Die Ermittlungen der Brandursache ziehen sich hin. Nachdem die Polizei über das Resultat informiert hat, steht in der Tageszeitung:
>
> *Der Chef der Brandermittlung der Kantonspolizei Zürich, Max Furter, hat am Mittwoch Nachmittag in einem Referat vor Beamten der Feuerpolizei, Stadt- und Gemeinderäten, Funktionären der Bauämter und offiziell geladenen Pressevertretern während eines Brandschutzkurses über Details zu den Ermittlungen beim Brand im Hotel International berichtet.* (NEUE ZÜRCHER ZEITUNG, 15. 12.1988)
>
> Dem Autor ist es eine Erwähnung wert, dass das Referat vor »offiziell geladenen Pressevertretern« gehalten wurde. Offensichtlich ist das eine Besonderheit. Aber worin besteht sie? Werden zu normalen Pressekonferenzen die Presseleute nicht offiziell eingeladen? Lauter Fragen, die durch diese Besonderheit geweckt werden. Die Leserinnen und Leser können nur verstehen, was hier gemeint ist, wenn sie zusätzlich über den Unterschied zu den üblichen Veranstaltungen informiert werden.

Fast immer wenn die Quellenlage kritisch ist, werden darüber zu wenig Worte verloren. Wenn sich zwei Agenturen widersprechen, wenn ein Journalist an der Recherchenarbeit gehindert wird, wenn eine Information unter besonders hohem Aufwand beschafft worden ist – immer dann muss der Leser das Besondere verstehen, und er versteht es nur im Kontrast zum Gewöhnlichen.

Es kann sehr reizvoll sein, dies erzählerisch auszukosten – zum Beispiel in einem Fall großer Geheimnistuerei, die den eigentlich beabsichtigten Bericht verhindert.

> Beim Besuch des russischen Präsidenten Putin in Berlin trafen sich auch Ljudmila Putina und Doris Schröder-Köpf. Die Recherche über ihr gemeinsames Programm gestaltete sich schwierig. Der Reporter nahm das zum Anlass, über diese Schwierigkeit und die besondere Vorstellung von Öffentlichkeit zu schreiben, die damit demonstriert wurde:
>
> *»Ich habe eine sehr verschwommene Vorstellung davon, was Frau Putina macht. Ich glaube, morgen ist sie mit Frau Doris Kröpf (sic!) in Potsdam.« Der Sprecher der russischen Botschaft, Wiktor Kosli-*

kin, stottert am Telefon. Ja, in Potsdam, da gebe es doch eine russische Siedlung mit einem Holzhaus aus dem 18. oder 19. Jahrhundert. Das würden die Damen unter anderem besuchen. Es sei ein privates Programm, kein Staatsbesuch, das Frau Putina in Berlin absolviert. Dann verweist Koslikin, wie bei jedem Gespräch, darauf, dass sein Handy-Akku gleich leer ist und er auflegen muss. (BERLINER ZEITUNG, 16. 6. 2000)

Der Bericht erhellt zwar nicht sämtliche Hintergründe offizieller russischer Pressearbeit, aber er ist immerhin in der Lage, eine Diskrepanz aufzuzeigen zwischen dem modernen Image der russischen Präsidentenpaares und der Informationspolitik, die sich anscheinend seit sowjetischen Zeiten nicht geändert hat.

4. Einstiegshilfen: Zum Lesen motivieren

Überschriften, Zwischentitel, Lead, Anreißer: Mit einer Vielzahl von Hinweiselementen macht das Medium auf sein Angebot aufmerksam. Diese kurzen Texte sind Einstiegshilfen: Sie motivieren zum Lesen und sie informieren über den Inhalt der Texte. Zusätzlich lassen sie auch bereits deren Funktion (von der Meldung bis zum Kommentar) erkennen.

Für das orientierende Lesen formulieren

Wer eine moderne Zeitung oder Zeitschrift konzipiert, geht davon aus, dass sie selektiv gelesen wird. Die Zeit, die eine Person für das Zeitunglesen einsetzt (bei Tageszeitungen ca. 20 Minuten), reicht nur für wenige Artikel. Auf welche Texte sich der Leser einlässt, entscheidet er durch einen sprunghaften Orientierungsprozess.

Wilhelm Siebert, der den Blickverlauf beim Zeitunglesen untersucht hat, beschreibt dieses orientierende Lesen so: »Der Leser orientiert sich über die ganze Seite. Fast jeder Artikel wird kurz registriert. Schlussendlich fällt die Entscheidung, ob ein Artikel zumindest angelesen wird oder nicht, innerhalb von maximal zwei Sekunden.« (SIEBERT 1991, 37)

Bilder und graphische Elemente leiten diesen Suchprozess. Fettdruck, Anfang und Ende von Abschnitten, Zwischentitel, Kästen usw. dirigieren bis zu einem gewissen Grad die Lesebewegung. Sie sollen nicht nur die Orientierung und den Einstieg in die Texte erleichtern, sondern auch dafür sorgen, dass die LeserInnen so lange wie möglich bei einem Text bleiben.

Als Einstiegshilfen dienen v.a. die folgenden Formen:

- Anreißer (Einstiege in Artikel) auf Titelseiten
- Hinweistexte, die ins Innere des Blattes verweisen
- Bildtexte im Inhaltsverzeichnis einer Zeitschrift

- Lead oder Vorspann in den verschiedensten Medien
- Titel
- Zwischentitel
- Bildunterschrift
- Kästen (»Infoboxen«).

So kurz diese Einstiegshilfen auch sein mögen, sie sind als eigene Texte zu verstehen – als Texte, die Informationen über den Haupttext enthalten. Sie sind kürzer und vom Haupttext mehr oder weniger stark getrennt, sie machen neugierig, versprechen ausführlichere Informationen.

Auch wenn solche Elemente ergänzende Informationen enthalten (wie z.B. Kästen), steigt der Leser oft über sie ein. Deshalb werden heutzutage Zwischentitel und Kästen zahlreicher gesetzt als früher. Moderne Zeitungen gliedern den Stoff eines Textes auf, sobald er eine gewisse Länge überschritten hat: Hintergrundinformationen, Definitionen und Zahlen werden aus dem Haupttext herausgenommen und in Kästen präsentiert. Dies kann dem Text gut tun. Zum Beispiel erhöht es die Lesbarkeit, wenn statistische Darstellungen in einem Kasten platziert sind; hier lässt sich tabellarisch darstellen, was innerhalb des Textes in Worten nur umständlich ausgedrückt werden könnte. Andererseits kann eine Zersplitterung den Text banalisieren. Statt eines einzelnen Textes stehen dann mehrere in sich abgeschlossene Texte da, die alle ihre Hauptaussage haben. Der einzelne kürzere Text kann weniger in die Tiefe gehen; die einzelnen Hauptaussagen sind einander weniger klar zugeordnet.

Beim Formulieren die Lesebewegung berücksichtigen

Einstiegshilfen, die zusammen gehören, sollen einander unterstützen. Das heißt, ihr inhaltlicher Zusammenhang muss leicht einsehbar sein, es dürfen keine Widersprüche, aber auch keine wörtlichen Wiederholungen entstehen. Denn beides stoppt den Lesefluss. Widersprüchliches behindert das Verständnis, wörtliche Wiederholung bringt nicht die erwartete Zusatzinformation.

Elemente, die erfahrungsgemäß frühzeitig den Eindruck erwecken, die Informationen seien komplett, und den Leser zum Abbrechen der Lektüre veranlassen, nenne ich im folgenden Stopper. Es gibt Stopper-Legenden, Stopper-Kombinationen von Titel und Untertitel wie auch Stoppersätze am Schluss von Leads.

Dieses Kapitel behandelt als erstes die Bildunterschrift (Bildlegende), weil sie das Dynamische am Leseprozess am besten illustriert. Genau wie Titel und Lead soll sie dem Leser als Einstieg in den Text dienen.

4.1 Bildunterschrift: Die Verbindung vom Bild zum Text

Journalistische Bilder können den Blick in eine unbekannte Welt öffnen. Sie zeigen, wie Menschen in Bangladesch gegen die Überschwemmung kämpfen, oder sie lassen verstehen, in welchem Luxus Fürstin Gloria wohnt. Ebenso häufig funktionieren die Bilder aber umgekehrt. Sie sagen dem Betrachter nicht, wie etwas aussieht, sondern er erkennt, was auf dem Bild ist und sagt sich: Aha, darüber wird hier berichtet.

Viele journalistische Bilder stellen Dinge dar, die dem Leser durchaus bekannt sind. Meistens ist nur das Arrangement aktuell: Bekannte Politikergestalten gruppieren sich vor dem Gebäude ihrer Konferenz, die Dorfkirche steht in festlicher Beflaggung, die Fußballmannschaft jubelt nach ihrem Sieg.

Gerade weil der Einstieg in einen Text meist über das Bild geht, lohnt es sich, gute Bilder zu haben. Wenn schon der Gegenstand altbekannt ist, soll immerhin die Bildsprache Neues aussagen. Das Bild mag vom Journalisten zuletzt ausgewählt worden sein, als Zusatz zum Text; für den Leser ist es meistens das Erste, was er wahrnimmt. Es hat also zunächst nicht ergänzende Funktion, sondern macht eine eigene Aussage, noch bevor man die Hauptaussage des Textes zur Kenntnis genommen hat.

Wenn Bilder also dazu dienen können, den Leser auf sich aufmerksam zu machen, dann muss durch zusätzliche Maßnahmen dafür gesorgt werden, dass er sich danach dem dazugehörigen Artikel zuwendet.

Bildlegenden der Zeitschrift SPIEGEL sind deutlich auf diese Motivierungsabsicht der Redaktion ausgerichtet: Die Redaktion geht davon aus, dass beim Blättern zuerst das Bild Aufmerksamkeit erregt. Der Blick soll vom Bild zur Legende springen, weil sie das Bild erklärt. Dann folgt der Sprung von der Legende in den Text, weil da die Aussage der Legende in einem größeren Kontext steht.

Die Bildlegende hat also Scharnierfunktion: Moderne Bildlegenden verbinden Bild und Haupttext. Weil der Leser zuerst das Bild gesehen hat, erwartet er im ersten Teil der Legende eine Erklärung des Bildes. Der zweite Teil soll dann auf den Text neugierig machen. Er enthält eine interessante Aussage, die der Leser im Text wiederfindet. Im Musterfall des SPIEGEL nennt der erste Teil den Namen der abgebildeten Person oder bezeichnet die Gegenstände, die man auf dem Bild sieht. Der zweite Teil ist ein Zitat aus dem Text – im Idealfall eine Äußerung der abgebildeten Person (im SPIEGEL allerdings auch oft eine willkürlich ausgewählte Wortfolgen, die nicht unbedingt zum Weiterlesen motiviert).

In seiner klassischen Form lässt sich dies mit einem Interview illustrieren. Im vorliegenden Fall wurde die Literaturkritikerin Sigrid Löffler befragt, nachdem sie die Fernsehsendung Das literarische Quartett verlassen hatte. Vorangegangen waren öffentliche Auseinandersetzungen. Sie war vom Leiter der Sendung, Marcel Reich-Ranicki, in der Sendung und in späteren Interviews beschimpft worden. Im Interview interessiert vordergründig, wie sie auf die Beleidigungen und sexistischen Angriffe reagiert. Erstaunlicherweise sagt sie nach der Geschichte trotz allem den Satz *Ich bin ein versöhnlicher Mensch.* Dieser Satz eignet sich als Einstiegshilfe. Unter ihrem Bild steht deshalb:

> *Literaturkritikerin Löffler: Ich bin ein versöhnlicher Mensch.* (DER SPIEGEL 32 / 2000)

Damit wird die Lesebewegung sinnvoll unterstützt. Wer von der Überschrift zur Bildzeile gesprungen ist, wird den Text zumindest anlesen, um diese Äußerung wiederzufinden.

Die folgenden Beispiele werden zeigen, dass auch weniger stereotype Versionen möglich sind. Aber sie alle müssen dieselbe Funktion erfüllen. Den guten Beispielen gemeinsam ist Kürze. Die Bedeutung der Legende muss mit einem Blick erfasst werden können.

Es gibt allerdings auch andere Lehrmeinungen. In manchen Zeitungen ist es üblich, in der Bildlegende den Text ausführlich zusammenzufassen. »Wir wissen, dass Fotos die Hauptanreize auf einer Seite sind,« schreiben die AutorInnen einer Blickverlaufsstudie und sie fragen: »Ist es dann nicht sinnvoll sich zu überlegen, ob man – wo immer es angebracht scheint – das Format der Legende ausweiten, ja bisweilen sogar die ganze ›Geschichte‹ in die Bildunterschrift setzen soll?«

Die Antwort ist: Nein! Lange Bildtexte, die den Text zusammenfassen, machen letztlich den eigentlichen Artikel überflüssig. Wer nicht den Weg zur reinen Bildergeschichte einschlagen will, wird deshalb besser die Legende als kurze Einstiegshilfe nutzen.

SPIEGEL-GESPRÄCH

„Es war ein schwerer Bruch“

Sigrid Löffler über ihren Abschied vom „Literarischen Quartett“

Literaturkritikerin Löffler: *„Ich bin ein versöhnlicher Mensch“*

SPIEGEL: Frau Löffler, Marcel Reich-Ranicki hat Ihren Rückzug aus dem „Literarischen Quartett“ mit den Worten kommentiert: „Ich bin bester Laune.“ Wie ist Ihre Stimmung?

Löffler: Ich bin erleichtert. Weil ich jedermann deutlich gezeigt habe, dass nicht einmal das Fernsehen so wichtig ist, dafür die eigene Ehre preiszugeben.

SPIEGEL: Wenn Sie sagen, Sie seien erleichtert, heißt das, dass es Ihnen vorher ziemlich schlecht gegangen ist?

Löffler: Sich vier Wochen durch die Radaupresse schleifen lassen zu müssen, das wünsche ich wirklich niemandem.

SPIEGEL: Warum haben Sie überhaupt vier Wochen lang abgewartet und sind nicht sofort gegangen?

Löffler: Ich bin ein versöhnlicher Mensch und habe gedacht, man sollte Reich-Ranicki unbedingt die Chance geben, sich zu entschuldigen. Aber wissen Sie? Eine Entschuldigung muss spontan kommen. Wenn sie erst unter maßlosem Druck zu Stande kommt, dann ist sie wertlos.

SPIEGEL: Das heißt, Reich-Ranicki hat sich vor Ihrem Rückzug tatsächlich – nur zu spät – entschuldigt?

Löffler: Er hat mich angerufen, ja, aber da hat er seine Beschuldigungen wiederholt, ich hätte ihn zu seinen Exzessen provoziert. Das zu behaupten heißt, den Ablauf der Sendung auf den Kopf stellen.

SPIEGEL: Reich-Ranicki beruft sich darauf, dass Sie ihn während der Sendung mit einer Anspielung auf sein hohes Alter ebenfalls persönlich kränken wollten.

Löffler: Ich habe die Vermutung geäußert, es sei eine Frage des Alters, woran sich einer ergötzt. Eine fast banale Wahrheit. Meinem zarten Sätzchen aber waren 30 Minuten persönlicher Attacken gegen mich vorangegangen. Es war das reinste Lehrstück in Frauenfeindlichkeit. Nach dem Muster: Wenn ich mich erdreiste, im Widerspruch zu Reich-Ranicki Fachkompetenz zu behaupten, dann kann mit meiner Weiblichkeit etwas nicht stimmen. Indem man mich als Frau entwertete, sollte ich als Kritikerin beschädigt werden.

SPIEGEL: Sie werten Reich-Ranickis Attacke nicht mehr als Ausrutscher, sondern als Teil eines Plans, Sie aus der Sendung hinauszuschmeißen. Wie kommen Sie zu der Annahme?

Löffler: Ich sollte hinausgeekelt werden – im Wortsinn. Reich-Ranicki ist in zwei Sendungen hintereinander mit fast denselben Worten auf mich losgegangen. Beim zweiten Mal konnte ich nicht mehr glauben, dass es ein Ausrutscher war.

4.2 Bildauswahl: Was soll das Bild zeigen?

So selbstverständlich wie bei den Nachrichten sollten auch bei der Bildwahl journalistische Selektionskriterien angewendet werden. Was dort die Forderung nach Ereignishaftigkeit und Aktualität ist, ist hier die Forderung nach spezifischer Aussage. Das Bild soll unverwechselbar sein. Ein solches Bild eignet sich nicht für beliebig viele andere Aussagen. Für die Legende bedeutet dies, dass sie den abgebildeten Sachverhalt auch benennen muss.

Aktuelle, spezifische Inhalte

Das typische journalistische Foto ist aktuell. Es zeigt Menschen, die als Verantwortliche oder Betroffene mit dem Ereignis zu tun haben. Die Bildunterschrift liefert die entsprechenden Informationen.

Das Bild illustriert zum Beispiel den Bericht über einen superschnellen Computer, der in Chemnitz gebaut wird. Man sieht einen Teil des Rechners und zwei Informatiker, die ihn testen. Und genau das muss die Bildunterschrift sagen:

> *Informatiker Mike Becher (vorn) von der TU Chemnitz und Thomas Rauscher von der MEGware Computer GmbH testen den Superrechner.* (DIE WELT, 29. 9. 2000)

Die Namen der gezeigten Personen gehören grundsätzlich in die Bildunterschrift. Nur wenn sich die Information an ein Publikum in einer entfernteren Gegend wendet, kann auf die Namen verzichtet werden. Außerhalb Deutschlands wäre beim gleichen Bild nur noch die Rede von *zwei Chemnitzer Informatikern.* Wenn sie aber im Text eine Rolle spielen, müssen sie auch dort in der Bildunterschrift mit Namen genannt werden.
Die hier zitierte Bildunterschrift ist trocken und unspektakulär. Sie gibt aber die journalistischen Hauptinformationen, und sie unterscheidet sich von vielen unspezifischen Bildunterschriften, wie man sie in solchen Fällen oft findet und die nicht sagen, was man auf dem Bild sieht – beispielsweise so:

> *Der Superrechner führt mehr als 100 Milliarden Berechnungen in der Sekunde aus.*

Eine solche Information allein erfüllt die journalistische Informationspflicht nicht. Aber als Zusatz vervollständigt sie sie. Wie oben gezeigt, unterstützt eine solche Zweiteilung der Bildunterschrift deren Funktion als Einstiegshilfe.

Informatiker Mike Becher (vorn) von der TU Chemnitz und Thomas Rauscher von der MEGware Computer GmbH testen den Superrechner FOTO: DPA/WOLFGANG THIEME

Ein Superrechner Marke Chemnitzer Eigenbau

Wissenschaftler der TU bauen schnellsten Cluster-Computer Europas

Chemnitz – Mit einem CLiC will die Chemnitzer Universität am 11. Oktober in die Avantgarde der führenden Rechenzentren aufsteigen. Denn an diesem Tag soll der Chemnitzer Linux Cluster (CLiC) ans Netz gehen. Ausgerüstet mit einer Speicherkapazität von 264 Gigabyte kann CLiC in einer Sekunde mehr als 100 Milliarden Berechnungen durchführen, eine Leistungskraft, die ihn wahrscheinlich auf Platz 120 der weltweit stärksten Hochleistungsrechner katapultieren wird. Noch besser fällt das Ergebnis aus, wenn man zum Vergleich nur jene so genannten Cluster-Computer heranzieht, die wie CLiC aus vielen parallel geschalteten Prozessoren bestehen. Unter diesen selbst gebauten Rechnern belegt der Chemnitzer weltweit Platz zwei und in Europa sogar Platz eins. Damit nicht genug der Superlative: Die sächsischen Tüftler haben ihren Rechner auch selbst entworfen und aus handelsüblichen Teilen zusammengefügt, die sie beim Chemnitzer PC-Hersteller MEGware Computer bezogen – was die Kosten auf ein Fünftel der Summe vergleichbarer Anlagen von renommierten Firmen drückte. Ein weiterer Vorteil der Cluster-Computer besteht in ihrer Skalierbarkeit, das heißt, sie können zu stärkeren Leistungen erweitert werden.

Einsatzmöglichkeiten für den CLiC gibt es an der Chemnitzer Universität, die sich in Forschung und Lehre auf die neuen Technologien konzentriert, mehr als genug. So gehört die Hochschule zu einem von deutschlandweit sechs geförderten „Kompetenzzentren in der Nanotechnologie". Ein neues Forschungsgebiet, bei dem es um die Miniaturisierung von Produktionsprozessen und Datentransfers geht. Sie gilt mittlerweile als die wichtigste Schlüsseltechnologie des 21. Jahrhunderts mit einem geschätzten Umsatzvolumen in zweistelliger Milliardenhöhe. Die Chemnitzer, die sich mit Dresdner Instituten, Infineon Technologies sowie AMD auf die Herstellung „ultradünner funktionaler Schichten" für elektronische Bauelemente, optische Geräte, Sensoren und Implantate konzentrieren, reden bereits selbstbewusst von einem „Nano-Valley" im Freistaat. *bes.*

Der Supercomputer CLiC im Internet unter:
www.tu-chemnitz.de/urz/anwendungen/cluster/webcam/

Oft wird für die Bildunterschrift eine Zusammenfassung des Artikels verwendet. Auch läuft sie der Einstiegshilfe-Funktion zuwider. Zusammenfassungen haben abschließenden Charakter; sie vermitteln den Eindruck, dass man den Haupttext nicht mehr benötigt. Zudem bleiben in diesem Fall meistens die Fragen nach der Benennung der wichtigsten Personen und Gegenstände des Bildes offen.

Personen und Gegenstände aus dem Text

Wenn ein Bild in den Text führen soll, muss es eine Person oder eine konkrete Sache zeigen, die im Text vorkommt oder die einen engen Bezug zum

Text hat. Alle anderen Lösungen unterstützen die Funktion des Bildes weniger gut.

Im Routinefall zeigt das Bild die Politikerin, den Künstler, die Sportlerin usw., die im Mittelpunkt des Textes steht. Auf dem Bild sind sie in der aktuellen Situation zu sehen – also etwa: Claudia Fischer, wie sie ihr neues Parfüm präsentiert, der Reinigungsfachmann Dirk Keferstein, wie er eine Hose von Karrenschmiere befreit, oder der Chef der CDU-Landtagsfraktion, wie er beim Stiftungsfest einer Burschenschaft »Deutschland Deutschland über alles« singt.

Im Gegensatz zu den häufig zu findenden Passfotos steht der Akteur im journalistischen Bild in einem typischen, aktuellen Kontext. Dies erleichtert es auch, eine attraktive journalistische Bildunterschrift zu formulieren und mit dem Bild in den Text zu führen.

Andere Motive mit Bezug zum Text

Oft ist das Thema des Artikels so allgemein, dass keine Person, kein Gegenstand darin vorkommt, mit dem er sich illustrieren ließe. Die Bildsuche funktioniert da gewöhnlich über ein Beispiel. Wenn etwa in einer Meldung von einer Dürre in Texas zu berichten ist, kommen die Bauern, deren Felder austrocknen, im Text nur kollektiv vor. Es ist allgemein von »betroffenen Farmern und Ranchern« die Rede. Das Bild dazu aber wird nur einen von ihnen zeigen. Es enthält damit eine Geschichte, die im Text so konkret nicht erzählt werden kann. Nicht das Ereignis wird gezeigt, sondern ein Bild, das einen engen Bezug zum Ereignis hat.

Ähnlich muss vorgegangen werden, wenn keine Bilder von Personen zur Verfügung stehen. Dies kann dann der Fall sein, wenn der Datenschutz oder die journalistische Ethik es verbieten, eine betroffene Person abzubilden. Man kann dann das Problem lösen, indem man noch näher herangeht und einen Gegenstand abbildet, der für die Person und das Thema wichtig ist.

> Beispiel: Eine Familie aus der Region wird porträtiert. Der Text soll zeigen, dass auch in der unmittelbaren Umgebung Menschen an der Armutsgrenze leben. Die beschriebenen Personen sollen aber nicht erkannt werden. Man kann deshalb auch keine Fotos von ihnen bringen. Gesucht sind deshalb Bilder, die die Menschen nicht bloßstellen und dennoch mit ihnen zu tun haben.
>
> In diesem Fall half sich die Fotografin mit einer Nahaufnahme von einem Gegenstand, der für diese Familie typisch war, der ihr jeden Tag zu schaffen machte: Die Familie war von den Behörden ver-

pflichtet, über ihre Einnahmen und Ausgaben ein Kassenbuch zu führen. Das Foto zeigte nichts anderes als von Hand geschriebene Wörter für Lebensmittel und die geringen Beträge, die sie kosten. Dies ergab eine durchaus emotionales Bild. Es belegte die täglichen Nöte der Menschen, ohne ihnen zu nahe zu kommen.

Die Legende sagte zuerst, was auf dem Bild zu sehen war, und gab dann eine weitere Information aus dem Text:

Das Kassenbuch, in das Dorothea D. ihre Ausgaben einträgt. Für sich und ihre zwei Kinder verfügt sie über ein Monatsbudget von 2500 Franken.

Man suchte also die Lösung noch in der unmittelbaren Umgebung des Themas. Gezeigt wird zwar nur ein Gegenstand, aber es kann eine direkte Verbindung zu den Akteuren hergestellt werden.

Im Bild kann also ein Teil für das Ganze stehen – oder umgekehrt: das Ganze für einen Teil. Auch hier ist die Lösung gelungener, je enger sie zum eigentlichen Thema gehört. Notlösungen, wie sie sehr häufig vorkommen, zeigen oft eine nicht spezifische Beziehung zwischen der Geschichte und dem Bild.

Das Beispiel auf der nächsten Seite stammt von der Wirtschaftsseite einer Tageszeitung. Dresdner Bank und Commerzbank sollen fusionieren. Gerüchte sind gezielt gestreut worden – vielleicht, um den Börsenkurs der Unternehmen kurzfristig zu beleben.

Beide Banken haben ihren Sitz in Frankfurt am Main. Deshalb wird dazu ein Bild von »Mainhattan« gewählt. Das erlaubt es, in der Bildunterschrift darauf Bezug zu nehmen. Bei der Produktion von Fernsehberichten spricht man vom »Antexten«:

Die Skyline von Frankfurt am Main. Hier könnte es zu einer Zusammenarbeit von Dresdner und Commerzbank kommen. (BERLINER ZEITUNG vom 17./18. 6. 2000)

Ein Bezug zum Thema ist da. Aber er ist für die aktuelle Geschichte nicht spezifisch. Es ist also eine Notlösung, zu der aber oft gegriffen wird, wenn sich die Nachricht um eine abstrakte Größe dreht.

Diese Beziehung ist einigermaßen vertretbar, im Gegensatz zu einem beliebigen Bild, das nur einen Stellvertreter-Bezug zur Sache hat, wie etwa das Bild einer Kirsche zum Wochenmarkt oder die Nahaufnahme eines Regenschirms zur Wetterlage.

AP/FRANK RUMPENHORST

In Frankfurt am Main könnte es zu einer Zusammenarbeit von Dresdner und Commerzbank kommen.

VON SEBASTIAN WOLFF

Seine ersten Monate als Vorstandschef der Dresdner Bank hatte sich Bernd Fahrholz sicherlich angenehmer vorgestellt. Nach der gescheiterten Fusion mit der Deutschen Bank, der er immerhin seinen Posten verdankt, kommt sein Institut einfach nicht zur Ruhe. Zwar beking expandieren. Und da, so Becker, habe die Commerzbank nichts Besonderes zu bieten. Auch eine Zusammenfassung des Privatkundengeschäfts (des so genannten Retail-Bankings) sei höchst problematisch, weil es auch als Absatzkanal für betuchte Kunden gebraucht werde. Interessant sei allenfalls die Zusammenführung der Fonds-

BANKEN

Fusionitis

Reine Alibifunktion hat zum Beispiel das Bild von gefesselten Händen, das eine Verhaftung illustrieren soll. Das Thema des Artikels:

Die Liechtensteiner Geldwäschereiaffäre hat sich auf Vorarlberg ausgeweitet. In Feldkirch wurden zwei weitere Personen verhaftet:

Dazu ein Bild von zwei mit Handschellen gefesselten Händen. Die Legende dazu (VORARLBERGER NACHRICHTEN, 18. 5. 2000):

Auch in Vorarlberg klickten die Handschellen.

Natürlich enthielt das Bild keinen Hinweis darauf, um wessen Handgelenke es sich handelte. Es war ein Archivbild ohne aktuellen Wert, das an der Nachricht vorbeizielte. Zu illustrierendes Hauptthema wäre ja nicht das Verhaften, sondern die Geldwäscherei gewesen (die zugegebenermaßen ebenso schwer zu bebildern ist).

Vorarlberger in Finanzaffäre verstrickt

Zwei Festnahmen in Feldkirch – Liechtensteiner Justiz unter Beschuss

Vaduz, Feldkirch (VN, sda, AP) Die Liechtensteiner Geldwäschereiaffäre hat sich auf Vorarlberg ausgeweitet: In Feldkirch wurden zwei weitere Personen verhaftet. Im Parlament in Vaduz wurde die Justiz gestern scharf kritisiert.

Die Verhaftung einer Frau und eines Mannes in Vorarlberg erfolgte am Dienstagabend durch Bregenzer Kriminalbeamte der Fachgruppe für organisierte Kriminalität. Zuvor waren die Wohnungen der Festgenommenen durchsucht worden, dabei wurden Computerdisketten, Akten und anderes Schriftmaterial sichergestellt.

Die Vorarlberger werden der Untreue, des Betrugs und der Geldwäscherei verdächtigt. Bei den beiden Personen handelt es sich offenbar um zeichnungsberechtige Angestellte im Büro von Rudolf Ritter in Mauren, dem Bruder des liechtensteinischen Regierungschefstellvertreters. Rudolf Ritter, der ebenfalls in U-Haft sitzt, arbeitet mit der Treuhänderkonzession des ebenfalls in Untersuchungshaft gesetzten Parlamentariers Gabriel Marxer.

Damit wurden bereits sieben Personen festgenommen, vier Liechtensteiner, einen Schweizer sowie die Frau und der Mann aus Vorarlberg. Heute entscheidet sich, ob die Vorarlberger Verdächtigen in der Justizanstalt Feldkirch in Untersuchungshaft genommen werden.

Im Zusammenhang mit den Turbulenzen um den Finanzplatz ist im liechtensteinischen Parlament, dem Landtag, scharfe Kritik an der teils schleppenden Arbeitsweise des Landgerichts geübt worden. Vorsitzender des Gerichts ist Benedikt Marxer, der Bruder des wegen Anlagebetrugs verhafteten Parlamentariers Gabriel Marxer.

Missstände

Zur Aufarbeitung der Pendenzen am Landgericht will das Parlament dem Landesfürsten Hans-Adam II. zwei zusätzliche Richter zur Ernennung vorschlagen. Kritisiert wurden vor allem Missstände in jener Gerichtsabteilung, welche Strafsachen und Rechtshilfebegehren bearbeitet. Dort liegen 160 unerledigte Fälle.

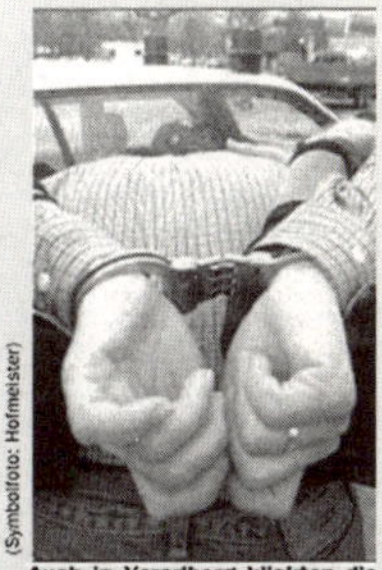

(Symbolfoto: Hofmeister)

Auch in Vorarlberg klickten die Handschellen.

Nicht spezifisch ist letztlich auch das Allerweltsporträt des Politikers im Gegensatz zur Aufnahme von seinem aktuellen Auftritt. Eine klare journalistische Aussage enthält nur das letztere. Das beliebig einsetzbare Porträt sagt nur: So sieht der Politiker aus. Die aktuelle Aufnahme dokumentiert zusätzlich das Ereignis.

Symbolfotos: Indirekter Bezug zum Text

Abzuraten ist fast immer von metaphorischen Lösungen – so genannten Symbolfotos. Da wird also etwa eine Schnecke gezeigt, um zu betonen, wie langsam eine Behörde arbeitet oder ein Schirm im Regen, der dafür herhalten muss, dass wieder mal jemand seine Wähler im Regen stehen ließ. Oft sind für den Leser die metaphorischen Zusammenhänge nicht auf den ersten Blick zu erkennen, weil nicht klar ist, welcher Gegenstand da symbolisch aufgeladen wird.

Problematisch sind metaphorische Lösungen auch sonst: Sie illustrieren meist weniger die Nachricht als die Assoziationen des Redakteurs, und in der Bildunterschrift bleibt keinen Platz, um die wichtigsten inhaltlichen Fragen zu beantworten.

> Auf dem Bild auf der nächsten Seite sind drei männliche Personen abgebildet, die ganz unterschiedlich in die Kamera oder an ihr vorbei schauen. Bildunterschrift: *Drei Generationen, eine Sorge: die Rente* (TAGESZEITUNG, 27. 9. 2000).

Drei Generationen, eine Sorge: die Rente FOTO: THOMAS SANDBERG

Die große Ernüchterung

Riester stellt seinen neuen Entwurf zur Rentenreform vor: Am meisten belastet werden die heute unter 40-Jährigen

von BARBARA DRIBBUSCH und RALF GEISSLER

Jörg Tremmel hat es immer ge-

hoch halten können, wenn doch nur die Beamten und Selbstständigen künftig in die Rentenkassen miteingezahlt hätten.

Der gestern vorgestellte Ent-

Älterer, der schon im Jahre 2010 in Rente ging – auch wenn beide gleich lang und anteilig gleich viel eingezahlt haben.

„Riesters Reform geht zu Las-

Schnellere Rentenkürzungen hätten sofort eine Diskussion um Altersarmut entfacht.

Woher also das Geld nehmen, um die drohenden Finanzie-

kritiker Tremmel spricht sich für aus. „Die Zweiklassengese schaft zwischen den Angest ten und einkommensstarken amten und Selbständigen wi

Eine abstrakte Sache wie die Rentenreform zu bebildern, ist natürlich nicht einfach. Die Assoziationen gehen verständlicherweise in die Richtung »älter werden«. Ein Bild, das drei unterschiedlich alte Menschen zeigt, passt dazu. Aber die Distanz zum Thema ist so groß, dass die Vorstellung eher skurril anmutet, die drei hätten bei der Aufnahme an ihre Rente gedacht.

Dieses Bild könnte nur dann journalistisch eingesetzt werden, wenn man in der Lage wäre, in einem ersten Satz zu sagen, um wen es sich bei diesen drei Personen handelt und welches ihre Beziehung zum Thema Rente ist.

4.3 Das soll in die Bildunterschrift

Ein Bild sagt mehr als tausend Worte. Es ist deshalb die Aufgabe des Journalisten bzw. der Journalistin, die Aussage des Bildes so einzuengen, dass es eine präzise, aktuelle Bedeutung bekommt. Das geschieht, indem man sagt, was auf dem Bild zu sehen ist. Kommentare und subjektive Assoziationen sind bei guten Bildern überflüssig.

Wer? Was? Wann? Wo?

Die Bildlegende beantwortet zunächst die wichtigsten Informationsfragen: *Wer ist es? Was tut er oder sie? Wann und wo ist es?* Man sieht auf dem Bild ja nicht einfach *Michael Jackson,* sondern Michael Jackson bei einem bestimmten Anlass an einem bestimmten Datum.

Wenn außer der Hauptperson oder dem Hauptthema weitere Bilddetails Fragen aufwerfen, müssen auch diese beantwortet werden. Oft ist neben der Hauptperson ein weiterer Mensch zu sehen oder auffällige Nebensachen, die benannt werden müssen.

Dafür kann auf anspruchsvolle weitere Informationen verzichtet werden. Die Bildunterschrift ist vor allem nicht der Ort, um irgendwelche Dinge unterzubringen, für die woanders kein Platz war.

Die Menschen benennen

Auf den meisten journalistischen Bildern sind Menschen zu sehen. Die wichtigste Aufgabe ist es, zu sagen, wer sie sind und was sie tun. An den ersten beiden Beispielen wurde dies bereits demonstriert. Es gilt für praktisch alle Ressorts, besonders aber für den lokalen und regionalen Teil der Tageszeitung, für Magazine und für unterhaltende Medien. Auch wer den Namen bereits kennt, will dieses Wissen bestätigt sehen. Es gehört zu den Routineaufgaben der FotografInnen, sich nach den Namen der Menschen, die sie fotografieren, zu erkundigen. Es sollte für die RedakteurInnen ebenso selbstverständlich sein, sie unter das Bild zu setzen.

Zu vermeiden sind in jedem Fall Bildunterschriften, die die abgebildeten Menschen ignorieren.

Eines von vielen Beispielen ist der Text zu einem Bild, das am Rande eines Autorennens aufgenommen wurde und jetzt zur Illustration eines Textes über Tabakwerbung dient. Die Frauen, die in ihrem Marlboro-Dress in Reih und Glied stehen, werden weder benannt, noch wird erklärt, was sie tun:

Tabakwerbung ziert bei Formel-1-Rennen nicht nur die Blechkarossen. (BERLINER ZEITUNG, 16. 6. 2000)

Dieses Bild ist scheinbar selbsterklärend. Man sieht ja, dass hier keine Blechkarossen abgebildet sind; also warum soll man die Frauen in ihrem Marlboro-Dress ausdrücklich benennen?
Erstens weil man auf diese Weise vermeidet, Menschen wie Gegenstände zu behandeln. Und zweitens weil man dann eine journalistische Information geben müsste, die den LeserInnen hier vorenthalten

Tabakwerbung wird voraussichtlich weiterhin erlaubt sein

Bundesregierung und Unternehmen erzielen Etappensieg

ACTION PRESS

Tabakwerbung ziert bei Formel-1-Rennen nicht nur die Blechkarossen.

VON BETTINA VESTRING

BRÜSSEL, 15. Juni. Der Europäische Gerichtshof wird das europaweite Verbot der Tabakwerbung vermutlich für nichtig erklären. Der Generalanwalt des Gerichts, Nial Fennelly, kam am Donnerstag zu dem Schluss, mit dem sehr weit reichenden Werbeverbot habe die Europäische Uni-

TABAKWERBUNG

Ausgaben sinken

Werbeausgaben der deutschen Zigarettenindustrie
ohne Plakatwerbung, in Mio. Mark

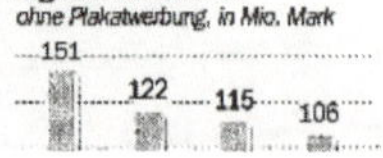

schutz gestellt, sagte die Abgeordnete Hiltrud Breyer.

Zurückhaltend gab sich die EU-Kommission: „Wir nehmen den Schlussantrag des Generalanwalts mit Interesse zur Kenntnis und warten auf das Gerichtsurteil", hieß es in Brüssel. Die EU-Kommission muss sich vom Schlussantrag auch ganz besonders betroffen fühlen: Sie hatte wird. Wenn ein solches Bild in der Zeitung steht, soll auch darüber informiert werden, welche Funktionen diese Frauen bei Formel-1-Rennen ausüben.

Nah am Bild bleiben

Wenn die Scharnierfunktion der Legende sollte ernst genommen wird, erkennt man als ihre erste Aufgabe die Erklärung des Bildes. Auch wenn diese Funktion gelegentlich erst vom zweiten Teil der Legende wahrgenommen wird, sollte das konsequente Antexten die Regel sein: Die Legende sagt, was auf dem Bild zu sehen ist.

Die folgenden Typen entsprechen diesem Muster:

Ein-Satz-Form:

> *Der RTL-Journalist Volker Albers nach seiner Freilassung.* (HAMBURGER ABENDBLATT, 6. 6. 2000)

Benennung + Erklärung zu einem Detail:

> *Alberto Fujimori gibt sich gerne volkstümlich. Hier im traditionellen Poncho bei einer Wahlveranstaltung.* (DIE WELT, 20. 5. 2000)

Benennung + Zitat aus dem Text:

> *Manfred Krug als Sänger: »Da bin ich ein feinfühligerer Mensch.«* (HAMBURGER ABENDBLATT, 10. 6. 2000)

Benennung + Zusatzinformation aus dem Text:

> *Archäologen zeigen einen der Teile des Neandertaler-Gesichtsschädels, der jetzt bei Ausgrabungen entdeckt wurde. Der Teil passt genau in die im Jahr 1865 gefundene Schädeldecke (im Bild links).* (RHEIN-NECKAR-ZEITUNG, 2./3. 9. 2000)

Viele JournalistInnen fürchten, dass die Regel *Zuerst sagen, was der Leser sieht!* zu banalen oder überflüssigen Legenden führt. Die Praxis zeigt aber, dass die Leser ein großes Bedürfnis haben, die Personen oder Örtlichkeiten auf einem Bild identifizieren zu können.

Ein Bild des deutschen Bundeskanzlers, der vor dem Bundestag spricht, bedarf in deutschsprachigen Ländern eigentlich keiner Erklärung. Dennoch gehört es zur Routine, dazu zu schreiben: *Bundeskanzler Schröder vor dem Deutschen Bundestag.* Das verdeutlicht, wie selbstverständlich die Regel sein sollte, dass die Legende nochmals sagt, was das Bild zeigt. (Selbstverständlich würde besagte Bildunterschrift besser, wenn sie zusätzlich mit einem aktuellen Zitat aus der Debatte versehen wäre.) Leserinnen und Leser tolerieren das nicht nur, sondern sie nehmen es auch als Bestätigung dafür, dass sie das Bild richtig gedeutet haben.

Was auf dem Bild fehlt, gehört nicht in die Legende

Bilder, auf denen das Wichtige gerade nicht zu sehen ist, sondern nur eine Nebensache aus der Geschichte, kommen in der Praxis überraschend häufig vor. Sie widersprechen dann gewöhnlich der Überschrift. In der Bildlegende versucht man, diesen Widerspruch aufzulösen; sie wird dadurch lang und umständlich. (Etwa so: *Der Umbau dieses Gebäudes wurde in der Debatte diskussionslos bewilligt. Lange aber stritten die Abgeordneten über die Erhöhung der Wassergebühren.*)

Oft steht das Bild in einem gewissen Gegensatz zum Hintergrundwissen des Redakteurs. Dies muss aber dem Leser gar nicht unbedingt auffallen. Es braucht dann auch gar nicht thematisiert zu werden. Statt dieser negativen Aussage eignet sich eine positive oder neutrale besser.

> Als sich der Präsident Russlands, Vladimir Putin, und der deutsche Bundeskanzler zum ersten Mal trafen, kamen sie gut miteinander aus. Auf einem Agenturbild, das die beiden unter den Flaggen der beiden Staaten zeigte, machten sie einen eher gelangweilten Eindruck. Die Bildunterschrift nahm darauf so Bezug:
>
> *Das Bild täuscht: Wladimir Putin und Gerhard Schröder haben in Berlin schnell zueinander gefunden.* (HANNOVERSCHE ALLGEMEINE ZEITUNG, 17. 6. 2000)
>
> Auf dem Bild aber passt die Körpersprache Putins und Schröders nicht zur Behauptung, sie hätten sich angefreundet. Dies will der Satz *Das Bild täuscht* abmildern. Dieser ganze Aufwand ist aber nicht nötig, wenn man das Bild normal mit den notwendigen journalistischen Informationen versieht, also darauf hinweist, in welcher Situation die Politiker fotografiert wurden – nämlich bei einem Fototermin kurz vor Beginn der Medienkonferenz, was erklärt, dass beide etwas ungeduldig sind.

„Darf ich vielleicht sagen: Liebe Freunde?“

meichler und
erer: Beim
ı Berlin betont
ir Putin seine
hische Seite.

NHARD URSCHEL

d die kleinen Äußerlich-
sich der Wandel erken-
die vielen Reden über
ıen Neuanfang" in den
wischen Russland und
o gab es einmal einen
mens Iwan Kurpakow,
ten von Leonid Bresch-
hen Präsidenten beglei-
r, vierschrötiger Mann
hem Stoppelhaarschnitt
cher Aktenmappe. Mü-
er das Ende des Kom-
te zuletzt auch noch Bo-
cheint verschwunden zu
cht mehr da in der Ära
. Hatte nicht Bundes-
d Schröder gesagt, der
on substanzieller Art?
nn, der jetzt dem neuen
identen ins Ohr flüstern
entlich gar nicht ge-
einst Spion des russi-
ienstes, spricht fließend
rster russischer Führer
und nach Lenin. Ab und
cht ohne taktisches Ein-
gen, setzt Putin seine
se auch ein. Mit dem
t er auf Deutsch, auch
reter umschmeichelt er
. Als Chef seiner hoch-
ation aber spricht Putin
ch Russisch. Die Bot-
in Berlin zu verkünden

Das Bild täuscht: Wladimir Putin und Gerhard Schröder haben in Berlin schnell zueinander gefunden. rtr

ist, der könnte leicht zwiespältige Gefühle haben. Nach eineinhalb Tagen des Kennenlernens aber fasst jedenfalls der Kanzler seine Einschätzung mit der Be-

Am Vorabend, vor rund 300 hochrangigen Vertretern der deutschen Wirtschaft, war der Umgang mit dem Gast aus Moskau freundlicher. Im neuen

Garant dafür sein, dass solches Treiben ein Ende habe, lässt er durchklingen. Im politischen Teil aber wiederholt er nur altbekannte Positionen: Der Tschetsche-

gen einzusetzen. Sie sol
setzt sein und auch Ve
schaft einbeziehen. Au
fonverbindung zwisch
Kanzleramt und dem
siert werden. Die jetzi
aus jenen Zeiten, als
seine Befehle entgegen
Es war der Bundes
Schluss wieder die me
tung der Begegnung h
Wladimir Putin ging nu
rauf ein. Gemeinsam m
geht man durch das Br
und hinauf zur Kuppel
Doris Schröder-Köpf u
tina waren zu ihren M
nachdem sie am Mo
Schloss Sanssouci in
russische Kolonie Al
sucht hatten.
Dieser private Teil
sollte deutlich mache
dieser Beziehung zwe
eine gefühlvolle Saite
kommt: Als müsse er
gen, dass er nicht so di
den Russen wie sein V
Kohl, scherzt Schröder
man sei nicht zusamm
gewesen, er habe auch
dann im schönsten K
die Zukunft der Freund
Perspektiven angeht, i
da keine Grenzen geset
Auch Putin scheut si
ziehung zwischen Helm
ris Jelzin als Vergleic
und ein überschwängli
Alt-Kanzler nachzusch
hen ihn so", sagte er,
Deutschland vereinigt
Russland." Man habe t
Kohl, aber nun müsse
tion eben neue Seiten
ziehungen aufschlagen.
Als dann aber imme

Mimik und Gestik sprechen für sich

Die Legende soll auch für die LeserInnen einen störungsfreien Übergang vom Bild zum Text herstellen. Sie müssen deshalb die Beschreibung des Bildes nachvollziehen können. Damit dies möglich ist, muss sich der Redakteur oft von einer Wunschvorstellung trennen, die den Inhalt der Legende bestimmt.

Ungünstige Versionen entstehen häufig, wenn von Mimik und Gestik die Rede ist. Ein Sieger z.B. muss strahlen, auch wenn es das Bild nicht hergibt.

> Und wenn, wie im folgenden Beispiel, ein Favorit skeptisch blickt, dann wird es mit einer Legende zurechtgebogen, die eigentlich nichts anderes sagt als: »Sorry, falsches Bild«. Beim Porträt des Golf-Profis Tiger Woods fiel in der Redaktion offensichtlich auf, dass seine skeptische Miene nicht zu seinen Erfolgen passt. Wohl in der Meinung, das dass Bild nur so zu den positiven Meldungen über Woods passen würde, schrieb man:

Woods behält auch im Nebel den Durchblick

Der Weltranglistenerste führt nach dem ersten Tag der US Open der Profigolfer in Kalifornien

H, 16. Juni. Der
ıerste steht schon
ʒ eins: Mit einer
orstellung hat sich
h dem ersten Tag
ı an die Spitze des
ıenden Golfprofis
erikaner trumpfte
Ortszeit) auf dem
alifornischen Peb-
ner 65 Runde auf.
ıden Nebels hatte
k behalten.
seinen ersten US-
trebt, tatsächlich
ersten Tages war,
ʒs offen bleiben.
5 Uhr, als sich der
e, wurde der mit
llar dotierte Wett-
chen. Zu diesem
noch 75 Spieler auf
wegs.
auch der einzige
ıard Langer. Der
e zu diesem Zeit-
er gespielt und lag
y am zweiten Loch
r Par.
Chancen, Woods
Rang zu verdrän-

REUTERS/KEVIN LAMARQUE

Hat kein Grund für pessimistische Blicke: Tiger Woods, der Weltranglistenerste und Seriensieger im Profigolfen.

steht nach dem 13. Loch mit vier Schlägen unter Par zu Buche. Vorläufiger Zweiter ist der Spanier Miguel Angel Jimenez mit 66 Schlägen. „Mir hat der Nebel nichts ausgemacht. Dadurch können wir wenigstens ohne zu schwitzen spielen. Die Sonne hier ist wahnsinnig stark“, meinte der Europäer. Dritter ist John Houston (USA) mit 67

glaublich gespielt“, befand Woods renommierter Landsmann Tom Lehman voller Bewunderung.

Der Seriensieger leistete sich nicht einen Bogey und schaffte sechs Birdies. Vor dem ersten Abschlag hatte Woods allerdings kein gutes Gefühl. „Ich fühlte mich mies. Beim Einspielen kam kaum ein Schlag wie gewünscht. Ich befürch-

Am Vortag war der Favorit eher negativ aufgefallen. Während 40 Profis nach 21 Salutschüssen ihren Ball in die Carmel Bay schlugen und so Vorjahressieger Payne Stewart gedachten, der vor wenigen Monaten beim Absturz seines Privatjets ums Leben gekommen war, hatte Woods die Feierstunde nicht nur ignoriert, sondern zudem noch in

Hat keinen Grund für pessimistische Blicke: Tiger Woods, der Weltranglistenerste und Seriensieger im Profigolfen.
(BERLINER ZEITUNG, 17./18. 6. 2000)

Hier wird der Leser aber mit einem Widerspruch zwischen Bild und Text irritiert, der gar nicht notwendig wäre. Eine einfache Information darüber, bei welcher Gelegenheit Woods seinem Ball kritisch nachschaut, würde reichen.

Gelungen ist dagegen die folgende Bild-Text-Kombination. Sie zeigt den glücklosen Trainer der deutschen Fußball-Nationalmannschaft während der Europameisterschaft 2000. In diesem Fall ist es wohl deshalb leichter, auf die Körpersprache einzugehen, weil das ganze Bild eine grüblerische Stimmung ausdrückt.

Das personifizierte Grübeln: Erich Ribbeck geht über den Trainingsplatz. Der Teamchef der deutschen Nationalmannschaft gab seine Anfangsformation noch nicht bekannt.
(HAMBURGER ABENDBLATT, 10. 6. 2000)

Auch wenn die Mimik in der Zeitung kaum mehr zu erkennen ist, passt das Bild, weil die Körperhaltung und die menschenleere Umgebung die Aussage unterstreichen. Der letzte Satz der Bildunterschrift lädt allerdings wenig zum Weiterlesen ein, weil er eine negative Aussage wiederholt, die zu dem Zeitpunkt und im Zusammenhang mit der Hauptzeile *(Wer nun, Herr Ribbeck?)* wenig neue Information bietet.

Es lohnt sich zu überprüfen, ob das, was die Legende über die abgebildeten Menschen aussagt, mit ihrem nonverbalen Verhalten übereinstimmt: Fischt der Torhüter den Ball wirklich *resigniert* aus dem Netz? Befördert der Minigolfspieler seinen Ball wirklich *triumphierend* ins Loch? Sitzt der Arbeitslose wirklich mit *ausdruckslosem* Gesicht auf seinem Stuhl? – Wenn ja, wiederholt die Legende nur das Bild, wenn nein, verwirrt sie.

Bilder zu Porträts und Interviews zeigen die Menschen naturgemäß oft beim Reden. Die Legende gibt dann Sätze wieder, die die abgebildete Person im Text sagt. Diese Lösung überzeugt dann, wenn deren Miene und Gestik zum Zitat passen.

Die folgende Legende, die auf Körpersprachliches Bezug nimmt, ist gerade deshalb gelungen, weil sie nichts anderes tut, als eine Tätigkeit zu beschreiben. Sie verzichtet darauf, Mienen oder Gesten zu deuten; sie unterstreicht einfach, was ohnehin zu sehen ist, und erzielt ihren humoristischen Effekt dank einer Parallele auf der metaphorischen Ebene:

Gorbatschow und Bush in ihrem Golf-Gefährt auf Camp David: Beide reden – keiner steuert. (TAGES-ANZEIGER, 5. 6. 1990)

4.4 Die Sprache der Bildunterschrift: Aktiv und konkret

Bildlegenden sind Einstiegshilfen. Wenn sie nicht auf Anhieb verstanden werden, verfehlen sie ihren Zweck. Sie sollen Interesse für das Thema wecken; deshalb sollten sie nicht nur verständlich, sondern auch attraktiv formuliert sein.

Die Perspektive wahrnehmen, portionieren

Bildunterschriften entstehen oft zu spät. Dem Redakteur, der das Bild auswählt, ist das Thema des Artikels bekannt; aus seiner Sicht genügt ein Stichwort, abstrakt, komprimiert: *Demo für Verkehrssicherheit vor der Silbersteinschule* (DER TAGESSPIEGEL, 5. 9. 2000). Statt die dargestellte Handlung zu benennen, abstrahiert die Bildlegende. Für die Leserinnen und Leser ist das Foto aber Zugang zum Text. Für sie ist eine Legende sinnvoll, die die Aussage des Bildes aufnimmt und in seiner Perspektive bleibt: *Schüler und Lehrer der Silbersteinschule auf ihrem selbstgemachten Zebrastreifen.*

Jedes Bild braucht eine Legende

Das Foto macht in aller Regel eine journalistische Aussage, die erst durch die Bildunterschrift vollständig wird. Und wo die Legende fehlt, wirkt die Überschrift als Legende.

Dies wird oft bei sogenannten Solobildern genutzt, also bei Bildern, die ohne Legende mit einem abgeschlossenen Text kombiniert werden.

> Dies zeigt ein Beispiel von der Frontseite der Berliner Zeitung. Sie ließ sich durch eine Fotoserie inspirieren, die festhielt, wie der Palästinenserpräsident Yasser Arafat den ägyptischen Präsidenten Hosni Mubarak begrüßte. *Arabische Annäherung* stand über den drei Bildern.
>
> Der kurze Text darunter beginnt so:
>
> *Eine stürmische Begrüßung durch seinen Gast Yasser Arafat musste am Mittwoch Ägyptens Präsident Hosni Mubarak über sich ergehen lassen.* (BERLINER ZEITUNG, 10. 8. 2000)

Arabische Annäherung

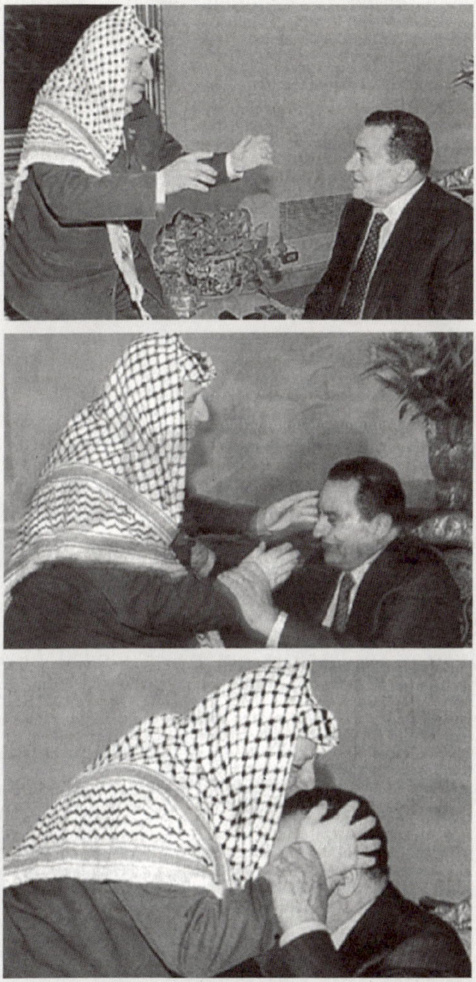

AFP/DPA/MOHAMED EL-DAKHAKHNY (2), AP/ENRIC MARTI

Eine stürmische Begrüßung durch seinen Gast Yasser Arafat musste am Mittwoch Ägyptens Präsident Hosni Mubarak über sich ergehen lassen. Palästinenserpräsident Arafat erhielt in Kairo Unterstützung für seine harte Haltung in den Friedensgesprächen mit Israel. Gleiches erhofft er sich von Russland und dem Iran, in beide Länder will Arafat noch in dieser Woche reisen.

Er enthält eine deutliche Kommentierung – und damit eine Wertung, die rassistische Klischees abruft. (Ist diese »Annäherung« typisch arabisch? Ist es nicht eher eine typisch europäische Reaktion, den so Geküssten als Opfer darzustellen, der die Begrüßung »über sich ergehen lassen« muss?) Um so deutlicher lässt sich damit die Wirkung der Überschrift illustrieren, die doppeldeutig gemeint ist: Annäherung auf der persönlichen wie auf der politischen Ebene.

Auch wenn eine Bildunterschrift da ist, sollte immer überprüft werden, wie die Überschrift dazu passt. Weil Titel und Bild meistens zusammen wahrgenommen werden, muss vor allem auf Widersprüche geachtet werden. Oft weist die Überschrift in eine andere Richtung als die Bildlegende. Das erschwert das Verständnis der Bildunterschrift und kann dazu führen, dass der Text nicht gelesen wird.

4.5 Die Überschrift bringt den Text auf den Punkt

Die Überschrift ist ein sehr altes Hilfsmittel für den Einstieg in einen Text: Schon seit Jahrhunderten werden im Medium Buch die einzelnen Kapitel deutlich überschrieben, so dass der Leser sich schnell zurechtfindet. Wer eine Zeitung aufschlägt oder eine Zeitschrift durchblättert, erfährt genauso anhand der Überschriften, worum es in den einzelnen Texten geht. Die Überschriften sind so abgefasst, dass sie auf dieses Suchverhalten Rücksicht nehmen. Sie lassen Themen und Hauptinformationen erkennen. Ihre Formulierung zeigt auch die Zielrichtung an (Nachricht, Kommentar, Reportage...). Sie tun all das so attraktiv wie möglich. Die Titel sollen wie auch die Bilder zum Lesen motivieren.

Die Redaktion verkauft den Text

Mit der Überschrift wird der Text angepriesen. Er hat also eine Werbefunktion. An Inhalt und Form der Überschrift entscheidet sich, ob der Text gelesen wird. Aber es geht anders als bei normalen Werbetexten. Wenn es einfache Werbetexte wären, würden sie sagen: Das ist ein wichtiger Text; lesen

Sie ihn. Journalistische Überschriften dagegen nennen das Ereignis oder den Sachverhalt, um den es im Text geht.

Das erschwert die Werbefunktion. Man kann den Text in der Überschrift nicht über seine Qualitäten verkaufen, sondern nur über seinen Inhalt. Und die Inhalte bleiben sich oft von Tag zu Tag ähnlich. Die Überschrift muss also etwas Besonderes hervorheben und den Eindruck verhindern, es sei nichts Besonderes passiert

Der Titel *42. Psychologiekongress begonnen* (SCHWÄBISCHE ZEITUNG, 24. 9. 2000) überrascht höchstens den Psychologen auf der Schwäbischen Alb, der beim Frühstück merkt, dass er den Termin verpasst hat. Für die übrigen Leserinnen und Leser ist das Thema des Kongresses interessanter. Noch besser eignet sich ein einzelnes Forschungsresultat, das am Kongress vorgestellt wird. DER TAGESSPIEGEL wies mit der folgenden Meldung auf den Kongress hin:

> *Hooligans*
> ***Fußball-Rowdies ohne Ehrenkodex***
> *Studie: Auseinandersetzungen werden immer brutaler*
>
> Auch der Text selbst wurde dann an dieser einzelnen Studie aufgezogen:
>
> *Die gewalttätigen Auseinandersetzungen zwischen Fußball-Hooligans in Deutschland werden immer brutaler. Ein früher vermeintlich geltender »Ehrenkodex«, in Fußballstadien keine Waffen zu gebrauchen und am Boden Liegende oder Unbeteiligte nicht zu attackieren, werde nicht mehr respektiert.*
>
> *Zu diesem Ergebnis kommt nach Angaben der Jenaer Schiller-Universität von Freitag eine Studie der Universität Erlangen-Nürnberg. Sie soll beim Kongress der Deutschen Gesellschaft für Psychologie vom 24. bis 28. September in Jena vorgestellt werden.* (TAGESSPIEGEL, 16. 9. 2000)

Überschriften verursachen aber auch Schwierigkeiten im formalen Bereich. Es ist oft zu wenig Platz (manchmal auch zu viel) für die Überschrift, die einem als ideal vorschwebt. Und auf dem engen Raum gibt es leicht Verständlichkeitsprobleme. Zudem ist es in der Praxis oft schwierig, eine Version zu finden, die gleichzeitig informativ und attraktiv ist.

Dieses Dilemma wird aber dadurch etwas gemildert, dass Überschriften in vielen Fälle nicht allein zu stehen brauchen, sondern mit einer Ober- oder Unterzeile kombiniert sind. So entsteht mehr Spielraum. Und dies erleichtert die Arbeit: wenn man davon ausgeht, dass es nicht gilt, eine brillante Zeile zu entwerfen, sondern ein gutes Gespann von Hauptzeile und Zusatz.

Die Überschrift muss zum Textziel passen

Jede Überschrift enthält eine journalistische Handlungsform. Sie kündigt einen entsprechenden Text an. Wenn die Überschrift ein Ereignis meldet, dann sollte auch der Text Nachrichtencharakter haben. Wenn die Überschrift kommentiert, sollte auch der Text kommentieren.

Wer Agenturmeldungen routinemäßig mit eigenen Überschriften versehen muss, ist oft versucht, dabei zu kommentieren – manchmal weil die Redaktion gerne einen kritischeren Text gehabt hätte und man nun wenigstens auf diese Weise ein Zeichen setzen will. Ähnlich wird oft versucht, vermischten Meldungen mit dem Titel eine Pointe zu setzen. Wenn der Text die kommentierende Note aber nicht aufnimmt, macht der Titel eine leere Versprechung.

In Kaufzeitungen muss die Überschrift stärker als in anderen Medien die Entscheidung für das Blatt fördern. Sie ist nicht nur Leseanreiz, sondern vor allem Kaufanreiz. Für eine solche Kauf-Zeile gilt: Sie muss möglichst viele Leute ansprechen, und sie muss es schnell tun. Sie kommentiert nicht unbedingt, aber sie emotionalisiert.

> Als im Verlauf des CDU-Spendenskandals bekannt wurde, dass auch Wolfgang Schäuble eine große Bargeldspende entgegengenommen hatte und darauf allgemein sein Rücktritt als Parteichef erwartet wurde, titelten die Zeitungen zum Beispiel so:
>
> *Schäuble erhielt 100 000 Mark in bar vom Waffenhändler Schreiber* (BERLINER ZEITUNG. 11. 1. 2000)
>
> Oder, knapper und direkter:
>
> *Auch Schäuble nahm Geld* (DER STANDARD)
>
> BILD aber schrieb, im Bewusstsein, dass die Nachricht aus Radio und Fernsehen schon bekannt war, auf Seite eins nur:
>
> *Schäuble –*
> *War's das?*
> (BILD, 11. 1. 2000)
>
> Mit dieser Frage trifft die Zeitung genau den Punkt, mit dem sich ihre Leserinnen und Leser beschäftigen. Sie handelt sogar der Regel

zuwider, Neues zu melden, weil ihr hier wichtiger ist, eine Stimmung zu vertiefen.

Überschrift und Unterzeile ergänzen sich

Die verschiedenen Medien und Gattungen erlauben verschiedene Arten, Überschriften zu schreiben. Eine sehr strenge Regelung gilt für die Titel aktueller Nachrichten. Sie geben die Hauptaussage, das Ereignis wieder und lesen sich etwa so:

Fernfahrer demonstrieren am Brenner

Neuer Fall von Schweinepest in Großbritannien

Ölpreise auf höchstem Stand seit 1945

Je weiter sich der Text von der Gattung Nachricht entfernt, desto eher kann die Überschrift auch eine Teilaussage enthalten. Die Unterzeile ordnet dann die Nachricht ein:

Ekelerregendes in Südwest-Betrieben
Jahresbericht der Lebensmittelüberwachung: Zum Teil gravierende Verstöße gegen Hygiene-Auflagen (RHEIN-NECKAR-ZEITUNG, 2./3. 9. 2000)

In Berichten mit entsprechenden Themen (hier: Konsumenteninformation) kann die Überschrift auch aus einer Folgerung im Sinne eines ironischen Tipps bestehen:

Am Flaschenbier sollte man besser erst mal riechen
Staiblin legt Jahresbericht zur Lebensmittelüberwachung vor
(MANNHEIMER MORGEN, 2. 9. 2000)

Interviews und Porträts können mit einem Zitat überschrieben werden. Die Unterzeile sagt, wer spricht:

»Wir machen hier kein Tätärä«
Guildo Horn über seinen Triumphzug Richtung Birmingham
(DER SPIEGEL 10/1998)

Die Hauptzeile kann dann durchaus bildhaft einen Aspekt des Themas benennen; die Unterzeile ergänzt:

Sparflamme im Training, aber Vollgas im Sprint
Olympia Count-down. Im Rad-Kurs von Sydney ist Spurtkraft gefragt. Rene Haselbacher und Peter Wrolich haben sie
(DIE PRESSE, 4. 9. 2000)

Auch ein Wortspiel ist möglich, wenn genügend Platz für Zusatzinformationen da ist:

> ***An Nufringen führt kein Weg vorbei***
> *Die Westumfahrung beim Rötelesberg macht Probleme:*
> *Viele Autofahrer nehmen nach wie vor den Weg durch die Ortsmitte*
> (GÄUBOTE, 16. 11. 1999)

Zum Lesen anregen, den Text unterstützen

Wenn eine Überschrift den Text unterstützen soll, dann muss sie sehr viel leisten: Sie muss auf die Hauptaussage verweisen, das Textziel erkennen lassen und das Interpretationsmodell ansprechen. Es ist unrealistisch zu erwarten, dass jemand beim Texten alle diese Aufgaben im Auge behalten würde. Zwei Dinge sind besonders wichtig: Die Überschrift soll zuerst ihre Motivationsfunktion ausüben, sie soll also dafür sorgen, dass der Text gelesen wird. Das setzt eine attraktive sprachliche Form voraus. Ebenso wichtig ist, dass die Überschrift den spezifischen Text verkauft. Das erfordert eine inhaltliche Einengung, die der Geschichte entspricht.

Die Überschrift sollte in jedem Fall auf die Hauptaussage hinweisen. Aber sie kann das (wie oben gezeigt) über ein Detail tun. Und, so banal es klingen mag: Sie soll nicht auf irgendeine andere Sache hinweisen.

> Ein Beispiel ist der Titel *Wird Busfahren teurer?* Er steht über der Nachricht, dass sich fünf Gemeinden zu einem Tarifverbund im öffentlichen Verkehr zusammenschließen. .
>
> Dieser Titel ist dann am Platz, wenn der Text einen Schwerpunkt auf das Thema Preiserhöhungen setzte. Er ist aber irreführend, wenn die höheren Fahrpreise zwar eine logische Konsequenz aus der Nachricht darstellen, aber im Artikel nirgends erwähnt werden. Auf diese Weise verspricht die Überschrift eine Interpretation, und der Text hält das Versprechen nicht ein.

Keine reinen Begriffe, keine Infinitive

Überschriften unterscheiden sich je nach Textgattung. Dennoch haben gute Überschriften einiges gemeinsam. Sie sind verständlich und präzise. Sie machen eine Aussage über das Besondere am aktuellen Ereignis oder Sachverhalt.

Eine Aussage – das bedeutet, dass die Überschrift ein Verb enthalten soll. Dies braucht nicht ausgesprochen zu sein, ist aber oft mitgedacht. Eine Überschrift ist also eigentlich ein Satz – auch wenn das Verb weggelassen ist.

Die folgenden Beispiele (alle aus der Online-Version der Grazer KLEINEN ZEITUNG Anfang September 2000) zeigen dies. Die ersten drei Nachrichtentitel sind ebenso in Ordnung wie die darauf folgenden. Ein Verb enthalten:

Luftschiff streifte Kirchturm

Kuh verletzte Obersteirer

Schwammerlsucher fand vermisste Kuh

Ohne Verb, aber dennoch leicht zu ergänzen sind solche Titel:

Raubkopierer verurteilt

Familienfest im Freibad

Lieferschwierigkeiten bei Heizöl

Hier lässt sich leicht ein Verb wie »wurde« / »fand statt« / »bestehen« hinzudenken. Sehr viel schwerer fällt einem das aber bei den folgenden Beispielen aus derselben Quelle:

Österreich Werbung neu

Mystisches Wasser aus Andritz

Den Kostenaufwand mit Synergien reduzieren

Österreich Werbung neu: Diese Kombination von Substantiven mit einem Adjektiv ist nur dann leicht zu einer Aussage zu ergänzen, wenn man genügend Vorinformationen über die aktuelle Nachrichtenlage hat. Wem diese fehlen, kann sich nicht entscheiden, was mit Österreich Werbung (einer staatlichen Organisation für Tourismuswerbung) los ist. Erst der Text gibt den Aufschluss darüber, dass Österreich Werbung eine neue Struktur bekommen soll. Ein kleines Wort mehr im Titel hätte die Sache verständlicher gemacht.

Auch *Mystisches Wasser aus Andritz* sagt nicht, worüber der Text informiert: etwa darüber, dass in Andritz »mystisches Wasser« produziert und vertrieben wird? – Erst der Text gibt Aufschluss: Dem Quellwasser des Andritzbaches werden geheimnisvolle Kräfte zugeschrieben, so dass viele Menschen dahin pilgern und es in Flaschen abfüllen. Eine nette Geschichte, die mit einem reinen Begriffstitel unter ihrem Wert verkauft ist.

Der Titel *Den Kostenaufwand mit Synergien reduzieren* enthält ein Verb – aber im Infinitiv, also in der Form, die keine klare Aussage erlaubt. Irgendjemand will, soll, darf, muss den Kostenaufwand reduzieren, aber in welchem Stadium diese Handlung ist, wird durch den Infinitiv nicht deutlich. Es kann sich ebenso um eine Absicht wie um eine Aufforderung handeln. In diesem Fall ist es nur ein Vorschlag, den ein Politiker der »Union für Südtirol« gemacht hat. Seine Idee: Süd-, Nord- und Osttirol könnten in der Tourismuswerbung grenzüberschreitend zusammenarbeiten. *Gemeinsame Werbung für Tirol gefordert* wäre eine nicht besonders aufregende, aber informativere Lösung. Sie würde zudem das Thema klarer eingrenzen, weil nicht die allgemeine Handlung genannt wird (*Kostenaufwand reduzieren*), sondern die wichtigere Information: auf welche Branche in welcher Region sie sich bezieht.

Infinitiv-Überschriften sind in vielen Redaktionen beliebt, weil sie knapper sind. Aber sie verschweigen nicht nur, wer etwas getan hat, sondern auch die Handlungsform.

Mit einer einzigen Nummer einer Lokalzeitung (hier: SCHWÄBISCHES TAGBLATT, 13. 9. 2000) lassen sich leicht drei Haupttypen von Infinitivtiteln dokumentieren:

Von einer Möglichkeit berichtet: *Kostenfrei surfen* (Kurzbericht über kostenlose Angebote von Internetprovidern)

Eine Art These wird hier vertreten: *Mit Lolita am Verbotenen naschen* (Bericht über einen literarischen Vortrag)

Und hier wird ein Vorschlag wiedergegeben: *Etwas springen lassen* (Meldung über eine Initiative eines Lokalpolitikers; er will, wie so oft, dass seine Stadt »etwas springen lässt«, und zwar indem sie sich an einem Nachtbus-Konzept beteiligt; die Überschrift verschweigt aber in dieser Form die relevante Information: um welche Sache es denn geht).

Dass Infinitiv-Überschriften in die Irre führen können, dokumentiert das abschließende Beispiel:

Künstler werden in Theorie und Praxis (SCHWÄBISCHES TAGBLATT, 13. 9. 2000)

Erst wer den ganzen Titel gelesen hat, kann das Wort werden als Infinitiv interpretieren. Künstler werden ... könnte ja auch der Anfang eines Satzes sein (z.B.: Künstler werden in Theorie und Praxis verkannt). Es bedarf also einer doppelten Anstrengung, um diese Überschrift zu verstehen, die sich schließlich als Hinweis auf ein Angebot der Volkshochschule entpuppt.

Es gibt Fälle, in denen Überschriften im Infinitiv auf Anhieb verstanden werden. Das ist der Fall, wenn Vorwissen vorausgesetzt werden kann (SÜDWESTPRESSE, 14. 9. 2000, Seite 1):

Schröder: Sozial Schwachen helfen

Hier wird mit dem Ausdruck vor dem Doppelpunkt klar, dass es sich um eine Aussage eines gewissen Schröder handelt. Da am Vortag die Haushaltsdebatte im Deutschen Bundestag war, ist mit hoher Wahrscheinlichkeit der deutsche Bundeskanzler gemeint. Also ist auch klar, dass es sich um eine Absichtserklärung handelt. Eine Spitzmarke nennt den Begriff Ölpreis und lässt ahnen, dass Schröder damit auf die Kritik an den hohen Treibstoff- und Heizölpreisen reagiert.

Das Besondere muss in die Überschrift

Ein sinnvoller Titel nennt das Besondere. Er beschränkt sich nicht darauf, zu sagen, was passiert ist, sondern sagt zusätzlich, worin es sich von bisherigen ähnlichen Ereignissen unterscheidet. Anhand einer Auslandsnachricht soll gezeigt werden, welche Möglichkeiten dies eröffnet:

Protest gegen hohe Dieselpreise (AARGAUER ZEITUNG, 5. 9. 2000)

ist eine typische Überschrift für diese Nachricht. Sie drückt aus, was vorgefallen ist: Es wurde protestiert. Aber sie sagt dies wenig spezifisch (mit der Komprimierung *Protest* statt mit dem Verb *protestieren*).
Für viele Zeitungen war aber nicht dies das Problem. Sie versuchten der Tatsache gerecht zu werden, dass nicht nur gegen die Dieselpreise, sondern auch gegen die Benzinpreise protestiert wurde. Eine andere Zeitung löste das Dilemma mit:

Protest gegen Spritpreise (MANNHEIMER MORGEN)

Noch immer ist aber nicht klar, wer protestiert hat. Die Meldung stammte aus Frankreich und berichtete von den Aktionen von Fernfahrern. Diese hatten schon in den Tagen zuvor von sich hören lassen. Der Protest war also nicht neu; die Überschrift in den beiden bisherigen Varianten nicht spezifisch genug. Deshalb ist die folgende Variante für diesen Tag aussagekräftiger:

Französische Fernfahrer stoppen aus Protest Hochgeschwindigkeitszug (SCHWÄBISCHE ZEITUNG)

Diese Überschrift sagt zudem deutlich, wer protestiert hat – Fernfahrer – und wo sie es taten – in Frankreich. Hier wurde das Besondere in die Überschrift aufgenommen. Sie enthält neben Wer, Was und Wo auch das Wie. Zudem hat sie die Form eines aktiven Satzes.

Wenn das Ereignis komplexer ist, kommt durch die Auswahl der Fakten, die in die Überschrift gelangen, eine Interpretation zustande. Oft entsteht dadurch aber auch ein Spielraum, um eine attraktive Lösung zu wählen. Dies zeigt das folgende Beispiel.

Am 25. Juli 2000 fing ein Concorde-Überschallflugzeug kurz nach dem Start in Paris Feuer und stürzte ab. Einen guten Monat später wurde der erste Zwischenbericht über Erforschung der Ursachen vorgelegt. Während die Meldung des Unglücks selbst nicht viel Spielraum ließ (z.B. DIE WELT: *113 Tote bei Concorde-Absturz*), stand hier eine Fülle von Details zur Wahl. Denn wie immer bei solchen Katastrophen, hatte offenbar eine Verkettung mehrerer Ereignisse zum Unglück geführt.

Piste wurde vor Start der Concorde nicht inspiziert

Das war die Überschrift der SÜDDEUTSCHEN ZEITUNG. Sie nannte in einer Aussage ein Versäumnis, das vielleicht ausschlaggebend für das Unglück war. Das Flugzeug war beim Start über eine herumliegende Metall-Lamelle gerollt, die den Reifen zum Platzen brachte. Teile des Reifens durchschlugen danach einen Kerosintank und ausströmendes Kerosin entzündete sich.
Dass die Formulierung der SZ eine positive Leistung ist, zeigt der Vergleich mit der NEUEN ZÜRCHER ZEITUNG, die denselben Aspekt der Nachricht in die folgenden Worte fasste:

Inspektion der Piste vor dem Concorde-Start verschoben.

Dass aktive Verben vermieden werden, hat bei NZZ-Überschriften eine gewisse Tradition; aber hier wurde die Aussage weniger klar, weil man unnötig genau sein wollte. Dass die Untersuchung der Piste, ein täglicher Routinevorgang, verschoben wurde, weckt überflüssigerweise die Frage: auf wann? Dass die Piste bis zum Zeitpunkt des Abflugs nicht inspiziert wurde, ist dagegen genau die relevante Information.

Der Untersuchungsbericht bestand nun aber nicht nur aus derartigen Einzelheiten; er erzählte auch die Geschichte des Unglücks und gab Gespräche zwischen Fluglotsen und Cockpit wieder. Das ergab die Möglichkeit für emotionale Überschriften (die in der Unterzeile eingeordnet werden mussten:

Concorde 4590, Sie haben Flammen hinter sich (FRANKFURTER RUNDSCHAU)

Mit der Überschrift eingrenzen

Die Überschrift grenzt ein. Dies ist besonders wichtig für Hintergrundberichte mit allgemeinen Informationen, die keinen Anspruch auf Aktualität erheben können.

Zeitschriften, die sich mit medizin- oder konsumorientierten Themen an ein breites Publikum wenden, wählen oft allgemeine, durchaus korrekte, aber unattraktive Lösungen:

Typische Krankheiten während der Schwangerschaft

ist ein grundseriöser Titel, und sehr wahrscheinlich bemüht sich die Autorin, alles, was sie zu dem Thema recherchiert hat, im Überblick vorzustellen. Aber ihr Artikel wird eher gelesen, wenn sie ihn über einen wichtigen Aspekt verkauft – z.B.:

Schwangerschaft: Zuckerkrank auf Zeit

– mit einem einordnenden Untertitel. Nichts wird sie daran hindern, im Text trotzdem alles über Krankheiten während der Schwangerschaft zu sagen. Aber für den Titel hat sie sich für eine speziellere Formulierung entschieden. Sie macht neugierig und weist dabei doch auf eine zentrale Aussage.

Wer die Zeitung aufschlägt, will wissen, was neu ist. Wie schon das journalistische Bild neu und spezifisch sein soll, muss auch die Überschrift etwas ankündigen, was man bisher noch nicht wusste. Eine Überschrift, die das immer Gleiche betont, kommt dem Bedürfnis nach Information nicht entgegen. Titel wie: *Gemeinderat hat getagt*, die von Woche zu Woche wiederholt werden können, motivieren nicht zum Lesen. (Dagegen passte während einer Skiweltmeisterschaft in Japan, bei der ständig Veranstaltungen abgesagt werden mussten, eines Montagmorgens der nüchterne Titel: *Ein Rennen fand statt.*)

Ähnliches gilt für Sprichwörter, Redensarten und andere feste Formeln.

> *»Auf die Plätze, fertig, los!«* (KLEINE ZEITUNG, 25. 8. 2000)
>
> lässt sich ebenso wenig einordnen wie: *Neues Programm liegt vor* (SÜDKURIER, 5. 9. 2000) oder: *Es geht auch anders* (TAGESSPIEGEL, 5. 9. 2000). Das Erste ist der Slogan einer Kinderspielplatzaktion der steirischen Landesregierung, das Zweite ein Hinweis auf ein Programm des Bildungswerks einer süddeutschen Gemeinde, das Dritte der Titel einer Buchbesprechung. Nichts deutet jeweils auf den Inhalt hin. (Vgl. hierzu auch den Abschnitt über den Einstieg, oben S. 60.)

Das Detail muss stimmen

Allzu sehr eingegrenzt ist die Überschrift, wenn sie eine Fehlinterpretation nahe legt. Bisweilen hat das darin enthaltene Detail mit der Aussage des Textes kaum mehr viel zu tun hat.

Es gibt Zeitschriften, die konsequent einige Worte aus dem Artikel als Titel setzen. Damit können sie einen attraktiven Aufhänger schaffen und zudem eine Formel, in der Hauptaussage und Interpretation angedeutet sind.

Applaus für Mias Bluse ist ein Titel in der Berichterstattung über die gerichtliche Auseinandersetzung zwischen Mia Farrow und Woody Allen. Der Titel passt, wenn der Streit im Text als fragwürdige Inszenierung dargestellt wird, bei der das Publikum wie im Kino auf oberflächliche Details reagiert. Er enthält zwar nicht das Interpretationsmodell, aber er deutet es an.

> Im SPIEGEL erzählt Gisela Friedrichsen die Geschichte eines Autofahrers, der einen Polizisten erschossen und einen weiteren verletzt hat, aus Angst, seinen Führerschein zu verlieren. Die Erzählung macht deutlich, dass einer solchen Tat mit Schwarzweißmalerei nicht beizukommen ist. Man erfährt viel über die Opfer, aber auch über das verpfuschte Leben des Täters. Der Text endet mit dem Fazit:
>
> *Die Tat, die dieser zerstörte Angeklagte begangen hat, scheint sich nicht zum Exempel dafür zu eignen, dass die Tötung eines Polizisten nur mit der härtesten Strafe geahndet werden kann. K. ist lebenslang sein eigenes Opfer. Er leidet unsäglich an dem, was er getan hat. Welch eine bittere Aufgabe, hier ein Urteil finden zu müssen.*
> (SPIEGEL 36/2000)

Als Titel aber stand über dem differenzierten Text ein Zitat, das so beliebig aus dem Text herausgerissen ist, dass es keine Orientierungshilfe mehr bietet:

»Was macht denn der?«

Ein Satz, der über jeder Verbrechensstory stehen könnte und deshalb den Text unter seinem Wert verkauft.

Titel müssen verstanden werden

Titel sollen bei einem orientierenden Lesen schnell erfasst werden können. Sie müssen deshalb einfach und eindeutig sein.

Ein guter Titel ist verständlich. Oft rechtfertigen Journalisten ihre rätselhaften Titel mit der Behauptung, sie würden neugierig machen. Die Erfahrung ist aber eine andere: Texte mit völlig unverständlichen Titeln werden eher links liegengelassen; der Leser springt zum nächsten Reizelement.

Es ist nicht erstaunlich, dass bei der Studie zum Leseverhalten, die Norbert Küpper anhand des BADISCHEN TAGBLATTS durchgeführt hat, ein bestimmter Artikel »praktisch nicht gelesen wurde« (KÜPPER 1989, 5). Er trug die Überschrift:

Steinstele bereitete den Archäologen Sternstunde

Nur wer weiß, was eine Stele ist, nur wer zusätzlich sich noch vorstellen kann, wie eine solche einer bestimmten Berufsgruppe eine Sternstunde bereiten kann, ist in der Lage, sich aus dem Titel eine Aussage über den Text zusammenzureimen. 61 Prozent der LeserInnen erfassten zwar den Titel mit den Augen; aber schon der Lead wurde nur noch von 9 Prozent gelesen.

Zwar muss ein Titel Neugier wecken. Er kann dies tun, indem er etwas offen lässt. Ein unverständlicher Titel aber lässt alles offen, teilt also nichts mit, worauf man neugierig sein könnte.

Ausdrücke, die Klammern enthalten *(Der FCL weiter auf der Suche nach (s)einem Gesicht),* müssen zweimal gelesen werden und eignen sich deshalb nicht als Titel. Auch wortreiche Kurzgeschichten (*Wer Briefe schreibt oder telefoniert, wird künftig noch mehr zur Kasse gebeten)* müssen länger studiert werden, als sinnvoll wäre. Wenn ein Titel nicht gekürzt werden kann, bietet sich die Doppelpunkt-Form an (statt *Umgestürzter Baum versperrt Fahrbahn in der Oberdorfstrasse* eher: *Oberdorfstrasse: Baum versperrt die Fahrbahn*).

Ein Titel soll aber nicht um jeden Preis kurz und prägnant sein. »Lieber eine relativ lange Überschrift als eine kurze, nichtssagende«, hat Norbert Küpper aus seiner Studie zum Leseverhalten gefolgert.

Metaphern kommen der Einstiegshilfefunktion des Titels nur dann entgegen, wenn sie originell sind und einleuchtend mit dem Inhalt des Artikels verknüpft sind. Zur Meldung über einen rätselhaften nächtlichen Stromausfall passte gut: *Stromausfall: Polizei tappt im Dunkeln,* zu einer Wirtschaftsmeldung: *Tabakkartell löst sich in Rauch auf.* Meistens aber wirken metaphorische Titel sehr beliebig:

> Wenn zum selben Thema (Kursverlust des Euro)
>
> *Der Sinkflug setzt sich fort* (SÜDWESTPRESSE, 2. 9. 2000)
>
> ebenso gut möglich ist wie:
>
> *Euro verliert wieder etwas an Boden* (STUTTGARTER ZEITUNG, 5. 9. 2000),
>
> dann bedeutet dies, dass der Bildspender keine Rolle spielt. Da ist von der Metapher auch keine große Wirkung mehr zu erwarten.

Titel in Frageform *(Wurden Charles und Diana beschattet?)* eignen sich dann, wenn der Text eine Sache darstellt, die nicht geklärt ist. In allen Fällen, wo der Text die Antwort weiß *(Welche Sonnenbrille schützt meine Augen?)*, verkauft ein Fragetitel ihn unter seinem Wert. *Acht von zehn Sonnenbrillen schaden den Augen* ist präziser und verkauft den Text besser.

In der Überschrift spricht die Redaktion

Auch bei der Überschrift stellt sich die Frage nach der Trennung von eigenen und fremden Aussagen. Und da in der Überschrift die Redaktion ihren Text verkauft, äußert sich hier prinzipiell sie und nicht ein Akteur – außer das wäre sehr deutlich gekennzeichnet. Problemlos ist ein Titel wie dieser, der über einem Interview mit Hans-Olaf Henkel, dem Präsidenten des Bundesverbandes der deutschen Industrie, steht:

> *Henkel: Das Arbeitsamt kann man abschaffen* (BILD AM SONNTAG, 15. 10. 2000)

Hier ist klar, dass es sich um ein Zitat handelt, auch wenn die Anführungszeichen fehlen. Anders, wenn der Akteur nicht genannt wird. Da helfen oft auch die Anführungszeichen nicht. Im folgenden Fall verfremdete die Zeitung zwar die Überschrift, indem sie eine sonst nicht gebräuchliche Schriftart wählte. Aber sie muss sich dennoch vorwerfen lassen, dass sie sich eine rassistische Parole zu eigen macht, wenn sie so titelt:

> *Zuviel Ausländer* (WELTWOCHE, 27. 10. 1994)
>
> Das ist die Überschrift über einer Reportage aus dem Basler Stadtteil Kleinbasel, in dem die Bevölkerung schweizerischer Nationalität in der Minderheit ist. Im Text wird ein Schweizer Bewohner zitiert, der in seinem Dialekt »Zvyl Ussländer!« sagt. Da ist der Ausspruch klar als fremde Rede zu erkennen. In der Überschrift fehlen die distanzierenden Merkmale.

Natürlich kann ein Titel Zitatform haben; aber er muss sorgfältig interpretativ eingebettet werden – zum Beispiel durch einen Untertitel oder eine klare Zuordnung zur Fotografie der zitierten Person. Bei Porträts funktioniert diese Kombination meist besser als bei Berichten.

Titel und andere motivierende Elemente werden also zunächst als eigene Rede verstanden. Hier hört man den Autor oder die Redaktion reden. Das muss nicht als Beschränkung empfunden werden. Es kann eine Chance darin liegen, diese Texte besonders selbstbewusst und attraktiv zu gestalten. Denn hier entscheidet sich, ob ein Artikel überhaupt gelesen wird.

Unter- und Oberzeilen entlasten die Überschrift

Dass Überschriften sehr oft in Kombination mit Unter- und Oberzeilen (Dachzeilen) auftreten, hat einen guten Grund: Sie entlasten die Überschrift. Sie nennen Zusatzinformationen und lassen damit mehr Spielraum für attraktive Titel. Dachzeilen, die konsequent eingesetzt werden, geben an, zu welcher Kategorie das Ereignis oder der Sachverhalt gehört:

> *Theatereinweihung*
> ***»Diese Stadt ist eine Grabstätte der Architektur«***
>
> Auch mit Unterzeile ist eine solche Einordnung möglich:
>
> ***»Diese Stadt ist eine Grabstätte der Architektur«***
> *Carlo Anziano sprach an der Einweihung des neuen Theaters*

Häufig sieht man auch Kombinationen, bei denen beide Teile gleichwertige Informationen enthalten. Das liegt gerade bei Zweifachmeldungen nahe, kann aber zu Schwierigkeiten beim Lesen führen.

Dies geschieht dann, wenn Titel und Untertitel Aussagen machen, die in einem starken Gegensatz stehen:

Demonstrationen gegen Neonazis
Weitere Übergriffe auf Asylantenheime in Ostdeutschland

Wenn es nicht möglich ist, zu zwei Ereignissen auch zwei separate Meldungen zu bringen, sollte der Gegensatz sprachlich unterstrichen werden. Eine trennende Konjunktion kann dies leisten:

Demonstrationen gegen Neonazis
Gleichzeitig weitere Übergriffe auf Asylantenheime in Ostdeutschland

Oft machen sich auch Titel und Untertitel Konkurrenz, obschon sie eigentlich das Gleiche aussagen:

Längere Handy-Nummern
UMTS-Technik bringt zwölfstellige Rufnummern
(STUTTGARTER ZEITUNG, 5. 9. 2000)

Der Unterschied zwischen Hauptzeile und Unterzeile ist minimal. Die Unterzeile ordnet nicht ein, sondern sie wiederholt, wenn auch eine Spur genauer. So kann der Eindruck entstehen, dass man bereits ausreichend informiert ist und den Artikel nicht mehr zu lesen braucht. Ein Hinweis in der Art, dass sich die Hauptinformation um die verschiedenen konkurrierenden Firmen und ihre möglichen Kunden dreht, würde die Verwendung einer Unterzeile besser rechtfertigen. Das wäre durchaus in einer konkreten Aussage der folgenden Art möglich:

Längere Handy-Nummern
Das erlaubt bis zu 100 Millionen Kunden pro Firma

Nicht nur Untertitel, auch *Dachzeilen* werden erst nach dem Haupttitel gelesen – wenn überhaupt. Sie werden dann am besten genutzt, wenn sie eine konsequente Form bekommen. Sie eignen sich deshalb am ehesten zur thematischen oder örtlichen Einordnung und können einen einzigen Begriff umfassen. Eine Regionalzeitung kann die Dachzeile konsequent für die Nennung der jeweiligen Gemeinde nutzen, über die der Artikel berichtet. Sie erbringt damit eine bessere Dienstleistung, als wenn sie beliebige Zusatzinformationen hineinpackt. Untertitel sind dagegen länger als Dachzeilen; sie nennen den Themenbereich oder das Ereignis in einer einfachen Aussage. Ein einzelner Begriff würde an dieser Stelle als Stopper wirken.

4.6 Die Zwischenüberschrift fordert zum Weiterlesen auf

Zwischenüberschriften fordern den Leser auf, dranzubleiben. Sie bieten einen zusätzlichen optischen Reiz: Blickverlaufsuntersuchungen zeigen, dass viele Leser abspringen, wenn sie am Ende eines Abschnitts angelangt sind. Wenn im gleichen Text ein weiterer optischer Reiz zu finden ist, springen sie wenigstens da hin. Ein Zwischentitel bietet einen solchen Reiz. Es ist deshalb sinnvoll, jeden Text, der nicht extrem kurz ist, mit Zwischentiteln zu versehen. (Für Norbert Küpper ist die Gliederung durch Zwischentitel eine der Bedingungen dafür, dass ein langer Artikel gelesen wird; aufgrund seiner Untersuchung verlangt er zusätzlich: ein Bild als Aufmacher, eine gut getextete Überschrift und ein interessantes Thema.)

Der Zwischentitel gliedert: Mit gut formulierten Zwischentiteln ist es möglich, den Aufbau (die Teilaussagen, aus denen sich die Hauptaussage ergibt) deutlicher zu machen. Deshalb ist es nicht egal, an welcher Stelle Zwischentitel gesetzt werden. Ein Text kann gewinnen, wenn die Zwischentitel im Zusammenhang gelesen werden können und so über die Entwicklung des Gedankengangs informieren.

Besonders in diesem Bereich treten Widersprüche zwischen den Ansprüchen der verständlichen Information und des attraktiven Layouts zutage: Aus gestalterischen Überlegungen gibt es auf der Zeitungsseite Stellen, die sich für Zwischentitel nicht eignen, auch wenn sie aus inhaltlichen Gründen da hingehören – z.B. zuoberst in einer Spalte.

Oft stimmen allerdings gestalterische und funktionale Prinzipien überein: Wenn eine Spalte mit einem Zwischentitel anfängt, ist das nicht nur hässlich, sondern es stört auch die Orientierung beim Lesen.

Für die sprachliche Form gelten bei Zwischentiteln die gleichen Überlegungen wie bei Haupttiteln: Aussagen sind besser als einzelne Begriffe. Für die Wahl dieser Aussage kann man ähnlich vorgehen wie bei der Bildlegende: Ein Satz aus dem folgenden Abschnitt kann herausgegriffen werden. Der Titel verspricht der Leserin, dass sie diesen Satz mit einem entsprechenden Kontext finden wird.

Dass eine Zeitung oder Zeitschrift ihr Erscheinungsbild verändert, ist eine alltägliche Erscheinung. Etwas Besonderes ist es aber immer noch, wenn dabei gleichzeitig Überlegungen zur optischen und zur sprachlichen Gestalt gemacht werden.

Instruktiv ist das Beispiel einer Familienzeitschrift, die die Neugestaltung dazu nutzte, wirksamere Einstiegshilfen zu ermöglichen.

Schon früher wurden in der Zeitschrift konsequent Zwischentitel gesetzt – allerdings in einer Schrift, die nicht mehr als 25 Anschläge erlaubte, und mit der Auflage, dass nur einzeilige Zwischentitel erlaubt waren. In einem Artikel zum Thema Geburtshilfe (WIR ELTERN, 11 / 1988) sahen die Zwischentitel so aus:

Das Spital

Das Warten

Die Angstfreude

Die Hebamme

Der werdende Vater

Die Technik

Diese Überschriften bestehen aus lauter einzelnen Begriffen, wie bei Wörterbuchartikeln. Sie versprechen nichts Neues, sie enthalten keine Botschaft.

Bei der Umgestaltung entschied man sich für eine relativ große Schrift für die Zwischentitel, die (bei etwa gleichviel Anschlägen pro Zeile) bis drei Zeilen einnehmen konnten. Denn zum neuen Erscheinungsbild gehörte auch die Regel, dass der Zwischentitel jeweils eine wichtige Aussage aus dem folgenden Abschnitt vorwegnehmen sollte. In einem späteren Artikel zum Thema »sanfte Geburt« (WIR ELTERN 1 / 1990) waren folgende Lösungen möglich:

Frauen nehmen die Geburt selbst in die Hand

Dammriss heilt leichter als Dammschnitt

Susi wird auf die Welt geatmet

- lauter Formulierungen, die dem Leser eine erste Information geben und ihm sagen, dass er im folgenden Abschnitt dazu Näheres erfahren wird.

Viele Journalistinnen und Journalisten sind es nicht gewohnt, in eigenen Texten Zwischentitel zu setzen, weil sie die Erfahrung gemacht haben, dass sie beim Redigieren gesetzt (und oft beim Kürzen gestrichen) werden.

Aber allen AutorInnen ist dringend zu raten, Zwischentitel in ihren Texten selbst zu setzen. Ein Redakteur, der den Artikel nur oberflächlich gelesen hat (oder gar ein Produzent, der sich v.a. für den optischen Eindruck interessiert), pickt oft aufs Geratewohl ein paar Wörter aus dem nächsten Abschnitt heraus. Dem lässt sich nur vorbeugen, indem man im voraus

Zwischentitel vorschlägt. Auch freie JournalistInnen sollten ihre Texte immer vollständig abgeben, mit Titeln, Leads und Zwischentiteln. Auch wenn sie die bittere Erfahrung machen müssen, dass in der Redaktion vieles umgeschrieben wird, liefern sie damit doch Vorschläge und geben ihren KollegInnen Verstehenshilfen.

Zwischentitel müssen beim Kürzen oft als erstes dran glauben. Scheinbar kann man auf die Weise einen Text retten, ohne auf wichtige Passagen verzichten zu müssen. Diese Ansicht ist verständlich. Diese Praxis führt aber dazu, dass ein Artikel wichtige Einstiegshilfen verliert. Wer Zwischentitel kürzt, verzichtet auf ein wesentliches Instrument, mit dem er den Leser durch den Text führt. Wer sich dafür interessiert, dass ein Artikel beachtet wird, plant besser einzelne Textstellen im Inneren, so dass sie bei Bedarf weggelassen werden können, ohne dass dabei unüberwindbare Anschlussprobleme entstehen. Wenn in der Redaktion über diese Dinge Einigkeit herrscht, kann man die betreffende Stelle sogar mit einem Zeichen versehen. Dann wird auch verhindert, dass durch gedankenloses, mechanisches Kürzen andere, wichtigere Stellen aus dem Artikel fallen, nämlich die Zwischentitel oder der Schluss.

4.7 Der Lead öffnet den Text

Der Lead (in Zeitschriften auch: Vorspann, Auftakt, Motto) führt vom Titel in den Text. Er ist ein eigener Text, nicht etwa der Anfang des Haupttextes und auch nicht die Ergänzung zum Titel. Der Lead sagt also, etwas detaillierter, das Gleiche aus wie der Titel. Er sagt es allerdings in anderen Worten, um Stopper-Effekte zu vermeiden. Über seine Funktion streiten sich in der Praxis vor allem zwei Schulen. Ich versuche sie im Folgenden zu versöhnen, weil sie nur scheinbare Gegensätze vertreten.

Eine Frage offen lassen

Die zwei Lehrmeinungen, die sich nur scheinbar widersprechen, lauten so: »Der Lead muss dem eiligen Leser eine Kurzinformation geben.« Und: »Der Lead darf noch nicht alles sagen, weil der Leser sonst nicht weiterliest.«

Diese beiden Sätze ergänzen sich: Der Lead muss in knapper Form sagen, worum es im Text geht – er muss zum Beispiel das Ereignis nennen. Er soll aber eine Frage offen lassen, damit es einen Anreiz zum Weiterlesen gibt.

Leider wird in vielen Redaktionen die Regel 1 so gedeutet, dass als Lead ausführliche Zusammenfassungen von 20 Zeilen und mehr akzeptiert werden – angeblich als Serviceleistung für den Leser. In Wirklichkeit produziert man damit einen Text von sehr hoher Informationsdichte und macht die Lektüre des Haupttextes überflüssig. Natürlich soll der Lead die Hauptinformation wiedergeben (es ist frustrierend, einen Lead zu lesen, der nur Nebensächliches aussagt) – aber er soll auch nicht auf sämtliche sieben W-Fragen des Nachrichtenjournalismus antworten.

Im übrigen heißt »eine Frage offen lassen« nicht: der Leserin wird eine wichtige Information vorenthalten, sondern: Der Lead wird so formuliert, dass sie es genauer wissen will.

> Beispiel: Ein Lead in einer Tageszeitung, der so viel sagt, dass kaum mehr Fragen offenbleiben:
>
> *Bis zu 40 Prozent des Strombedarfs können die Tübinger Stadtwerke künftig mit eigenen Anlagen produzieren. Allein 18 Prozent schafft das Blockheizkraftwerk Obere Viehweide, das nach einjähriger Bauzeit seit wenigen Wochen am Netz hängt. Zusätzlich erzeugen zwei auf neuesten Stand gebrachte Wasserkraftwerke umweltverträglich Strom. Denn Stadtwerke-Chef Friedrich Wenig ist davon überzeugt, dass seine Tübinger Kunden nicht nur auf den Preis, sondern auch auf ökologische Kriterien achten.* (SCHWÄBISCHES TAGBLATT, 6. 9. 2000)
>
> Kern des Leads ist eine Aufzählung. Das verschafft immer den Eindruck von Vollständigkeit. Auch das hinzugefügte Werbestatement des Chefs der Stadtwerke ist sehr ausführlich zusammengefasst. So wird weder Neugier für weitere Informationen noch für weitere Argumente geweckt.
>
> Die Hauptinformation des Textes – dass die Stadt einen großen Teil ihres Stroms selbst erzeugt und dass sie sich um Umweltverträglichkeit bemüht – kann knapper ausgedrückt werden und so, dass ein Anreiz bleibt, den Text weiter zu lesen, weil nähere Begründungen noch offen bleiben:
>
> *Bis zu 40 Prozent des Strombedarfs können die Tübinger Stadtwerke künftig mit eigenen Anlagen produzieren – und zu einem großen Teil mit umweltverträglichen Wasserkraftwerken. Stadtwerke-Chef Friedrich Wagner ist sich sicher, dass er seine Kunden halten kann.*

Wenn der Lead attraktiv aufhört, ist die Wahrscheinlichkeit hoch, dass der Leser weiterliest. Zwei Bedingungen müssen erfüllt sein, dass er den Einstieg leicht findet: Der Schritt vom letzten Satz des Leads zum Anfang des Haupttextes muss einleuchten. Ein zu großer Gedankensprung kann den Eindruck erwecken, die beiden Teile gehörten gar nicht zusammen; der Leser springt weiter. Aber auch eine wörtliche Wiederholung kann kontraproduktiv sein: Der Leser liest bereits Bekanntes, sein Interesse lässt nach.

Hauptaussage und Verweis

Für den Aufbau eines knappen Leads reicht das Muster *Hauptaussage + Verweis in den Text:* Der Lead braucht da nicht mehr als zwei Sätze. Der erste nennt das Ereignis oder den Sachverhalt, der zweite macht neugierig auf die Zusatzinformationen im Text:

> *Aktienkurse zu manipulieren, ist auch in der Schweiz illegal. Doch das Risiko, dafür belangt zu werden, ist minimal.*

Der erste Satz enthält die Basis-Information. Sie nennt das Thema. Der zweite Satz bringt eine Zusatzinformation, die Spannung erzeugt. Wer wissen will, wie Aktienkurse manipuliert werden und warum man es unbehelligt tun kann, muss den Text lesen.

> Der Originaltext enthielt noch einen konkreten Einstiegssatz; der Autor wollte wohl einen zu sachlichen Anfang vermeiden:
>
> *Ein gezieltes gestreutes Gerücht, ein Börsengeschäft mit sich selbst: Aktienkurse lassen sich manipulieren. Das ist zwar auch in der Schweiz illegal. Doch das Risiko, je dafür belangt zu werden, ist minimal.* (TAGES-ANZEIGER, 24. 7. 2000)

Leads, die in zwei Schritten vorangehen, leben meistens von einem Kontrast oder Konflikt zwischen dem ersten und dem zweiten Teil. Der Nachteil liegt darin, dass so die neueste Information oft an zweiter Stelle platziert ist. Das ist aber bei Berichten durchaus akzeptabel, vorausgesetzt, der erste Teil, der die Vorgeschichte wiedergibt, ist attraktiv formuliert und kurz.

> (1) *In Rhein und Elbe, einst Kloaken, geschieht ein blaues Wunder: Der Lachs wird wieder eingebürgert.* (2) *Doch jetzt droht dem sensiblen »König der Fische« Gefahr – ausgerechnet durch Umweltschützer.* (DER SPIEGEL *35/2000)*

Es ist kein Zufall, dass in beiden zitierten Beispielen das Wort *doch* vorkommt. Es zeigt, dass mit einem Gegensatz Spannung erzeugt wird.

Die große Herausforderung sind, wie bereits angedeutet, Layoutveränderungen, die ohne Rücksicht auf den Inhalt vorgenommen werden. Oft stehen heute für den Lead nur sehr wenige Zeilen zur Verfügung. Da ist man oft versucht, nur einen einzigen Satz zu formulieren. Dennoch kann man auch da versuchen, eine Zweigliedrigkeit wenigstens im Satzrhythmus zu erreichen:

Die deutsche Finanzfirma Future Team lockt mit vollmundigen Versprechen – auch in der Schweiz. (TAGES-ANZEIGER, 24. 7. 2000)

Hier ist es gelungen, in einem einzigen Satz zwei Hauptbetonungen zu setzen. Der Gedankenstrich hat es trotz knapper Platzverhältnisse ermöglicht, einen kurzen Satz zu portionieren und damit rhetorisch effektvoller zu gestalten.

Portionierter, attraktiver Stil

Der Lead ist eine der wenigen Textformen, die davon profitieren, wenn sie aus kurzen Sätzen aufgebaut sind. Das kommt dem schnellen, orientierenden Lesen entgegen. Wenn er zudem noch in einem attraktiven Stil (Perspektive!) gehalten ist, übt er seine Motivationsfunktion besser aus.

Unübersichtlich ist der folgende Lead:

Die Frankfurter CDU hat nach ihren Angaben »keinerlei Vorbereitungen« getroffen, um sich finanziell an den Rückforderungen an die gesamte Partei in Höhe von 41 Millionen Mark zu beteiligen. Heute soll der Bericht der Wirtschaftsprüfer vorgestellt werden.
(FRANKFURTER RUNDSCHAU, 16. 2. 2000)

Warum nicht so:

Die CDU muss dem Bund 41 Millionen Mark zurückzahlen. Die Frankfurter CDU will sich daran nicht beteiligen.

Hintergrund dieser Meldung ist zwar ein sehr viel komplizierterer Sachverhalt. Diese knappe Version kommt ihm aber ebenso nahe wie die umständliche Originalfassung. Der Hinweis auf den Bericht der Wirtschaftsprüfer überfrachtet den Lead mit einer zweiten Hauptaussage. Man muss sich für eine der beiden entscheiden.

Organisatorisches gehört nicht in den Lead

Dass attraktive Leads auf Zahlenhäufungen und Spezialwortschatz verzichten, versteht sich von selbst. Aber auch organisatorische Details – Daten, Veranstalternamen, Quellenangaben – widersprechen der Verkaufsfunktion. Sollten sie dennoch einmal notwendig sein, so lohnt es sich, sie in die Mitte zu packen. Der Lead hört dann mit einer inhaltlichen Aussage auf, die in den Text führt, statt mit einer organisatorischen Aussage, die Stopperfunktion hat.

> Der folgende Lead beginnt mit einem umständlichen Zitat und endet mit einer organisatorischen Information:
>
> *WANKHEIM. Eine »Ortsmitte zum Wohlfühlen« ist nach den Worten von Bürgermeister Günter Müller in dem Kusterdinger Teilort nun entstanden, was Wankheim seinem neuen Brunnen verdanke. Am gestrigen Sonntagsmorgen trafen sich rund zweihundert Bürgerinnen und Bürger, um diesen Brunnen einzuweihen.* (SCHWÄBISCHES TAGBLATT, 4. 9. 2000)
>
> Besser wäre es, den Anlass, die Einweihungsfeier, in die Mitte zu nehmen und mit einer attraktiveren Aussage aufzuhören. Dies ist beim folgenden, ähnlich unspektakulären Thema gelungen:
>
> *TÜBINGEN Was tut eigentlich ein Regierungspräsidium? Das will die Behörde beim Tag der offenen Tür am 2. Juli erklären. Dazu gibt es Musik, einen Bauernmarkt und geräucherte Felchen oder Ochs am Spieß.* (SCHWÄBISCHES TAGBLATT, 27. 6. 2000)

4.8 Hinweistexte machen neugierig

Die Frontseite einer Tageszeitung wie auch die Aufschlagseiten der einzelnen Bünde bieten heutzutage eine Vielzahl von Themen an: Kurze Texte weisen auf Artikel im Innern des Blattes hin. In Zeitschriften sind es oft einzelne Fenster im Inhaltsverzeichnis, die wichtige Texte aus dem Inneren »verkaufen«.

Diese kurzen Hinweise haben mit dem Lead die Eigenschaft gemeinsam, dass sie dem Leser eine orientierende Information geben und ihn gleichzeitig neugierig machen Auch diese Texte müssen auf die Hauptinformation konzentriert werden. Nur so lässt sich die Frage nach der offenen Information (meistens: »Warum?«) stellen.

Auch wenn Hinweistexte kurz sind, müssen sie dennoch eine argumentative Struktur enthalten. In zwei Sätzen lässt sich viel leichter eine Spannung erzeugen. Dies hat die TAZ auf ihrer ersten Seite eine Zeitlang demonstriert:

> ***Taslima Nasrin***
> *Sie war in Bangladesch verfolgt und bedroht – nun melden sich Zweifler.*
>
> ***Ornette Coleman***
> *Er machte Free Jazz und unverschämten Sound – nun gibt's eine neue Platte.*
>
> ***Jerry Lee Lewis***
> *Er sang gern von heißgelaufenen Hoden – heut' wird er 60.*
> (TAGESZEITUNG, 29. 9. 1995)

Die Anforderungen an gute Hinweistexte und verwandte Texttypen richten sich nicht nur nach der Informations- und Motivierungsabsicht. Sie müssen sich auch nach den Lesegewohnheiten richten. Sie stehen auf der ersten Seite der Zeitung oder des entsprechenden Bundes. Sie müssen auch bei einem flüchtigen Überfliegen attraktiv und aussagekräftig sein .

Dabei geht es nicht darum, den Leserinnen und Lesern die Aufgabe zu einfach zu machen. Aber hier entscheidet sich, ob sie überhaupt für die Lektüre gewonnen werden.

5. Texte beurteilen: Konstruktive Kritik an eigenen und fremden Texten

Kritik gehört zum journalistischen Arbeitsprozess. Sie beginnt schon beim Schreiben. Das Verfassen eines journalistischen Textes ist begleitet von vielen Überprüfungen und Korrekturen. Viele Schritte auf dem Weg von der Recherche bis zur letzten Fassung sind begleitet von Rücksprachen mit Kolleginnen und Kollegen. Und wenn der Text erschienen ist, kommen erst recht Reaktionen, von der Redaktionskonferenz, bei der die neueste Ausgabe besprochen wird, bis zum informellen Gespräch zweier Kollegen beim Kaffee.

Zur journalistischen Arbeit gehört Teamwork, und da sind viele Möglichkeiten des Feedbacks von vornherein angelegt. Es liegt an den einzelnen, sie zu aktivieren. Dieses Kapitel soll helfen, gute Kritikgespräche zu führen.

Wer kritisiert wen?

Voraussetzung für konstruktive Kritik ist, dass Kritiker und Kritikempfänger guten Willens sind. Ideal wäre, wenn beide im Bemühen um ein erfolg reiches Produkt und eine reibungsarme Zusammenarbeit für konstruktive Kritik motiviert wären. Leider ist das im Alltag nicht immer der Fall, und deshalb ist die Frage, wer wen kritisieren soll bzw. wer bei wem Kritik einholen soll, ebenso wichtig.

Redakteurinnen, Chefredakteure, Volontärinnen, Freie – sie alle haben aus ihren unterschiedlichen Berufsrollen heraus unterschiedliche Beziehungen zu Kritik. Sie kritisieren aus unterschiedlichen Motiven und sie werden mit ganz unterschiedlichen Rückmeldungen konfrontiert. Von Akteuren, die auf die Berichterstattung Einfluss nehmen möchten, von KollegInnen und MitarbeiterInnen, aber auch von anderen Teilen des Unternehmens, etwa von der Werbeabteilung oder von der Verlagsleitung. Oft ist es schwer, zwischen gerechtfertigter und unsachgemäßer Kritik zu unterscheiden, und es ist nicht immer leicht einzuschätzen, welche Kritikpunkte man sich über den Tag hinaus merken soll.

Zudem haben unterschiedliche Kritiker unterschiedliche Kriterien. Der Chefredakteur, der eine Fernsehkritik schlecht findet, kann davon beeinflusst sein, dass das Medienunternehmen, zu dem seine Zeitung gehört, die Sendung produziert. Der Redakteur, der einen frechen Satz aus dem Text der Volontärin streicht, weiß oft nur zu sagen: „Das haben wir noch nie gehabt". Vieles an der täglich geübten Kritik ist leichter mit persönlichen Spannungen und Profilierungsproblemen zu erklären als mit sachlichen Kriterien.

Kritisieren ist schwierig, und auch das Kritisiertwerden ist eine heikle Sache. Niemand steckt die Kritik an der eigenen Arbeit leicht weg. Und wenn es um sprachliche Produkte geht, ist die Sachlage noch einmal verschärft. Kritik an der Sprache wird als sehr persönlich empfunden. Das ist verständlich, denn sie wird oft zur Kritik an der Person missbraucht: Aus Grammatikfehlern in Briefen schließt man darauf, wes Geistes Kind der Verfasser ist. In der Schule gab es Abzug für Sprachfehler auch im Geographie-Unterricht. Sprache ist auch da Qualifikationsinstrument, wo es keinen Sinn macht. Textkritik kann allen Beteiligten näher gehen, als sie es zugeben möchten. Sie kann deshalb auch als Instrument der Manipulation missbraucht werden: mit Aussagen, die sachlich gehalten scheinen, die aber in erster Linie Ziele auf der Beziehungsebene verfolgen. So können persönliche Profilierungs- und Konkurrenzkämpfe auf diese Weise ausgetragen werden. Dagegen schützt man sich in erster Linie, indem man lernt, auf Sach- und Beziehungsebene getrennt zu reagieren. (Ein hilfreiches Buch ist SMITH 1979:1999.) Ebenso wichtig ist, dass man sachliche Kritik als normalen Bestandteil der Arbeit zu akzeptieren weiß, der aber immer durch seine Subjektivität relativiert wird.

Kritik gehört in den Redaktionsalltag

Die Tipps dieses Kapitels gehen davon aus, dass Kritik in den Redaktionen nützlich und willkommen ist.

Es sollte so sein, dass bei Redaktionskonferenzen Kritik an der neuesten Ausgabe der Zeitung oder Zeitschrift einen festen Platz einnimmt. Und weil der Chefredakteur dieser Aufgabe meistens nicht gewachsen ist, sollte er sie delegieren. Die Wirklichkeit sieht allerdings meistens anders aus, und die Blattkritik wird zu einem Abhaken zufälliger Beobachtungen.

Es sollte so sein, dass Redakteure am gleichen Arbeitsplatz einander Feedback geben. Häufig ist weder Zeit noch Lust dazu da, und manchmal fehlt schlicht das Vertrauen.

Es sollte so sein, dass Volontärinnen und Volontäre auf jeden längeren Text, den sie verfassen, ein professionelles Feedback bekommen. Indessen warten sie oft vergeblich darauf.

Es sollte so sein, dass feste Freie in regelmäßigen Abständen erfahren, wie ihre Texte bei der Redaktion ankommen. Meistens müssen sie aber zufrieden sein, wenn sie als einziges Zeichen der Wertschätzung neue Aufträge bekommen. Gerade sie bleiben oft außen vor. Sie vermissen in besonderem Maße ein Echo auf ihre tägliche Arbeit und können sie oft nicht einfordern, weil sie fürchten, dann in der Redaktion als mühsame Arbeitspartner zu gelten. Es sollte deshalb zum Alltag gehören, dass der Redakteur bei größeren Arbeiten jedes Mal und sonst wenigstens ein paar Mal im Jahr „seinen Freien" sagt, wie er ihre Texte beurteilt. Weil dies oft ein frommer Wunsch bleibt, sei hier wenigstens festgehalten, dass Redaktionen von Lokalzeitungen und Zeitschriften gute Erfahrungen gemacht haben, wenn sie zu ihren Fortbildungsveranstaltungen auch feste Freie einluden.

Textkritik ist ein Instrument der Qualitätssicherung. Deshalb sind alle Bemühungen zu unterstützen, konstruktive Kritik zu institutionalisieren. Dazu gehören regelmäßige Seminare für Feste und Freie, gut vorbereitete Gespräche zwischen Auftraggeber oder professionelle Elemente der Blattkritik auf Redaktions- oder Ressortebene.

Die Erfahrung zeigt, dass diese und andere Formen der Kritik in einzelnen Häusern völlig normal sind, in anderen nie vorkommen. Dass sie Teil des redaktionellen Alltags werden, müsste ein wichtiges Ziel der Verlags-, Redaktions- und Ressortleitungen sein.

5.1 Dialogisch und zielgerichtet kritisieren

Textkritik ist eine anspruchsvolle Tätigkeit. Einige *Kriterien,* an denen man sich dabei orientieren kann, sollen hier überblicksartig zusammengestellt werden. Textkritik geschieht in *Gesprächsform.* Vorschläge, wie Kolleginnen und Kollegen beim Gespräch über ihre Texte miteinander umgehen können, bilden den Hauptteil dieses Kapitels. Sie sollen Formen der Kritik ermöglichen, die nicht einfach der Durchsetzung einheitlicher Textnormen dient, sondern auch zur Basis für eine gute Gesprächskultur werden kann.

Kritikgespräche unter KollegInnen entstehen oft spontan. Man geht durch den Korridor und sieht einen Kollegen, erinnert sich: Von dem habe ich ja gestern etwas gelesen. Und schon fängt das Kritikgespräch an. Oder man sitzt in der Kantine, und schon tippt einer einem auf die Schulter: "Dein Artikel gestern – na ja..." Da ist der Kritikempfänger oft nicht sonderlich motiviert, sich mit seinem Text und der Meinung des Kollegen auseinander zu setzen. Kritik ist in solchen Fällen eine einseitige Sache und hinterlässt nichts als einen schlechten Nachgeschmack. Auch der Stil vieler Redaktionskonferenzen eignet sich nicht für konstruktive Kritik, auch wenn die Besprechung der neuesten Ausgabe als fester Programmpunkt eingeplant ist. Kritikgespräche haben nur dann einen positiven Effekt, wenn sie dialogisch verlaufen und zielgerichtet geführt werden.

Dialogisch vorgehen

Dialogisches Vorgehen erfordert motivierte Kritikempfänger. Nicht nur die Kritik übende Person soll reden können, sondern auch die Kritik empfangende – und zwar von Anfang an. Der Dialog wird dadurch ermöglicht, dass Zeit und Ort passend gewählt sind: Die Gesprächspartner müssen Muße haben, um einander zuzuhören, aufeinander eingehen zu können. Auf überfallartige Kritik zwischen Tür und Angel geht niemand gern ein.

Ein Dialog entsteht am leichtesten über Fragen: Wenn der Autor zuerst Gelegenheit erhält, das Ziel des Artikels zu erläutern, spürt er, dass auch der Kritisierende bereit ist, zuzuhören. Der Autor soll auch die Möglichkeit haben, über widrige Umstände der Recherche- und Schreibarbeiten zu berichten. Zwar sind sich beide Gesprächspartner meistens einig, dass das dem Publikum egal ist. Aber es setzt einen Bezugspunkt für das Kritikgespräch und schafft eine bessere Atmosphäre. – Auch im späteren Verlauf des Gesprächs gibt es Gelegenheiten, Fragen zu stellen – z.B. schwer verständliche Passagen erklären zu lassen. Ebenso sollte der Kritikempfänger Fragen stellen – und sei es nur, um rechtzeitig zu signalisieren, dass er an einem Dialog, nicht an einem Monolog interessiert ist.

Das Ziel festlegen

Zielgerichtetes Kritisieren erfordert Klarheit über das Vorgehen und die Beurteilungskriterien. Letztlich dienen die Ergebnisse des Kritikgesprächs weniger der Verbesserung des vorliegenden Artikels als der Hilfe beim

künftigen Arbeiten. Der Autor soll deshalb die Stärken des Textes erkennen, auf denen er aufbauen kann.
Das Kritikgespräch soll höchstens dreißig Minuten dauern. Die Aufnahmebereitschaft des Autors ist begrenzt. Er sollte ja etwas lernen können. Einem aufmerksamen Leser wird an einem Text immer viel auffallen, er kann nie alles mitteilen. Es lohnt sich, einige wenige Schwerpunkte zu setzen.

Das Gespräch strukturieren

Einige Stellen im Kritikgespräch sind schwieriger als andere. Sie können geplant und strukturiert werden.

Eine solche Stelle ist der Einstieg nach dem ersten Wortwechsel. Er gelingt leicht mit einer Zusammenfassung in zwei, drei Sätzen. Diese zeigt dem Autor, dass der Text gelesen und verstanden wurde. Dies ergibt auch einen leichten Übergang – entweder zur inhaltlichen Wertung oder zur Beurteilung des Textaufbaus.

Die Zusammenfassung ist ein neutrales Feedback, das vom Autor korrigiert werden kann. Auch in späteren Phasen des Gesprächs lassen sich einzelne Passagen zuerst in zwei drei Worten wiedergeben, bevor man sie bespricht. So hat der Autor Gelegenheit, auf falsch Verstandenes zu reagieren.

Auch wenn es immer erstrebenswert ist, von solchen neutralen Beschreibungen auszugehen, wird es doch sinnvoll sein, bald auch ein Urteil zu fällen. Dabei kann man ohne weiteres zuerst sagen, was am Text gut ist. Aber auch um eine Gesamtwertung sollte man sich nicht drücken.

Das Gespräch wird dann ergiebig, wenn der Kritikübende Bereitschaft zeigt, ein klares Urteil zu fällen: Der Gesprächspartner will wissen, ob der Text seine Funktion erfüllt. Man kommt also um eine allgemeine Wertung nicht herum; ebenso wenig darum, sie anhand von Belegstellen zu begründen. – Bei der Detailkritik kann das Vorlegen einer Belegstelle den *ersten* Schritt bilden. Die Wertung, die in einem *zweiten* Schritt erfolgt, kann als Ich-Botschaft formuliert werden ("Auf mich wirkt das so..."). Als *dritter* Schritt sollte ein Verbesserungsvorschlag dazugehören.

5.2 Schwerpunkte setzen

Dieses Buch handelt vor allem von der Form journalistischer Texte. Priorität im journalistischen Denken hat jedoch immer der Inhalt. Ein Text darf formal misslungen und inhaltlich tadellos sein, aber nicht formal brillant und inhaltlich fragwürdig.

Die Textkritik wird sich entweder vorwiegend dem Inhalt widmen oder sie wird ihre Schwerpunkte im formalen Bereich setzen – je nachdem, wie der Text ausgefallen ist und welches die Lernziele des Autors sind. Bei JournalistInnen, die ihre Ausbildung abgeschlossen haben, sollten eigentlich inhaltlich keine großen Fehler passieren. Dennoch wird man die folgenden Fragen kurz streifen:

- Ist es nach journalistischen Gesichtspunkten (Aktualität, Medium usw.) richtig eingeengt?
- Sind alle notwendigen Informationen enthalten?
- Stimmen die Informationen?
- Sind alle Aussagen recherchiert bzw. mit Quellenangabe belegt?
- Sind die gewählten Interpretationsmodelle vertretbar?
- Enthält der Text Aussagen oder Aspekte, die ihn (z.B. gegenüber der Konkurrenz) attraktiv machen?

Wer sich erst in der journalistischen Grundausbildung befindet, hat in diesem Bereich unter Umständen noch wenig Sicherheit. Der Kritiker muss dann die Priorität bei diesen inhaltlichen Kriterien setzen. Auch wenn es nicht immer leicht ist, entspricht es der journalistischen Berufsrolle, dass der Inhalt über die Form gesetzt wird.

Um im formalen Bereich die richtigen Schwerpunkte zu setzen, lohnt es sich, einen einfachen Frageraster zu haben. Ein solcher Raster bildet ein Suchbild, mit dem die wesentlichen Merkmale des Textes gefunden werden. Auch wenn es ganz einfach ist (z.B. aus nur drei Stichworten besteht – etwa: *Ziel – Struktur – Sprache*), hilft es bei der Lektüre eines Textes, dessen Stärken und Schwächen besser zu erkennen.
Ein differenzierterer Raster kann sich aus den in diesem Buch behandelten Bereichen zusammensetzen: Textaufbau, sprachliche Attraktivität, fremde Rede, Verständlichkeit, Einstiegshilfen.

Bei der Charakterisierung des Textaufbaus kann man sich an den folgenden beschreibenden Fragen orientieren:

- In welche Teile zerfällt der Artikel?
- Welche Funktionen haben sie? (Nachricht/ Behauptung/ Begründung/ Illustration...)
- Wie sind die Teile angeordnet? (Welches Prinzip zeigt die Struktur?)
- Wie sind sie untereinander verknüpft (bzw. voneinander abgesetzt)?

Getrennt von dieser Beschreibung kann dann die Wertung vorgenommen werden. Hauptfrage dabei: Wie führt der Kommunikator durch den Text?

- Ist die gewählte Anordnung sinnvoll (übernimmt sie eine führende Funktion)?
- Fehlen bestimmte Teile?
- Sind die Übergänge zwischen den Textteilen und zwischen den einzelnen Sätzen sinnvoll und verständnisfördernd?

Fragen nach der sprachlichen Attraktivität zeigen, wie Kommunikator, Akteur und Rezipient im Text Gestalt annehmen. Sie lauten zum Beispiel so:

- Welche Perspektiven werden verwendet?
- Wie sind Nahaufnahmen und andere Highlights eingesetzt?
- Wie macht sich die Sprache der Quellen im Endtext bemerkbar?

Die Antworten werden dann einer Wertung unterzogen:

- Ist die gewählte Perspektive vertretbar?
- Könnte konkreter formuliert werden?
- Unterstützen Nahaufnahmen und andere Mittel die Hauptaussagen?
- Findet der Autor eine geeignete, eigene Sprache?

Auch der Umgang mit fremder Rede kann im Zentrum eines Kritikgesprächs stehen, und damit die Abgrenzung von Kommunikator und Akteur, aber auch die dramaturgischen Effekte, die fremde Rede ermöglicht. Auch das sollte zunächst rein beschreibend untersucht werden:

- Wer spricht?
- Wie sind Fremdaussagen eingearbeitet (direkte Rede, indirekte Rede, Interview)?
- In welchen Funktionen spricht der Akteur (Verantwortlicher, Betroffener, Quelle ...)?

Die Wertung richtet sich dann nach den Kriterien der Auswahl und Präsentation fremder Rede:

- Sind die Fremdaussagen sinnvoll ausgewählt?
- Sind sie gut ins schriftliche Medium übertragen?
- Ergibt der Wechsel von fremder und eigener Rede einen guten Rhythmus (Länge der Zitate, Einbettung)?

Auch Aspekte der Verständlichkeit, wie sie in Kapitel 3 diskutiert wurden, können zunächst ohne Wertung überprüft werden:

- Welches Wissen wird beim Zielpublikum vorausgesetzt?
- Welche unbekannten Größen (Ausdrücke, Schemata, Scripts) werden erklärt?

Eine Wertung ermöglichen dann die Fragen:

- Ist das Wissen des Zielpublikums richtig eingeschätzt?
- Wo gibt es problematische Gedankensprünge?
- Welche Erklärungen oder Vereinfachungen sind gelungen bzw. wären nötig?

Je nach Medium können auch die Einstiegshilfen Thema für ein ausführliches Gespräch sein. Dies gerade dann, wenn der Autor oder die Autorin für Zwischenüberschriften, Bildzeilen und Kästen selbst verantwortlich ist. Auch hier steht eine erste Sichtung vor der Wertung:

- Welche Einstiegshilfen (Überschrift, Lead, Kästen usw.) gehören zum Text?
- Wie sind sie optisch angeordnet?
- Was sagen sie aus?

Die Wertung entsteht im Rückbezug auf die Kriterien, die sich aus dem Zusammenspiel von Layout und Sprache ergeben.

- Unterstützen die Einstiegshilfen die Lesebewegung?
- Sind sie attraktiv formuliert?
- Weisen sie in den Text (keine Stoppersätze)?

Ein Kritikgespräch, das alle diese Fragen erschöpfend behandelt, wird Kritiker und Kritikempfänger überfordern. Aber wenn eine oder zwei Gesichtspunkte ausgewählt werden, ist eine gute Voraussetzung dafür gegeben, dass beide davon profitieren.

5.3 Kritik als Institution

Sowohl im Zweiergespräch als auch im größeren Team kann und soll die Kritik am Text zu einer regelmäßigen Einrichtung werden. Besonders wenn man die Gespräche so gestaltet, dass ihre Abläufe nicht durch die Hierarchie beeinflusst werden, können sie den Beteiligten viel bringen. Auf der Zweierebene können diese Gespräche ein informelles Gegenlesen sein, auf der Teamebene eine sorgfältig vorbereitete Blattkritik.

Kritik im Zweiergespräch

Viele Redaktionen haben es sich zur Regel gemacht, dass ein längerer Artikel erst gedruckt wird, wenn ihn ein weiterer Redakteur gelesen hat. Oft geschieht dieses Gegenlesen in großer Eile. Manchmal bleibt aber doch Zeit für ausführlichere Kommentare. Auch Textchefs, wie sie bei größeren Zeitungen, in Zeitschriften und Magazinen arbeiten, können ihre Arbeit pädagogisch verstehen und das konstruktive Gespräch suchen.

Wenn immer es aber möglich ist, sollten die Beteiligten die Chance wahrnehmen und aus dem Gegenlesen ein sorgfältiges Kritikgespräch machen. Dies gelingt, wenn Inhalt, Rahmen und Struktur bewusst geplant werden.

Wer sich vornimmt, ein Kritikgespräch zu führen, wird es zunächst inhaltlich umreißen:

- Welches sind die Punkte meiner Kritik?
- Welchen Schwerpunkt werde ich im Gespräch setzen?

Damit zeichnet sich auch ab, welche Ziele das Gespräch erfüllen kann (falls dies nicht durch äußere Umstände ohnehin vorgegeben ist). Damit hängt die Gestaltung des Rahmens des Gesprächs zusammen, der viel zu seinem Gelingen beiträgt:

> Welche Art Gespräch drängt sich angesichts meiner Kritikpunkte (und der Erwartungen und Erfahrungen des Gesprächspartners) auf?
> Wie viel Zeit müssen sich Kritiker und Kritikempfänger reservieren?
> Soll noch jemand hinzugezogen werden?
> Kann das Gespräch in Verbindung mit anderen Anlässen geführt werden oder muss es gesondert anberaumt werden?

Wie das Gespräch abläuft, in welcher Reihenfolge die einzelnen Punkte behandelt werden, sollte nicht dem Zufall überlassen bleiben. Auch Überlegungen zur Struktur des Gesprächs gehören deshalb zur Vorbereitung:

- Womit wird das Gespräch anfangen, womit aufhören?
- Mit welchen Reaktionen des Gesprächspartners kann ich rechnen:
- Was will er möglicherweise wissen?
- Worauf wird er eventuell empfindlich reagieren?

Und da auch das Üben von Kritik geübt sein will, kann das Kritikgespräch im Nachhinein selbst Gegenstand der Kritik werden. Im Alltag führt dies zwar rasch zu weit; aber in Seminaren zur Textkritik ist ein solcher Rückblick lehrreich, bei dem sich zunächst der Kritikempfänger selbst ein Feedback gibt. Ein Teil davon widmet sich dem Inhalt:

- Wurde Positives und Negatives gesagt?
- Sind alle formalen Aspekte Ihres Artikels behandelt worden?
- Wurde ein Schwerpunkt gesetzt?
- Schien er Ihnen richtig gewählt?
- Wurde ein Aspekt, über den Sie gerne Auskunft gehabt hätten, nicht (oder nur auf Aufforderung) behandelt?
- Leuchteten Ihnen die verwendeten Kriterien ein?

Ebenso sollte die Gesprächsführung beleuchtet werden:

- Womit begann das Gespräch? Womit hörte es auf?
- War das Beurteilungsgespräch mehrheitlich Monolog oder Dialog?
- Wissen Sie jetzt, was Sie besser machen könnten?
- Hat auch Ihr Gesprächspartner Fragen gestellt?
- Gab es Missverständnisse?
- Worauf bezogen sie sich?
- Wie wurden sie geklärt?

Kritik im Zweiergespräch funktioniert am besten unter Menschen, die sich gut verstehen. Weil dies aber nicht immer vorausgesetzt werden kann, hilft ein solcher Raster, dennoch ein faires Kritikgespräch entstehen zu lassen.

Blattkritik

Redaktionssitzungen sind meistens überfrachtet. Text- und Blattkritik ist dann nur ein Tagesordnungspunkt unter vielen. Oft wird es oberflächlich gehandhabt, punktuell werden einige auffällige Aspekte herausgegriffen; ein befriedigendes Resultat ist selten. Dazu kommt ein Rollenkonflikt, wenn der Gesprächsleiter gleichzeitig Chefredakteur ist. Die Blattkritik kann dann meistens nicht von den übrigen Führungsmaßnahmen getrennt werden. Sie kann deshalb mit Gewinn an andere delegiert werden.

Die folgenden Fragen können als Anregung dienen, neue Gesprächsformen zu finden, bei denen man sich möglichst nur der Textkritik und weniger anderen, zwischenmenschlichen oder administrativen Zielen widmet:

- Welches ist die Zielsetzung des Gesprächs?
- Wie ist das Gespräch inhaltlich geplant?
- Wie wird das Gespräch geführt?

Die Zielsetzung ist auch hier eine eigene Aufgabe: Ein Gespräch kann nicht viele Ziele gleichzeitig erreichen. Deshalb ist diese Klärung wichtig. Gerade Redaktionskonferenzen müssen oft sehr viele Funktionen abdecken – von der Planung der neuen Ausgabe über die Festigung von Richtlinien, bis zur Austragung interner Konflikte. Dies alles geschieht in einem engen zeitlichen Rahmen. Eine Verbesserung ist da nur möglich, wenn man für einzelne wichtige Funktionen andere, besser geeignete Formen findet. Und wie man etwa für die Konfliktbewältigung separate Gespräche organisiert, profitiert auch die Textkritik davon, wenn sie in einem eigenen Rahmen stattfindet, ohne dass dabei noch andere Probleme gelöst werden müssen.

Die inhaltliche Planung des Gesprächs wird gerade bei großen Blattkritiken oft sträflich vernachlässigt. Die neueste Ausgabe wird spontan durchgeblättert, jeder sagt, was ihm gerade aufgefallen ist. Es gibt andere Möglichkeiten. Eingehende Kritik ist in der großen Gruppe nur sinnvoll, wenn bewusst Schwerpunkte gesetzt werden (z.B.: ein wichtiger Artikel; die Leads einer Ausgabe; Auswahl und Platzierung der Bilder usw.).

Gesprächsleiterin oder Gesprächsleiter muss nicht unbedingt ein Mitglied der Chefredaktion sein. Es kann die Aufgabe erleichtern, wenn derjenige, der die Blattkritik leitet, nicht ständig auch seiner Rolle als Vorgesetzter gerecht werden muss. Texten ist ein Bereich, in dem alle Redaktionsmitglieder kompetent sind. Wenn sie regelmäßig Kritikgespräche leiten, können sie diese Fähigkeit weiterentwickeln. Deshalb haben sich Modelle bewährt, bei denen die Mitglieder der Redaktion die Blattkritik im Turnus übernehmen.

Wer die Leitung innehat, muss Anfang und Ende des Anlasses planen. Er wird sich auch bemühen, einen Dialog entstehen zu lassen. Und er wird sich auch darauf vorbereiten, allzu allgemeine Diskussionen einzudämmen und Vielredner zu unterbrechen.

Blattkritik die regelmäßig und häufig stattfindet, hat den Vorteil, dass sie auch mal schlecht sein kann, ohne dass damit die ganze Institution in Frage gestellt wird. Viele Redaktionen laden mit Erfolg auch kritische Leser oder Leserinnen ein. Dabei können wichtige Impulse gewonnen werden. Allerdings zeigt die Erfahrung, dass sich externe KritikerInnen bei solchen Gelegenheiten oft zu zahm verhalten. Man muss sie deshalb dazu anspornen, ihre Meinung pointiert vorzutragen. Eine weitere Bedingung ist noch schwerer einzuhalten: Die Mitglieder der Redaktion müssen bereit sein, längere Zeit einfach zuzuhören, auch wenn die Kritik scheinbar unprofessionell gehalten ist.

5.4 Kritik ist Teil des Journalismus

Die Ratschläge in diesem Kapitel sind aus eigenen redaktionellen Erfahrungen und aus Diskussionen mit festangestellten und freien JournalistInnen entstanden. Ich habe viele Seminare geleitet, deren Ziel es war, die Kritikfähigkeit zu verbessern. Meiner Erfahrung nach sollten sie zwei Dinge ermöglichen: Sie sollen zum einen das Feedbackverhalten unter KollegInnen optimieren. Sie sollen zum anderen dazu beitragen, dass sie sich die Kriterien bewusster machen, an denen die eigenen Texte gemessen werden sollen. Wenn das gelingt, wird nicht nur das Gespräch innerhalb der Redaktionen konstruktiver; es erleichtert auch die Auseinandersetzung mit außenstehenden Kritikern.

Beides stärkt das Bewusstsein für die journalistische Funktion und die eigene Position in der öffentlichen Kommunikation.

Das Thema Kritikfähigkeit führt zurück zum Anfang dieses Buchs. Hauptgedanke war, dass gute journalistische Texte aus einer sicheren journalistischen Position heraus entstehen. In einer funktionierenden öffentlichen Kommunikation muss diese Position ständig überprüft werden können. Das journalistische Produkt als Ganzes muss sich mit Kritik von außen selbstverständlich auseinandersetzen, und jede Journalistin, jeder Journalist muss sich mit ihren Texten kompetenten Kritikerinnen und Kritikern stellen. Denn journalistische Arbeit ist Arbeit mit der Sprache, und sie ist ein

Werkzeug, das sich jeder über die Jahre hinweg erarbeitet, überprüft und neu gestaltet. Es ist das Ziel dieses Buchs, Journalistinnen und Journalisten dabei zu helfen, so dass sie zu einer Sprache finden, die in positivem Sinn als journalistisch wahrgenommen wird.

Schlusswort

Dieses Buch ist auf Grund langjähriger Erfahrung in der journalistischen Aus- und Fortbildung entstanden. Es ist die völlig umgearbeitete Fassung eines Lehrbuchs, das 1993 in der ersten Auflage beim Verlag Sauerländer erschienen ist. Für die Neuauflage bei UVK wurden nicht nur die veralteten und exotischen Beispiele durch allgemein verständliche ersetzt, auch sonst ist das meiste neu formuliert, und, wie ich hoffe, klarer gegliedert.

Zu verdanken ist dies der intensiven Zusammenarbeit, zu der MitarbeiterInnen und FreundInnen bereit waren.

Nicole Schwäbe hat eine erste Version dieser Neuauflage durchgelesen, Fachliteratur und Beispiele zusammengetragen und Verbesserungsvorschläge gemacht. In verschiedenen Phasen des Recherchierens und Korrigierens beteiligten sich Martin Dinkelacker, Björn Felder, Doris Goebel und Friederike Herrmann und gaben nützliches Feedback. Katja Santelmann hat das Layout erstellt und die Bilder eingescannt und bearbeitet. Sie hat dabei viele wichtige Anregungen zu Sprache und Inhalt gegeben. Schließlich hat Sabine Laerum das ganze Buch gelesen, es an ihrer journalistischen Erfahrung und ihrem Sprachgefühl überprüft und an vielen Orten zur Überarbeitung angeregt.

Ich danke allen herzlich für ihre ausdauernde Mitarbeit.

Tübingen, im Frühjahr 2001 — Jürg Häusermann

Literatur

Literarische Texte

FRIEDRICH GLAUSER: Zimmer zu vermieten. In: Friedrich Glauser. Der alte Zauberer. Das erzählerische Werk, Band II, 1930-1933, hg. von Bernhard Echte und Manfred Papst. Zürich: Limmat, 1992, S. 117-126.

FRANZ HOHLER: Der Pressluftbohrer und das Ei. In: Der Granitblock im Kino. Darmstadt-Neuwied: Luchterhand, 1981, S. 37.

GOTTFRIED KELLER: Der Landvogt von Greifensee. In: Sämtliche Werke. Hrsg. unter der Leitung von Walter Morgenthaler, Band: 6, Abteilung A, Züricher Novellen. Frankfurt/Main – Basel: Stroemfeld, Zürich: Verlag NZZ, 1999, S. 145-257.

Fachliteratur und Lehrbücher

AHLKE, KAROLA / HINKEL, JUTTA (2000): Sprache und Stil. Ein Handbuch für Journalisten. Reihe Praktischer Journalismus 36. Konstanz: UVK Medien

AMIGÓ, RAQUEL et al. (1993): SCHREIBLUST AM MITTAG. Deutsche Texte von Fremdsprachigen. Hg. von Paul R. Portmann. Zürich: Deutsches Seminar der Universität.

BALLSTAEDT, S.P. / MANDL, H. / SCHNOTZ, W. / TERGAN, S.-O. (1981): Texte verstehen – Texte gestalten. München: Urban & Schwarzenberg.

BAMMÉ, ARNO / KOTZMANN, ERNST / RESCHENBERG, HASSO (Hg.) (1993): Publizistische Qualität. Probleme und Perspektiven ihrer Bewertung. München; Wien: Profil.

BECK, I. L. / MCKEOWN, M.G. / OMANSON, R.C. / POPLE, M.T. (1984): Improving the comprehensibility of stories: The effects of revisions that improve coherence. Reading Research Quarterly, XIX/3, 263 – 277.

BLUM, JOACHIM / BUCHER, HANS JÜRGEN (1998): Die Zeitung – ein Multimedium. Textdesign: Ein Gestaltungskonzept für Text, Bild und Grafik. Edition Sage & Schreibe 1. Konstanz: UVK Medien.

BÖKE, KARIN / JUNG, MATTHIAS / WENGELER, MARTIN (Hg.) (1996): Öffentlicher Sprachgebrauch. Praktische, theoretische und historische Perspektiven. Festschrift Georg Stötzel. Opladen: Westdeutscher Verlag.

BURGER, HARALD (1984:1990): Sprache der Massenmedien. Sammlung Göschen 2225. Berlin – New York: de Gruyter.

BUZAN, TONY (1974:1993): Kopftraining. Anleitung zum kreativen Denken. Tests und Übungen, Methoden und Techniken. München: Goldmann.

CLARK, ROY PETER / FRY, DON (1992): Coaching Writers. Editors and Reporters Working Together. New York: St. Martin's Press.

COPPERUD, ROY H. / NELSON, ROY PAUL (1983): Editing the News, Dubuque, Iowa: Brown.

DEUTSCHE AKADEMIE FÜR SPRACHE UND DICHTUNG (1980): Der öffentliche Sprachgebrauch, Bd. 1 (1980), bearbeitet von Birgitta Mogge. Stuttgart: Klett-Cotta.

DER ÖFFENTLICHE SPRACHGEBRAUCH, Bd. 2 (1980), hg. von der Deutschen Akademie für Sprache und Dichtung, bearbeitet von Ingulf Radtke. Stuttgart: Klett-Cotta.

DOUËL, JACQUES (1981): Le journal tel qu'il est lu. Paris: Centre de formation et de perfection des journalistes.

EPPLER, HORST (1992): Kavalleriepferde beim Hornsignal. Die Krise der Politik im Spiegel der Sprache. edition suhrkamp, neue folge 1788. Frankfurt: Suhrkamp

ERBRING, LUTZ (1989): Nachrichten zwischen Professionalität und Manipulation. Journalistische Berufsnormen und politische Kultur. In: Kölner Zeitschrift für Soziologie und Sozialpsychologie, Sonderheft 30, S. 301 – 313.

FLESCH, RUDOLF, / LASS A. H. (1947): The Way to Write. New York: Harper & Row.

FÖRSTER, UWE (1994): Nachrichtensprache. Ergebnisse einer Untersuchung der Gesellschaft für deutsche Sprache. Journalist 8/1994, S. 49–60.

GARCIA, MARIO R. / STARK, PEGIE (1991): Eyes on the News. St. Petersburg (Florida): The Poynter Institute for Media Studies.

GLUNK, FRITZ R. (1994): Schreib-Art. Eine Stilkunde. München: dtv.

GÖSSMANN, WILHELM (1987): Theorie und Praxis des Schreibens. Düsseldorf: Schwann.

GROEBEN, NORBERT (1982): Leserpsychologie: Textverständnis – Textwirklichkeit. Münster: Aschendorff.

GROEBEN, NORBERT (1988): Leserpsychologie: Lesemotivation – Lektürewirkung. Münster. Aschendorff.

GROSSENBACHER, RENÉ (1986): Die Medienmacher. Solothurn: Vogt-Schild.

HALLER, MICHAEL (1991:2000): Das Interview. Ein Handbuch für Journalisten. Konstanz: UVK Medien.

HÄUSERMANN, JÜRG / KÄPPELI, HEINER (1986:1994): Rhetorik für Radio und Fernsehen. Schriften zur Medienpraxis 1. Aarau – Frankfurt/Main: Sauerländer.

HÄUSERMANN, JÜRG (1989): Fachsprache und Fachscript in journalistischen Texten, in: Goehrke, Carsten / Robin Kemball / Daniel Weiss (Hg.) (1989): Primi sobranie pestrych glav, Slavistische und slavenkundliche Beiträge für Peter Brang zum 65. Geburtstag, Bern etc.: Lang, S. 421 – 431.

HÄUSERMANN, JÜRG (1998): Kuck mal, wer da spricht! Massenkommunikation als Aushandeln von Texten. In: Ueding, Gerd / Vogel, Thomas (Hg.): Von der Kunst der Rede und Beredsamkeit. Tübingen: Attempto. S. 150 – 166.

HAY, VICKY (1990): The essential feature. Writing for magazines and newspapers. New York etc.: Columbia University Press.

HEDGE, TRICIA (1988): Writing, Oxford: Oxford University Press.

HEIJNK, STEFAN (1997): Textoptimierung für Printmedien. Theorie und Praxis journalistischer Textproduktion. Opladen: Westdeutscher Verlag.

HESS-LÜTTICH, ERNEST, W. B. / HOLLY, WERNER / PÜSCHEL, ULRICH (Hg.) (1996): Textstrukturen im Medienwandel. Frankfurt am Main; Berlin; New York; Paris; Wien: Lang.

JONSCHER, NORBERT (1995): Lokale Publizistik. Theorie und Praxis der örtlichen Berichterstattung. Ein Lehrbuch. Opladen: Westdeutscher Verlag.

KORN, KARL (1959:1962): Sprache in der verwalteten Welt. München: dtv.

KUNCZIK, MICHAEL (1988): Journalismus als Beruf. Köln; Wien: Böhlau.

KÜPPER, NORBERT (1989): Blickaufzeichnung. Erforschung des Leserverhaltens beim Zeitungslesen. DD-Sonderbeilage Nr. 31.

LAROCHE, WALTHER VON (Hg.) (1975:1985): Einführung in den praktischen Journalismus. München: List.

LÜGER, HEINZ-HELMUT (1983:1995) Pressesprache. Germanistische Arbeitsheft 28. Tübingen: Niemeyer.

MCQUAIL, DENIS (1983:1987): Mass Communication Theory. An Introduction. 2nd ed., London etc.: Sage.

MAST, CLAUDIA (Hg.) (2000): ABC des Journalismus. Ein Leitfaden für die Redaktionsarbeit. Reihe Praktischer Journalismus 1. Konstanz: UVK Medien

MENSCH, CHRISTIAN (1991): Dem Leser auf die Augen geschaut. Werbe-Woche 6, 1991, S. 23–24.

MERTEN, KLAUS / SCHMIDT, SIEGFRIED J. / WEISCHENBERG, SIEGFRIED (Hg.) (1994): Die Wirklichkeit der Medien. Eine Einführung in die Kommunikationswissenschaft. Opladen: Westdeutscher Verlag.

MOLITOR, SILVIE (1988): Schreiben und Kognition. (Forschungsberichte des DIFF 51) Tübingen: Deutsches Institut für Fernstudien an der Universität Tübingen.

NIEDERHAUSER, JÜRG (1999): Wissenschaftssprache und populärwissenschaftliche Vermittlung. Tübingen: Gunter Narr.

NUSSBAUMER, MARKUS (1991): Was Texte sind und wie sie sein sollen. Reihe Germanistische Linguistik 119. Tübingen: Niemeyer.

PERRIN, DANIEL (1997): Journalistische Schreibstrategien optimieren. Diss. phil.-hist. Bern: Universität Bern.

PERRIN, DANIEL (1999): Schreiben ohne Reibungsverlust: Schreibcoaching für Profis. Zürich: Werd.

PFIRTER, CHRISTIAN (1990): Redewiedergabe in der Zeitung. Beobachtungen und Überlegungen zu einem journalistischen Sprechhandlungstyp. Lizentiatsarbeit, Universität Basel.

PITTS, BEVERLEY J. (1982): Protocol Analysis of the Newswriting Process. Newspaper Research Journal 4 , 12 – 21.

PÜRER, HEINZ (Hg.) (1984:1991): Praktischer Journalismus in Zeitung, Radio und Fernsehen. München: Ölschläger.

RAUTER, E. A. (1978): Vom Umgang mit Wörtern. München: Weismann / Frauenbuch.

RICO, GABRIELE L. (1983:1984): Garantiert schreiben lernen. Reinbek: Rowohlt.

SANDERS, WILLY (1992): Sprachkritikastereien und was der "Fachler" dazu sagt. Darmstadt: Wiss. Buchgesellschaft.

SCHNEIDER, WOLF (1984): Deutsch für Profis. Hamburg: Gruner + Jahr.

SCHNEIDER, WOLF / ESSLINGER, DETLEF (1993): Die Überschrift. Sachzwänge – Fallstricke – Versuchungen – Rezepte. München – Leipzig: List.

SCHULZ VON THUN, FRIEDEMANN (1981): Miteinander reden. Störungen und Klärungen, Band 1(rororo Sachbuch 7489). Reinbek: Rowohlt.

SIEBER, PETER (Hg.) (1994): Sprachfähigkeiten – besser als ihr Ruf und notwendiger denn je! Sprachlandschaften. Aarau: Sauerländer.

SIEBERT, WILHELM (1991): Was heißt eigentlich Zeitunglesen? Media Trend Journal 9, 1991, 34 – 40.

STERR, LISA (1997): Frauen und Männer auf der Titelseite. Strukturen und Muster der Berichterstattung am Beispiel einer Tageszeitung. Aktuelle Frauenforschung Bd. 18. Pfaffenweiler: Centaurus.

WACHTEL, STEFAN (2000): Schreiben fürs Hören. Trainingstexte, Regeln und Methoden. Konstanz : UVK Medien.

WEISCHENBERG, SIEGFRIED (1988): Nachrichtenschreiben. Journalistische Praxis zum Studium und Selbststudium. Opladen: Westdeutscher Verlag.

WEISCHENBERG, SIEGFRIED (1992): Journalistik. Theorie und Praxis aktueller Medienkommunikation. Band 1: Mediensysteme, Medienethik, Medieninstitutionen. Opladen: Westdeutscher Verlag.

WENN DER ORTSVORSTEHER TOBT. Vom Umgang mit der Kritik. Bonn: Bundeszentrale für poltische Bildung, Referat Printmedien, 1998.

WHITNEY, PAUL (1987): Psychological theories of elaborative inferences: Implications for schema-theoretic views of comprehension. Reading Research Quarterly XXII/3, 299 – 309.

Register

S

T

U

V

W

Z

Praktischer

Grundwissen

Claudia Mast (Hg.)
ABC des Journalismus
Ein Leitfaden für die Redaktionsarbeit
2000, 594 Seiten, br.
ISBN 3-89669-303-4

Hans-Joachim Schlüter
ABC für Volontärsausbilder
Lehrbeispiele und praktische Übungen.
Mit einem Geleitwort von Herbert Riehl-Heyse
1991, 256 Seiten, br.
ISBN 3-89669-013-2

Heinz Pürer (Hg.)
Praktischer Journalismus in Zeitung, Radio und Fernsehen
Mit einer Berufs- und Medienkunde für Journalisten in Österreich, Deutschland und der Schweiz
1996, 664 Seiten, br.
ISBN 3-89669-206-2

Peter Zschunke
Agenturjournalismus
Nachrichtenschreiben im Sekundentakt
2000, 272 Seiten, br.
ISBN 3-89669-306-9

Michael Haller
Recherchieren
Ein Handbuch für Journalisten
2000, 338 Seiten, br.
ISBN 3-89669-232-1

Michael Haller
Das Interview
Ein Handbuch für Journalisten
2001, 450 Seiten, br.
ISBN 3-89669-009-4

Hermann Sonderhüsken
Kleines Journalisten-Lexikon
Fachbegriffe und Berufsjargon
1991, 160 Seiten, br.
ISBN 3-89669-018-3

Michael Lang
Ralf Gödde
Das Journalistenbüro
Teamkonzepte für freie Journalisten
2000, 236 Seiten, br.
ISBN 3-89669-270-4

Ernst Fricke
Recht für Journalisten
Grundbegriffe und Fallbeispiele
1997, 402 Seiten, br.
ISBN 3-89669-023-X

Journalismus

Ressorts

Josef Hackforth
Christoph Fischer (Hg.)
ABC des Sportjournalismus
1994, 360 Seiten, br.
ISBN 3-89669-014-0

Karl Roithmeier
Der Polizeireporter
Ein Leitfaden für die journalistische Berichterstattung
1994, 224 Seiten, br.
ISBN 3-89669-021-3

Gunter Reus
Ressort: Feuilleton
Kulturjournalismus für Massenmedien
1999, 366 Seiten, br.
ISBN 3-89669-245-3

Gottfried Aigner
Ressort: Reise
Neue Verantwortung im Reisejournalismus
1992, 272 Seiten, br.
ISBN 3-89669-019-1

Presse

Karola Ahlke
Jutta Hinkel
Sprache und Stil
Ein Handbuch für Journalisten
2000, 172 Seiten, br.
ISBN 3-89669-307-7

Michael Haller
Die Reportage
Ein Handbuch für Journalisten
1995, 336 Seiten, br.
ISBN 3-89669-011-6

Werner Nowag
Edmund Schalkowski
Kommentar und Glosse
1998, 364 Seiten, br.
ISBN 3-89669-212-7

Peter Brielmaier
Eberhard Wolf
Zeitungs- und Zeitschriftenlayout
2000, 276 Seiten, br.
zahlr. farb. u. sw. Abb.
ISBN 3-89669-308-5

Martin Liebig
Die Infografik
1999, 472 Seiten, br.
zahlr. farb. und sw. Abb.
ISBN 3-89669-251-8

Jürg Häusermann
Journalistisches Texten
Sprachliche Grundlagen für professionelles Informieren
2001, 220 Seiten, br.
ISBN 3-89669-296-8

Hörfunk

Bernd-Peter Arnold
ABC des Hörfunks
1999, 342 Seiten, br.
ISBN 3-89669-261-5

Wolfgang Zehrt
Hörfunk-Nachrichten
1996, 240 Seiten, br.
ISBN 3-89669-026-4

Udo Zindel
Wolfgang Rein (Hg.)
Das Radio-Feature
Ein Werkstattbuch
inklusive CD mit Hörbeispielen
1997, 380 Seiten, br., 33 sw. Abb.
ISBN 3-89669-227-5

Robert Sturm
Jürgen Zirbik
Die Radio-Station
Ein Leitfaden für den
privaten Hörfunk
1996, 384 Seiten, br.
ISBN 3-89669-003-5

Michael H. Haas
Uwe Frigge
Gert Zimmer
Radio-Management
Ein Handbuch für Radio-Journalisten
1991, 792 Seiten, br.
ISBN 3-89669-016-7

Norbert Bakenhus
Das Lokalradio
Ein Praxis-Handbuch für den
lokalen und regionalen Hörfunk
1996, 296 Seiten, br.
ISBN 3-89669-004-3

Heinz Günter Clobes
Hans Paukens
Karl Wachtel (Hg.)
Bürgerradio und Lokalfunk
Ein Handbuch
1992, 240 Seiten, br.
ISBN 3-89669-022-1

Stefan Wachtel
Sprechen und Moderieren in Hörfunk und Fernsehen
inklusive CD mit Hörbeispielen
2000, 216 Seiten, br.
ISBN 3-89669-290-9

Stefan Wachtel
Schreiben fürs Hören
Trainingstexte, Regeln
und Methoden
2000, 196 Seiten, br.
ISBN 3-89669-309-3

Studienführer

Walter Hömberg
Renate Hackel-de Latour (Hg.)

Studienführer
Journalismus, Medien, Kommunikation

2., völlig überarbeitete Auflage 2000
636 Seiten, br.,
mit Karikaturen von Olaf Rademacher
ISBN 3-89669-267-4

Das Berufsfeld Journalismus, Medien, Kommunikation expandiert. Auch die Situation der Aus- und Fortbildung für Kommunikationsberufe hat sich in den letzten Jahren deutlich verbessert, das Angebot an einschlägigen Hauptfach- und Nebenfach-, an Teil-, Aufbau- und Zusatzstudiengängen ist gestiegen. Dieser Studienführer gibt einen aktuellen Überblick über Zulassungsvoraussetzungen, Studienordnungen, Lehrangebote, fachliche Schwerpunkte und Prüfungsanforderungen. Die Studienbedingungen an 60 Instituten und Hochschulen sind ausführlich dargestellt.
Etwa 130 weitere Einrichtungen der Aus- und Fortbildung für Medienberufe werden in Kurzporträts vorgestellt.
Das Buch ist ein verlässlicher Führer durch die immer unübersichtlicher werdende Ausbildungslandschaft in Deutschland, Österreich und der Schweiz.

Walter Hömberg lehrt als Professor für Journalistik, Renate Hackel-de Latour als Akademische Oberrätin an der Katholischen Universität Eichstätt.

»Ein Ausbildungsführer, der sich wirklich lohnt.«
Media Spectrum

UVK

Wir sind vom Fach
UVK Verlagsgesellschaft
www.uvk.de